国家社科基金重大项目
"东亚乡村振兴的社会政策比较研究"（18ZDA119）成果

基层技术治理的结构与行动

以衢州智治经验为中心

田毅鹏 等著

中国社会科学出版社

图书在版编目（CIP）数据

基层技术治理的结构与行动：以衢州智治经验为中心／田毅鹏等著．—北京：中国社会科学出版社，2022.1

ISBN 978 - 7 - 5203 - 8737 - 8

Ⅰ.①基… Ⅱ.①田… Ⅲ.①数字技术—应用—地方政府—行政管理—研究—衢州 Ⅳ.①D625.553 - 39

中国版本图书馆 CIP 数据核字（2021）第 138197 号

出 版 人	赵剑英	
责任编辑	朱华彬	
责任校对	谢　静	
责任印制	张雪娇	

出　　版		中国社会科学出版社
社　　址		北京鼓楼西大街甲 158 号
邮　　编		100720
网　　址		http：//www.csspw.cn
发 行 部		010 - 84083685
门 市 部		010 - 84029450
经　　销		新华书店及其他书店

印　　刷		北京明恒达印务有限公司
装　　订		廊坊市广阳区广增装订厂
版　　次		2022 年 1 月第 1 版
印　　次		2022 年 1 月第 1 次印刷

开　　本		710×1000　1/16
印　　张		19
插　　页		2
字　　数		308 千字
定　　价		118.00 元

凡购买中国社会科学出版社图书，如有质量问题请与本社营销中心联系调换
电话：010 - 84083683
版权所有　侵权必究

目　　录

导　言 …………………………………………………………（1）

第一部分　技术治理原理

第一章　技术治理的实质与内涵 ……………………………（11）
第一节　技术发展与现代化升级 ………………………（11）
一　技术的本质与内涵 ……………………………（11）
二　网络社会崛起与信息时代来临 ………………（12）
第二节　"社会治理"对"社会管理"的超越 ………（14）
一　治理理论的来源与内涵 ………………………（14）
二　从"社会管理"到"社会治理" ……………（16）
第三节　"技术治理"的界定与内涵 …………………（17）
一　技术与治理嵌合的理论基础 …………………（17）
二　治理机制转型中的"技术性方法策略" ……（20）
三　依托"网络信息技术"的技术治理 …………（22）

第二章　信息技术赋能基层善治 ……………………………（25）
第一节　基层政府的数字化转型与善治 ………………（25）
一　数字政府的内涵与特征 ………………………（26）
二　信息化公共服务下沉基层 ……………………（27）
三　基层"网格化"治理模式建构 ………………（30）
第二节　基层技术治理链接多元参与 …………………（31）
一　以信息技术赋能社会组织参与 ………………（32）

  二　以信息技术推进未来社区建设 …………………………（33）
  三　以信息技术构筑基层社会治理协动体 …………………（34）
 第三节　技术嵌入夯实乡村振兴基层基础 ………………………（36）
  一　以信息技术促动城乡公共服务均等化 …………………（37）
  二　以技术注入拓展村民参与渠道 …………………………（38）
  三　以技术治理助力精准扶贫 ………………………………（39）
 第四节　技术治理与基层疫情防控 ………………………………（40）
  一　大数据技术向疫情防控赋能 ……………………………（40）
  二　信息技术筑牢社区抗疫堡垒 ……………………………（41）
 第五节　基层技术治理的限度与趋向 ……………………………（42）
  一　超越技治主义，找回人的主体性 ………………………（43）
  二　突破线上闭环，实现线上线下有机衔接 ………………（45）
  三　打破非均衡性，构建多元共治结构 ……………………（46）
  四　摆脱事本主义偏向，推动基层治理制度性变革 ………（47）

第二部分　技术治理结构：数字政府与体制革新

第三章　数字化背景下市域社会联动治理的转型与升级 …………（53）
 第一节　市域治理中联动传统及演变 ……………………………（53）
  一　作为治理单元的市域社会 ………………………………（53）
  二　市域治理中联动的传统 …………………………………（56）
  三　数字化背景下市域联动治理新样态 ……………………（59）
 第二节　市域治理中的技术嵌入与党建统领、制度升级 ………（61）
  一　联动治理的生成背景及其初步展开 ……………………（61）
  二　技术嵌入与市域联动治理的转型路径 …………………（67）
  三　市域联动治理的多重动力及其协同 ……………………（76）
 第三节　市域社会联动治理的意涵更新 …………………………（78）
  一　市域治理视角下联动的意涵 ……………………………（78）
  二　市域联动治理的弹性与韧性 ……………………………（79）
  三　技术赋能市域联动治理的限度 …………………………（80）

第四章　整体性治理：技术嵌入与"集成服务"
　　——以衢州"最多跑一次"改革为中心……………………（82）
　第一节　技术赋能"最多跑一次"改革缘起………………………（82）
　　一　"无缝隙政府"的打造………………………………………（83）
　　二　数字技术重塑政府结构……………………………………（84）
　　三　衢州地方性实践……………………………………………（85）
　第二节　衢州"最多跑一次"改革内涵及延展……………………（88）
　　一　在线协作与集成服务………………………………………（88）
　　二　整体性治理的生成与延展…………………………………（92）
　第三节　技术赋能整体性治理的价值与限度……………………（102）
　　一　技术嵌入、系统集成与整体性治理………………………（102）
　　二　"最多跑一次"改革影响与成效……………………………（104）
　　三　技术嵌入行政改革的限度…………………………………（108）

第三部分　技术治理样态：智慧社区与治理转型

第五章　技术赋能与街区公共性再造…………………………（113）
　第一节　街区公共性重构中的技术追问…………………………（114）
　　一　公共性理论演变及本土化…………………………………（114）
　　二　城市更新中街区公共性的"旁落"…………………………（116）
　　三　技术治理与街区公共性建构………………………………（117）
　第二节　技术嵌入与街区公共性多维结构的展开………………（119）
　　一　街区空间演变与公共性结构变迁…………………………（119）
　　二　作为街区公共性更新触媒的数字技术……………………（122）
　　三　技术赋能与街区公共性结构多维展开……………………（125）
　第三节　技术赋能街区公共性建构的反思与进路………………（130）
　　一　街区公共性建构的技术逻辑………………………………（130）
　　二　技术赋能街区公共性建构的局限…………………………（131）
　　三　街区公共性建构进路………………………………………（133）

第六章 邻礼通:城市社区智治升级与共同体重塑 (135)

第一节 新时代城市社区智慧治理新格局 (135)
一 社区智慧治理的演进及内涵 (136)
二 技术赋能与社区治理结构革新 (138)

第二节 邻礼通:智慧治理的实践创新与逻辑展开 (142)
一 社区智治平台建设与目标更新 (142)
二 复合治理体系创构及其生活性嵌合 (145)
三 "微治理"智慧平台运行逻辑 (151)

第三节 社区治理结构重塑与智慧转型 (154)
一 发挥基层社区党群力量 (154)
二 技术赋能社区智慧治理 (156)
三 重构社区多元主体参与 (157)

第七章 村情通:数字乡村治理模式的展开 (159)

第一节 乡村社会重建中的挑战 (159)
一 乡村社会变迁中的"通"与"塞" (159)
二 "去塞求通"的数字乡村建设意涵 (162)

第二节 乡村治理现代化与数字乡村建设 (163)
一 乡村信息化建设的政策演进 (163)
二 数字乡村建设战略的提出 (165)

第三节 村情通:乡村数字化治理的龙游实践 (166)
一 村治困境与平台构建 (167)
二 县域推广与平台优化 (170)
三 运行框架与做法成效 (171)

第四节 村情通赋能乡村基层善治 (179)
一 技术依托的"自下而上"村治模式 (180)
二 村治中"去塞求通"的技术路径 (181)
三 技术推动下的城乡"互通"与乡村振兴 (182)

第八章 超级网格:社区抗疫中的组织重构 (184)

第一节 作为疫情防控一线的社区网格 (184)

一　以网格为基础的防疫阵地 ……………………………………（184）
　　二　疫情下社区治理新特征 ………………………………………（187）
第二节　组织重构:超级网格的结构与运作 …………………………（189）
　　一　超级网格的形成 ………………………………………………（189）
　　二　超级网格的"主网"与"辅网" …………………………………（190）
　　三　双网互动结构与整合机制 ……………………………………（197）
第三节　"网络+网格":超级网格与防疫实践 ………………………（200）
　　一　信息治理及其界定 ……………………………………………（200）
　　二　数字化防疫结构 ………………………………………………（201）
　　三　信息治理中的超级网格 ………………………………………（203）
　　四　防疫中超级网格效能发挥 ……………………………………（207）
第四节　后疫情时期社区治理的新样态 ……………………………（214）
　　一　社会形态转换与韧性社区建设 ………………………………（214）
　　二　基层治理权力结构变迁与组织重塑 …………………………（215）
　　三　后疫情时代社区治理的技术赋能 ……………………………（215）

第四部分　技术治理展望:未来社区与城乡融合

第九章　"未来社区"视域下社区未来性的展开 ………………（219）
第一节　未来社区概念的提出及其演进阶段 ………………………（220）
　　一　未来社区概念的提出 …………………………………………（220）
　　二　未来社区实践演进的两个阶段 ………………………………（221）
第二节　未来社区建设过程中"未来性"的多方展开 ………………（223）
　　一　社区的"未来性"与技术性、生态性 …………………………（223）
　　二　社区的未来性与更新性 ………………………………………（225）
　　三　社区的未来性与社会性 ………………………………………（226）
　　四　乡村未来社区建设 ……………………………………………（230）
第三节　未来社区建设推进须处理好的两组关系 …………………（231）
　　一　关于政府、市场和社会的关系 ………………………………（232）
　　二　关于未来、现代和传统的关系 ………………………………（233）

第十章 "未来社区"视域下的城乡融合 ………………………… (236)
 第一节 乡村何以会拥有未来? ………………………………… (236)
  一 乡村发展话语背景下的新挑战及选择 ………………… (237)
  二 发达国家乡村发展的新趋向 …………………………… (238)
  三 未来社区建设图景的展开 ……………………………… (240)
 第二节 乡村未来社区建设的多重视域及其展开 …………… (240)
  一 "更新视域" ……………………………………………… (241)
  二 经济产业和技术视域 …………………………………… (243)
  三 社会文化视域 …………………………………………… (246)
  四 生态视域 ………………………………………………… (249)
 第三节 乡村未来社区建设应处理好的几对关系 …………… (251)
  一 传统、现代与未来的关系 ……………………………… (251)
  二 城乡关系的新定位 ……………………………………… (252)
  三 农村未来社区建设的统一性与多元性 ………………… (253)

附 录 …………………………………………………………………… (255)

参考文献 ……………………………………………………………… (282)

后 记 …………………………………………………………………… (293)

导　　言

　　谈及当下中国社会的基层治理，无论我们从何种角度切入，似乎都无法回避网络信息技术革命对社会治理过程全面、深度地嵌入这一历史大背景，因此，技术治理、智慧社区、线上线下互动等与技术高度相关的概念，便自然成为当代基层社会治理的核心热词。近年来围绕着基层社会技术治理，全国各地展开了富有创新意义的实验和探索，尤其是以2020年抗击新冠疫情为契机，更是形成了技术治理空前的实践探究高潮。但值得注意的是，在诸多实验探索中，仍有一些关于基层技术治理的关键环节和操作难题尚未得到较好的理顺和解决，如基层技术治理推进过程中如何破除由行政科层体系搭建起来的"信息孤岛"？如何最大限度地减低由"技术元素"的介入而引发出来的基层领域社会性的消解，从而极大地激发出基层社会治理的活力？如何避免"上下区隔"，将"线上力量"与"线下社会"打通，实现真实的联结和深度融合，进而实现善治。同时，我们还应看到，在深入推进基层治理服务转型的过程中，技术元素并非是一个全然被动的角色，而是作为充满扩张性的元素而存在的，在其快速推进过程中，也常常创构出一个全新的治理场域并形塑了技术化的行动逻辑，因此，基层技术治理中的"泛数据化"和"技术中心主义"现象也需要我们时刻保持高度警惕。

　　正是带着上述问题，我们踏上了田野调查和"学术求解"之旅。2018年秋，受衢州市民政局和柯城区政府的邀请，由笔者率领的吉林大学学术团队开始进入古城衢州，对衢州市民政局牵头主持的"以智治促善治，打造数字化背景下的社区治理和服务新模式"为实验主题的民政部第四批"全国社区治理和服务创新实验区"项目，展开了近三年的近距离参与观察和学术研究。此间,我们扎根城乡社区,游走于城乡之间,试图在浙江这个当下中国基层技术治理的实践高地上获得一些重要的发现。到今天,当实验项目即将结项收官之际,我们可以坦言,通过对基层技术治理"衢州经验"的全过程的研究观察,我们体验到基层技术治理的探索者的艰辛和投入,也收获了一系列关于基层社会技术治理的难得的重要发现,并依据这些案例发现撰写完成了这部以基层技术治理的"结构"与"行动"为主题的学术研究专著。我们试图通过规范意义上的学术研究和分析,对基层技术治理中的"衢州经验"展开系统深入的探究,以为全国正如火如荼地展开的基层技术治理实践探索提供一些有价值的启示。

众所周知,"结构—行动"是社会学学科最具原初意义和基础价值的学术命题,通过对结构与行动关系的追索和探寻,我们几乎可以引发出社会学全部的学术话题。一般说来,所谓结构,主要是指"一个整体所构成的部分或组成的要素、彼此间的相互关系,这些关系可以用来定义一个整体特殊的性质"[①]。而在本研究中,所谓结构,主要是指那些在漫长历史发展进程中积淀起来的体制性、行政性和传统习惯性的因素。在结构研究的视角下,我们应努力追问的问题在于,上述结构性因素是如何作为一种结构性的力量嵌入到基层社会治理的体系和运行进程之中的?同时,作为依托于技术力量而出场的新的"线上"诸因素又是如何作为一种全新的结构性力量出场并扮演重要角色的?如何最大限度地将这种"线上"治理力量与"线下"社会密切地嵌合关联在一起,推进社会治理顺畅运行的?在基层技术治理启动运行的过程中,如何突破行政科层体系建构起来的"结构性硬壳"的束缚,成为基层社会治理推进运行的关键。而恰恰在此问题上,"衢州经验"存在着三个最值得关注的亮点:

第一,衢州通过"三、王、主"的市域社会联动治理模式,实现了对传统组织结构和治理结构的重新调整转型与升级再造。所谓"三",主要是打造市县—乡镇(街道)—村(社)网格的三级联动治理架构,这

---

① [英]雷蒙·威廉斯:《关键词:文化与社会的词汇》,刘建基译,生活·读书·新知三联书店 2005 年版,第 463 页。

一架构不仅明确规定了每一层级各自的行动重点,同时还通过制度化的渠道把每一层行动主体有效联结起来。所谓"王",就是在市县到乡镇(街道)再到村社网格的层级治理组织架构中架设了一条以信息数据流通应用为主要内容的纵向条线关联,进而为构建"主"字型联动治理运行架构提供有效支撑,通过信息链接,打破了"信息孤岛",实现了纵向层级的联结和贯通。所谓"主",就是人民当家作主,强调基层治理的出发点和目标归宿的人民性和民生性特点。不仅如此,在"制度+技术"的理念指导下,衢州把推动构建"县乡一体、条抓块统"的高效协同治理格局作为改革的"一号工程",进一步强调:厘清"事项下放、权力配置、力量下沉、责任落实"四大边界;突破"法律授权、执法体制、数据打通、政策保障"四大难点;强化"领导支撑、体系支撑、平台支撑、力量支撑"四大支撑;推动资源向一线倾斜、管理向一线下沉、执法向一线融合、服务向一线集中。进而促进改革试点与"主"字型体系架构深度融合,构建出市县乡一体、部门间协作、政银企社联动的协同高效运转机制,并形成跨层级、跨区域、跨部门的整体智治体系。总之,在衢州"主"字型联动治理架构中,技术与组织的互构实践实现了对传统组织结构和治理结构的重新调整转型与升级再造,进而形塑了市域社会联动治理的总体格局。衢州数字化背景下市域社会联动治理的实践经验充分展现了其治理体制的弹性与韧性,其治理结构中内蕴之公共关系、技术赋能联动治理之限度仍需要我们深入探讨。

第二,针对行政科层部门在管理领域长期以来形成的"信息孤岛",衢州市委市政府主动推动改革和整合,率先推进"最多跑一次"改革,打破部门林立,职能碎片化,壁垒森严的封闭的结构制约,实现信息传递畅通,从而为基层技术治理打下了坚实的基础。所谓"最多跑一次",是指"群众和企业到政府办理一件事情,在申请材料齐全、符合法定受理条件时,从受理申请到形成办理结果全过程只需一次上门或零上门"[①]。作为"最多跑一次"改革的先行者,衢州通过制度设计与技术嵌入的双向互动,打通部门壁垒,整合资源,建设数据共享平台,优化系统集成服

---

① 车俊:《坚持以人民为中心的发展思想将"最多跑一次"改革进行到底》,2017年10月15日,求是网,http://www.qstheory.cn/dukan/qs/2017-10/15/c_1121801033.htm.

务，破除"信息孤岛"，建立起社会治理的协同联动机制。其价值在于解决碎片化治理问题，利用数字技术实现职能整合，改变权力运行机制，重塑政府内部治理结构，撬动其他领域变革，并延展到基层社会治理，形成整体性治理格局。

第三，通过将云计算、大数据、人工智能等新兴网络信息技术深度嵌入到城乡社区治理进程之中，在收获缩减治理成本、增强治理精准度、提升治理效能的同时，依托这些新技术，在基层社区是否又形成了新的"结构"？这些"结构"具有哪些特色？与"旧结构"有哪些关联？虽然这些"结构"还不甚稳定，但却已现雏形，代表了一种新的、带有趋向性的力量，值得我们给予特殊关注。当然，这也是实验区应该重点研究追问的关键问题。

社会学意义上的"行动"，主要是指"一个或一个以上的行动者所思考的意义，与其他人的行为发生关系，其过程受这种关系所左右的行动。更简单地说，是面向他人或假设他人所采取的行动"[1]。"社会行动者可以是一个人、一小群人、一个大型组织或者整个社会，也就是说，可以把个人、群体、组织或社会看作人格化的社会行动者。社会行动是社会行动者相互作用的过程，这种相互作用具有互补的性质。"[2] 从行动理论出发，由衢州基层技术治理实践而引发出来的市域社会治理的行动逻辑在于其全面而深刻地体现出：党委领导、政府负责、民主协商、社会协同、公众参与、法治保障、科技支撑这一全新的社会治理体系构建的基本原则，在基层技术治理的实践中组织构建起一个多元的、富有活力的复数性行动主体。

首先，作为基层技术治理最为重要的发动者和推进者，各层级的党委和政府在其中发挥了"领导"和"负责"的作用。自 2013 年党的十八届三中全会提出"推进国家治理体系和治理能力现代化"以来，国家相继出台《国务院关于印发"十三五"国家信息化规划的通知》（2016 年）、《关于加强和完善城乡社区治理的意见》（2017 年）等重要文件，强调

---

[1] ［日］青井和夫：《社会学原理》，刘振英译，华夏出版社 2002 年版，第 55 页。
[2] 涂纪亮：《美国哲学史：20 世纪下半叶的美国哲学》第 3 卷，河北教育出版社 2000 年版，第 476 页。

"以信息化为支撑，加强和创新社会治理，推进社会治理精细化、精准化"，系统性地提出了支持善治高效的国家治理体系构建，包括统筹推进"互联网+党建"，发展电子政务系统等。在《关于加强和完善城乡社区治理的意见》中，更是提出"增强社区信息化应用能力，打造资源数字化、应用网络化、流程规范化的智慧化社区管理和服务体系"。而在衢州，通过《衢州市深入实施"三个三"党建工程》《中共衢州市委、衢州市人民政府关于打造中国基层治理最优城市推进基层治理战略任务落地的实施意见》《衢州市城乡网格化服务管理条例》等文件的颁布，市委、市政府全程主导基层技术治理的推进过程，始终发挥着领导作用。同时，衢州还率先启动"最多跑一次"改革，在打破信息孤岛方面在全省、全国范围内扮演了前车先路的角色。

其次，在基层技术治理模式构建的过程中，衢州努力打造出将"街乡—村居"融为一体的新的"综合行动者"主体，即通过"街乡—村居"的密切互动，第一时间发现基层技术治理的鲜活经验，并作出理论提炼和政策配套，概括出基层技术治理的基本运作模式。从总体上看，衢州基层技术治理的经验积累开始于乡村。2016年，发端于衢州市龙游县张王村的一种被称为"村情通"的依托数字技术以改变传统乡村治理结构的基层治理行动模式，该模式通过信息化、现代化手段，利用网络信息技术赋能乡村治理，着力解决原有村情阻塞带来的乡村治理难点、痛点，重点围绕农村党建、民情沟通、民情档案、服务基站、精准扶贫、基层网格等方面展开行动实践，后经多次迭代更新与市域推广，在畅通信息传输渠道、重建乡土社会结构、拓宽村民自治参与路径、完善政社联结协动机制等方面取得了突出成效，并升级更新为"龙游通"，成为衢州基层技术治理第一张亮丽的名片。而与"龙游通"交相辉映的则是发端于市区的"邻礼通"，2019年7月，柯城区坚持"党建统领+基层治理"，以破冰"物业病"为切入口，秉持未来社区理念，聚焦未来治理、未来服务、未来邻里三大场景，在信安街道先行先试，自下而上、自主研发了一款微信小程序——"邻礼通"，通过"组织+制度+技术"融合创新，形成"共生"组织模式、"淘宝"缴费模式、"滴滴"评价模式、"口碑"激励模式四种模式，让小区信息零距离，需求快对接，隐患早排解，服务透明化，构建小区治理综合平台，使一部手机治理一个小区成为可能，实现了网络联结各人群、掌上解决烦心事、平台增加信任感。① 可见，在衢州技术治理实验区推进的过程中，来自基层的"街乡—村居"综合行动者发挥了非常重要的作用，一方面，此综合行动主体与基层技术治理实践具有较强的亲和性，能够及时发现基层技术治理的困境和问题之所在；另一方面，又能在第一时间发现新经验并加以提炼，同时还可以通过出台相应的政策加以支持，为上述技术治理经验的形成提供了有利的条件和政策支持。

再次，值得特殊强调的是，在衢州技术治理实验区展开的过程中，恰逢2020年新冠疫情的发生，作为新中国成立以来在我国发生的传播速度最快、感染范围最广、防控难度最大的一次重大突发公共卫生事件，此次新冠肺炎疫情对21世纪以来中国社会治理体系和治理能力现代化是一次全面的考验。在抗击疫情的过程中，衢州技术治理模式遭遇到空前严峻的挑战，其治理绩效也在实践中得到了迅速的提升。具体言之，面对疫情的挑战，衢州果断地将传统意义上的网格紧急升级为超级网格，整合社区网格内多种主体，建立起由主网和辅网构成的社区抗击疫情的超级网格。超级网格是应对紧急情况时对传统网格治理结构的升级与重构，形成主网与辅网协同的紧密连接、高效运转的共治结构，以应对疫情带来的治理有效性考验。与此同时，疫情造成的社会网络化趋势让信息治理在整体防疫上的作用凸显出来，"网络+网格"的基层防疫措施通过各种数字信息平台的应用让多重信息在超级网格中流动，并承载起信息治理功用，有效化解防疫过程中出现的各种问题。通过对社区抗击疫情体系构建及存在问题的分析，我们可以更加透彻地理解现代社会治理运行的体制机制及存在的诸多障碍因素。"在传统的灾害认识中，灾害被看作是一种解剖社会、揭示社会本质的机会，但这并不只是指社会的弱点会在灾害的破坏过程中得以暴露。而随着时间的推移，尤其是近年以来，人们越来越明确地认识到，灾害是一种彻底打乱人们的生活、使人们无法在固有的社会时空继续固有的生活体验的社会性现象，而引发灾害的各种原因也潜藏于社会过程自身之中。"②

---

① 参见衢州市柯城区经验总结资料《"邻礼通"——打造城市治理现代化"示范窗口"》，2020年7月。

② ［日］大矢根淳、浦野正树、田中淳、吉井博明编著：《灾害与社会：灾害社会学导论》，蔡驎、翟四可译，商务印书馆2017年版，第19页。

在这一意义上，对抗击新冠疫情整体过程的总结和反思，也是我们进一步认识中国社会，提升基层社会治理水平的良机。

总之，伴随着近年来中国由社会管理向社会治理的转换，基层治理成为社会各界关注的热点话题。同时，由管理向治理的转型恰好与信息技术革命同步共振地启动，也使得基层技术治理以前所未有的姿态加以展开，形成了一些值得特殊关注的治理实践模式。值得提出的是，就在实验区项目揭开序幕后不久，浙江省颁布未来社区建设的规划和倡议，提出浙江将遵循以人为本的原则，以"未来性"作为其建设的目标导引，以最大限度地满足社区居民美好生活需要作为其发展目标，通过未来性与技术性、生态性、社会性、传统性、生活性等方面的互动，使得未来社区的图景在城乡社会获得最为真实的展开。未来社区建设的启动给衢州国家实验区建设赋予了更为丰富和高远的实践意境。因为无论是城市未来社区还是乡村未来社区，都离不开对信息技术的社会应用。毫无疑问，通过乡村"龙游通"和城市"邻礼通"，实验区为未来社区构建提供了富有深远意义和现实价值的诸多启示。通过对浙江衢州实验区近三年的聚焦观察和深入研究，我们收获了关于基层技术治理结构与行动的重要范本和经验，值得向社会各界评介和推荐。

当然，作为一个复杂的、带有极强未来性的重大研究课题，基层技术治理推进过程中所遇到的诸多治理难题还需要我们继续展开扎实的实证研究和深刻的理论反思，并努力给予对策性破解。包括：如何将技术治理与社会治理精细化的目标有机结合起来？如何进一步采取措施破除"信息孤岛"的限制，以为基层技术治理提供稳定而持续的信息基础？在基层技术治理展开的过程中如何推进技术与社会真正意义上的"嵌合"？基层技术治理在提高其社会"覆盖性"的同时，是否会导致新的"电子形式主义"和"浅层次治理"，并走向治理的"麦当劳化"？以当下抗击疫情为背景，虽然网络线上活动获得了最大程度的合法性，但在真实的基层技术治理实践中，如何增强"线上线下"的契合度及其交互作用，通过"两网融合"而最终实现基层社会治理创新，亦成为基层技术治理所应攻克的真正意义上的治理难题。因此，全国各地围绕着基层技术治理而展开的实践探索都还仅仅是开其端绪，依然是充满着无限魅力的学术研究课题。在这一意义上，衢州关于基层技术治理的实验区探索不应鸣金收兵，而是要以此为基础继续深入地探索下去。

第一部分

技术治理原理

众所周知，科学意义上的"原理"是指对事物具有普遍意义的规律性认识。以"原理"的分析视域审视当下社会上的基层技术治理，虽然云计算、大数据、人工智能等新兴网络信息技术业已深度嵌入社会治理进程之中，但平心而论却远未达到"原理概括"的阶段。因此，如何将先进的技术手段嵌入和应用于基层治理结构的转换及行动的创新之中，以求缩减治理成本、增强治理精准度、提升治理效能，形成原理命题性概括，仍为推进基层技术治理体系和治理能力现代化的重要任务。在治理结构转型和技术快速发展的双重背景下，二者嵌合形成"技术治理"的复合型概念，成为前沿性、时代性命题。诚然，"技术治理"的运行逻辑不是技术对治理的全面统辖，而在于治理的结构与行动借助技术赋能，实现创造性转换与升级。不可否认，当前基层技术治理在走向"善治"的过程中面临一些挑战及亟待破解的难题，这需要我们从原理的高度对技术治理及其运行逻辑予以分析和反思。浙西古城衢州以创建民政部第四批"全国社区治理和服务创新实验区"为契机，确定了"以智治促善治，打造数字化背景下的社区治理和服务新模式"的实验主题，在宏观层面，以数字化技术创新为基础，以"技术＋制度"为手段，实现了技术赋能下的基层社会良性运行；在微观层面，将技术与不同的治理服务项目深度耦合，创造了基层治理崭新的升级版及实现机制，并积极探寻基层治理和服务的线上线下嵌合点和衔接点，实现了线上线下服务能力的相互促进与提升，引领基层"善治"。衢州"智治"经验破解了基层技术治理领域的一系列难题，为基层技术治理原理性命题的形成做出了重大贡献。

第 一 章

技术治理的实质与内涵

欲深入剖析"技术治理"的实质与内涵,需明确新时期技术的蓬勃发展及其向基层治理领域的深度嵌入乃基层治理结构与行动焕新的重要依凭;同时,"社会管理"向"社会治理"的创造性转换也为技术嵌入基层治理格局提供了切实的条件和路径。因而,厘清"技术"与"治理"的耦合关系是我们明确体认"技术治理"本质内核与基本原理,以及探寻"技术治理"何以可能与何以可为的首要工作。我们应在我国治理结构转型不断深化和国家治理体系与治理能力现代化持续推进的背景下,对"技术治理"理论的多重内涵与面向加以深刻理解,特别是在新时代科学技术迅猛发展的背景下,着重深化对"信息技术赋能基层治理"的认识。浙江省衢州市将网络信息技术充分嵌入于基层治理实践当中,既实现了"技术+制度"的治理结构转型,也实现了技术赋能的微观治理行动焕新,从而以衢州实践对技术治理的原理性问题做出了积极回应。

第一节　技术发展与现代化升级

一　技术的本质与内涵

技术的发展进程是人类社会发展史的底色,映衬着时代的变换与社会的变迁。特别是自工业革命以来,技术愈发成为人类文明与现代化的重要表征。伴随现代化进程而不断升级的技术业已成为推动人类社会跨越式发展的重要引擎。究竟何为技术,其本质、内涵与外延包含哪些内容,均需要我们明确界定与厘清。

从本质层面理解技术,我们可将其视为人类在社会实践中积累形成的系统性知识和理性方法。故而我们可以将技术视为自然与社会双重属性的结合体。以此为依据，技术应至少具有下述三个层面的内涵：

其一，技术是一种服务于人类社会，破解现实问题的创新工具，其内核是理性化的人类知识的成果。"一方面，技术是工程意义上的'硬'工具，它表征着人与自然的密切联系，顺应普遍性自然规律，主要表现为机器、装置、工序等具象工具；另一方面，技术是社会意义上的'软'工具，它表征着人与社会的联系，是一系列人类创造和应用的知识和方法，通常包括体制、组织、策略等抽象工具。"①

其二，技术嵌入于社会体制与结构之中，具有社会建构性。"技术决定论强调技术脱离于社会而独立存在，并成为支配人类社会的难以控制的力量，甚至社会活动的秩序与社会制度的性质，以及人类生活的质量，都完全被技术的发展所决定。"② 显然，这是有失偏颇的。不可否认，技术的发展与更新深度改变了我们的日常生活方式，甚至对社会制度及社会运行机制产生了深刻影响。但实际上，"技术无论作为实物，还是作为制度、观念，或是作为过程都是被社会性介入的"③，技术的功能、价值及其发展走向均由社会所塑造，因而技术与社会是以互构、互嵌的方式存在的。技术的发展与社会的进步互为因果、相辅相成，二者构成了一个过程的两个方面。

其三，技术的创新与应用追求技术理性价值。技术理性的内涵主要包括：科学合理性、效用最大化、理想创造性、运行规范性等，与人类社会互构发展的各项技术（包括具象工具和抽象工具）都是以此为价值追求的，因而技术创新成为人类改造自然、实现社会各层面发展效益最大化的重要理性工具。

二 网络社会崛起与信息时代来临

自人类社会起始，技术进步便与社会发展互构共生，相互促进。技术既形成和发展于人类的社会实践，又对人类社会运行产生重要影响。20

---

① 颜昌武、杨郑媛：《什么是技术治理？》，《广西师范大学学报》2020年第2期。
② 于光远：《自然辩证法百科全书》，中国大百科全书出版社1995年版，第216页。
③ 肖峰：《论技术的社会形成》，《中国社会科学》2002年第6期。

世纪以来，在科技革命的强力统摄下，世界的科学技术发展进入高速飞跃时期，尤其是 20 世纪 90 年代以降，随着互联网信息技术的跨越式发展，人类社会进入了一个全新的发展阶段，其可以被定义为一种全新的社会形态："网络社会。"质言之，网络社会的实质便是一种由通信技术、信息技术和网络技术叠加而成，充溢着数字化和技术化的新型社会结构。自步入网络社会时代伊始，网络信息技术便对我们的经济社会生活产生了持续性深刻的影响。近年来，作为网络信息技术的深化和延伸，大数据、物联网、区块链、人工智能等高科技迅猛发展，我们从未感觉到科学技术像今天这样如此深刻地影响着宏观世界发展，以及我们每一项微观行为。我们必须承认，网络信息技术成为催生"百年未有之大变局"的重要元素。网络信息技术凭借着它极强的覆盖性和适应性，渗透到当今经济社会发展的多维领域，深度影响和改变着我们的生活，创新着我们的体验，甚至更新着社会运行的规则：网络信息技术开启了新的经济业态、孕育出新的价值理念、建构起新的社会关系、搭建起新的组织结构。在第二届世界互联网大会上，习近平总书记强调，"纵观世界文明史，人类先后经历了农业革命、工业革命、信息革命。每一次产业技术革命，都给人类生产生活带来巨大而深刻的影响。现在，以互联网为代表的信息技术日新月异，引领了社会生产新变革，创造了人类生活新空间，拓展了国家治理新领域，极大提高了人类认识世界、改造世界的能力"①。

　　在世界网络信息技术高速发展的浪潮中，中国共产党制定了一系列科技发展的重大方略，探索出一条独具中国特色的"科技强国"道路。特别是党的十八大以来，迎接着全球化浪潮的来临，身处信息技术竞争日趋白热化的国际环境之中，党中央高度重视科技创新的重要性，特别强调把"发展科学技术"作为提高综合国力的核心战略。习近平总书记在 2016 年召开的"科技三会"上指出："科技是国之利器，国家赖之以强，企业赖之以赢，人民生活赖之以好。中国要强，中国人民生活要好，必须有强大科技。"以科技兴国战略的不断深化与升级为支撑，我国在科技发展领域取得了一系列举世瞩目的实践成就，科技创新成果丰硕，一举摘掉了科技落后的帽子，一跃成为世界科技发展格局中具有重要影响力的先进大

---

① 习近平：《在第二届世界互联网大会开幕式上的讲话》，《人民日报》2015 年 12 月 17 日。

国,"科学技术是第一生产力"的重要论断,在新时代愈发体现出其价值和魅力。

2020年4月28日,中国互联网络信息中心发布的《中国互联网络发展状况统计报告》显示,我国网民规模为9.04亿之多,网民使用手机上网的比例业已高达99.3%,在线政务、网络支付、网络视频、在线教育、网络购物等应用的用户规模实现大幅增长。数字政府加快建设,全国一体化政务服务平台初步建成;核心技术创新能力不断增强,产业融合加速推进;互联网普及率达64.5%,数字鸿沟不断缩小……可见,网络信息技术以极强的生长力、适应性和覆盖性遍及经济社会发展的各个领域。区块链、人工智能、大数据等核心技术领域发展迅速,并且已经成为我国经济发展的新动能和智慧型社会构建的新支柱。

概括而言,我国网络信息技术的创新与应用产生了重要的经济社会效益:一是数字经济更新了传统的经济形式,实现了产业结构的升级,网络信息技术成为经济腾飞的重要引擎。二是信息技术普遍嵌入国家治理机制,提升了国家治理的效率,以及治理的精细化精准化程度,特别是在基层治理中,信息技术愈发扮演重要角色。三是信息技术的普及与应用,切实提升了人民群众的幸福感和获得感,人民群众的日常生活在技术赋能的条件下,获得了极大的便利。四是网络信息技术为贯彻落实脱贫攻坚和乡村振兴战略提供了新型的路径,网络扶贫与数字乡村建设显示出极为可观的生产力和创造力。

综上所述,互联网信息技术成为我国新时代技术发展的重要一环,"互联网+"以其强大的融合度与嵌合性,与传统的经济业态、政务体系、治理模式、文化教育方式等深度融合,驱动了我国经济社会各领域的现代化发展与升级,成为新时代国家与社会发展的坚实助力。

第二节 "社会治理"对"社会管理"的超越

一 治理理论的来源与内涵

随着凯恩斯主义所主导的福利国家政策一系列问题的暴露,国家全方位管理社会以实现社会良性运行的理想成为幻象。治理理论正是起源于西方社会对全能国家的挑战。纵观西方国家与社会关系的发展脉络,我们可以发现西方国家的治理模式经历了从统治型—管理型—治理型的变迁。罗西瑙（Rosenau）在其著作《没有政府的治理——世界政治中的秩序与变革》中认为治理是："一系列活动领域里或隐或显的规则，它们更依赖于主体间重要性的程度，而不仅是正式颁布的宪法和宪章。"[1] 可见，罗西瑙所理解的治理是多主体性的，是对政府一元化管理和国家强制力的挑战。斯托克（Stoker）从"治理主体的多元性、治理责任的模糊性、主体间权力的依赖性、治理网络的自主性和治理工具的现代性五个层面对治理的概念进行了进一步充实"[2]。全球治理委员会1995年发布的《我们的全球伙伴关系》报告，在官方话语中为"治理"做出了理论界定："治理是各种公共的和私人的机构管理其共同事务的诸多方式的总和，治理是使相互冲突的或不同的利益得以调和并采取联合行动的持续的过程"，并提炼出治理的四个特征：治理不是一整套规则和一种活动，而是一个过程；治理过程的基础不是控制，而是协调；治理既涉及公共部门，也包括私人部门；治理不是一种正式的制度，而是持续的互动。[3] 另一位治理理论代表人物罗茨（Rhodes）通过对英国政府八九十年代发生的一系列变化的考察，认为："中央政府的凌驾地位已经不复存在，取而代之的是一个没有中心的社会，换言之，社会是多中心的。在没有单一权威的情况下，管理者必然受到限制；每个政策领域都有多种行动者，这些行动者之间相互依存；行动、干预以及控制的方式呈现多样化。确切地说，治理是一种互动式的'社会—政治'管理方式。"[4] 综上，治理理论所带来的最为根本的改变在于"公共权力"配置结构的变化，治理理论希望将传统的由政府一方控制和操持的公共权力下沉到社会领域，被多元力量所共同经管。在这个过程中，国家的权力权威合法性不再拥有垄断性和绝对支配性，公共权力转换为分散在国家、市场、社会各个领域，多元治理主体在持续的、自觉的、自愿的互动中构建起社会治理新模式。

---

[1] ［美］詹姆斯·罗西瑙：《没有政府的治理——世界政治中的秩序与变革》，张胜军等译，江西人民出版社2001年版，第5页。
[2] ［英］格里·斯托克：《作为理论的治理：五个论点》，《国际社会科学》1999年第2期。
[3] 参见全球治理委员会《我们的全球伙伴关系》，牛津大学出版社1995年版。
[4] ［英］罗伯特·罗茨：《新治理：没有政府的统治》，杨雪冬译，《政治研究》1996年第4期。

二 从"社会管理"到"社会治理"

20世纪90年代,国内学者俞可平较早引介了治理和善治理论,并凝练出治理的五项论点:"(1)治理指出自政府但又不限于政府的一套社会公共机构和行为者。(2)治理理论明确指出在为社会和经济问题寻求解答的过程中存在的界限和责任方面的模糊之点。(3)治理理论明确肯定涉及集体行为的各个社会公共机构之间存在着权力依赖。(4)治理指行为者网络的自主自治。(5)治理理论认定,办好事的能力并不在于政府的权力,不在于政府下命令或运用其权威。政府可以动用新的工具和技术来控制和指引,而政府的能力和责任均在于此。"① 国内学者对治理理论的理解围绕西方的理论模型展开,将管理到治理的模式转变理解为主体从政府一元到社会多元素共同参与,全能性管理型政府向有限性服务型政府转变,治理模式从纵向强制推行转换为横向协商共议。

在政策层面,中共十八届三中全会首次明确提出"社会治理",用以取代中共十六大所提出的"社会管理"概念,"社会治理"新命题不是简单的概念转换,而是体现了中国共产党执政理念的升华。党的十九大在提出"打造共建共治共享的社会治理格局"基础上,进一步指出要"推动社会治理重心向基层下移,发挥社会组织作用,实现政府治理和社会调节、居民自治良性互动"。具体而言,体现中国共产党执政理念转换升级的"社会治理",其对"社会管理"的超越主要体现在以下几个方面:

一是治理主体的超越。社会管理的主体较为单一,主要是各级政府及其职能部门,所体现的是一种由政府部门主导向下单向度的管理与控制,而与之相对,社会治理则强调治理主体的多元化、多样性和多维性,治理主体的权力来源不仅限于政府机关,而是囊括了社会组织、企事业单位、公民等各种类型,体现出治理的民主性。

二是治理主体承担职责的超越。在中国传统的社会管理框架下,独导管理的政府承担着全方位、不可替代的职责,而社会治理则是超越了此种取向,强调多元主体的共同承担责任,在治理的框架下,政府与各类治理主体直接的互动关系结构体现为平等合作、力量均衡、协同共治。在此模

---

① 俞可平:《治理与善治》,社会科学文献出版社2000年版,第31—51页。

式下，政府逐步向市场和社会进行放权，全能型政府的包揽性责任得到有效分解，多元治理主体，即各种社会组织、私人部门、志愿团队、公民等则日益发挥起重要作用，承担起治理，特别是基层治理的职责，伴随此转换，社会治理与服务的专业化与精准度相较于国家一元管理亦得到了较大幅度的提升。

三是实现形式与路径的超越。社会管理的实现形式具有明显的国家建构性，即自上而下推进社会管理落地，带有较强的行政命令性色彩，此难以与基层社会真正有效衔接，而社会治理体现了民主发展的新趋势，它是一种立体式的互动结构，倡导各治理主体在协商对话的基础上达成共识，特别注重社会性主体的主动性、能动性，与政府部门形成良性互动。另外，社会治理理念还强调社会主体对政府权力的监督，实现对传统政社关系的实质性超越，其实质是从"国家本位"向"社会本位"的过渡和转变。

第三节 "技术治理"的界定与内涵

综上所述，我们一方面厘清了技术的本质、内涵，及其与社会发展的关系，并特别关注了新时期网络信息技术发展所引发的经济社会发展新变化；另一方面，全面体认了中国共产党执政新理念——"社会治理"，及其对"社会管理"的全面超越。通过对技术与治理的理论内涵进行深度探析，我们会发现二者具有极强的恰切性，技术与治理有机嵌合所形成的"技术治理"模式，值得我们在原理层面对其加以深刻体认。

一 技术与治理嵌合的理论基础

当前，"技术治理"业已成为全球社会治理领域的普遍性概念和一般性模式，而"技术治理"为何能够由"技术"与"治理"嵌合而成，成为一种极具统摄力的组合型概念，则有待我们从理论基础的角度加以考证。这也是我们在厘清"技术"与"治理"本质内涵的基础上，深度理解"技术治理"概念的重要前提。

第一，技术的现代理性追求与以善治为靶向的治理核心目标具有同质性。一方面，"埃吕尔基于现代理性的理论视角对技术本质加以理解，技术是存在于每一人类活动的领域当中，经由理性运作而得到的，具备绝对功效的方法总和"①。正如上文所述，治理的核心目标是"善治"，良好的治理，也就是实现公共利益最大化的运作过程。从此视角看来，追求高效率、标准化、理性化的技术内核与治理所锚定的目标是相一致的。另一方面，治理是作为权力主体对治理客体施加影响的过程，而此施力过程必须用一系列技术手段予以保障。为此，治理主体要通过特有的方式去审视和判断治理对象的性质与特征，并在此基础之上提出针对性的解决方案，而此项工作本身就脱离不了技术性的支撑。从本质上讲，"治理的使命便是清晰地体认被治理对象的现状，并发现其深层问题，通过一系列治理手段的注入，将其带回理性化的状态，这便也是技术的核心使命与内在含义"②。

第二，社会治理的多中心理念与技术嵌入具有相互促进性。一方面，社会治理的多中心理念为技术嵌入拓宽了渠道。以多元主体平等协同共治为内核的治理理念，倡导链接与整合起多元主体力量，以构建共建共治共享的治理格局，这种由单一纵向自上而下的管理结构向立体横纵交错的治理结构的转换，为技术的嵌入提供了更加丰富的衔接点。各种类型的技术工具、方式和手段在此背景下可以嵌入更多治理领域，介入更多治理过程。另一方面，技术为实现社会治理所倡导的多元共治创造了条件。以项目制、清单制等为代表的治理规则与制度的技术化转型，有助于改变传统政府独导、自上而下单向度的治理方式，从而为实现治理理论所倡导的多元共治拓宽了渠道。特别是以互联网技术为代表的新兴科学技术，破解了传统信息在传递方面存在的速度慢、成本高、效率低等方面的明显缺点，使得社会治理的参与更加便捷，有利于激发企事业单位、社会组织、志愿者等多元主体参与治理与服务的意愿。另外，"互联网平台还特别具有成本低、速度快、超越时空限制的诸多优势，社会性主体可以通过线上渠道与党政机构实现双向联动，有利于进一步链接起各方治理主体，推动多元主体社会治理的协同性"③。

---

① 颜昌武、杨郑媛：《什么是技术治理？》，《广西师范大学学报》2020 年第 2 期。
② 彭亚平：《治理和技术如何结合？》，《社会主义研究》2019 年第 4 期。
③ 燕连福：《新技术变革给社会治理带来的机遇和挑战》，《国家治理》2020 年第 2 期。

第三，技术与治理作为人类的社会实践具有互构性。技术建构论认为，技术与社会存在着互动的关系，技术与社会是相互形成的。这表明，人们并不是消极地接受技术、受技术的奴役，而是在社会实践中主动创造技术，并对其加以改变，将其定型为有助于目标实现的理性工具。"随着技术在公共治理中得到广泛运用，技术日益推动着治理体系的结构性变化，技术赋能成为治理机制转换与升级的重要元素，在此过程中技术也主动适应治理做出调整，以满足或匹配治理体系与治理行动的要求。"[①] 一言以蔽之，社会治理的轨迹与样态既塑造了技术，同时也被技术所深度塑造。"技术治理"模式作为过程和成果，正是二者深度互构、嵌合的深刻表征。总而言之，技术发展为社会治理理念的转变创设了良好的环境和条件，特别是伴随"社会治理"进入我国政策字典，多种形态技术的嵌入更对国家治理体系与治理能力现代化的持续推进起到了强劲的助力。技术与治理的耦合成为推动技术理性化创新发展与实现新时代善治目标的最佳选择。

综上，技术的本质内核与治理的核心理念表现出极强的恰切性，从而在治理结构转型和技术快速发展的双重背景下，嵌合而成新的"技术治理"的复合型概念。"在社会治理的诸多领域如基层治理、政府活动、企业管理以及 NGO 事务中，运用理性化、专业化、数字化、程序化以及智能化的技术性手段日趋成为主流。"[②] 值得注意的是，我们目前对技术治理相关问题的认识倾向于，一方面，以国家颁布的系列政策文件为线索，在政策角度对我国技术治理的背景与演进、运行与模式等方面展开梳理与反思；另一方面，在具体的治理场景中对技术治理的逻辑、效果及其限度加以理解与评价。这导致我们仅在政策与实践层面增强了对技术治理的认识，却缺乏在学理层面对其进行深入的挖掘和理解。因而我们需要结合我国的技术治理政策与实践，在理论层面对技术治理的原理性问题加以澄清，努力开展技术治理的理论建构。鉴于技术存在"软"与"硬"，即理念、方法、策略性的"抽象技术"和以信息技术为代表的现代科学"具

---

① 韩志明、雷叶飞:《技术治理的"变"与"常"——以南京市栖霞区"掌上云社区"为例》，《广西师范大学学报》2020 年第 2 期。
② 刘永谋:《技术治理的哲学反思》，《江海学刊》2018 年第 4 期。

象技术"两个维度的表现,我国的技术治理在理论上亦存在双重内涵,即治理机制转型中运用"技术性方法策略"的技术治理与科技快速发展中依托于"信息技术工具"的技术治理。

二 治理机制转型中的"技术性方法策略"

伴随19世纪下半叶科学技术进步所释放出的巨大能量,以凡勃仑(Thorstein Veblen)、泰勒(F. W. Taylor)、丹尼尔·贝尔(Daniel Bell)为代表的西方学者倡导将科学技术引入社会治理领域,并形成了《工程师与价格体系》《科学管理理论》等经典著作,以此为时间节点,技术治理开始逐渐成为社会治理领域的主流取向。虽然学界对于技术治理的内涵理解并未达成绝对的统一,但都普遍认同技术治理的两个基本原则:其一,科学管理,也就是用科学的思想和科学的技术方法,促进社会的良性运行;其二,专家政治,也就是倡导让接受了现代科学技术(包括自然科学和社会科学)教育的专家来掌控治理的权力。其核心主旨在于最大限度地追求"社会运行的高度理性化、效率最大化,尤其是政治活动的专业化水准和科学化水平"[①]。

将技术治理的逻辑置于我国社会结构转型和治理机制转换的进程中加以理解,我们会发现,技术治理正在日渐成为我国社会治理的主导逻辑和显著特征。众所周知,20世纪40—50年代,为应对近代以来中国社会面对西方列强挑战所表现出来的涣散性及社会总体性危机,中国共产党试图通过"单位制"将"整个国家按照统一计划、集中管理、总体动员的原则组织起来"。由此而建构起别具特色的单位社会,形成了"国家—单位—个人"纵向社会联结结构,国家通过单位组织实现对个人的调控,单位组织作为基层社会管理的中间组织,被国家赋予政治引领、社会管理、经济生产等多项权力和复合性职能。凭借"全方位贯通"的具有极强资源垄断、政治动员、控制力量的单位体制,中国社会形成了以"单位整合""单位调控""单位动员"为突出特点的总体性社会。伴随单位制走向消解,传统的"国家—单位—个人"的纵向控制体系逐渐转换为"国家—社区、社会组织—个人"的复杂格局。"后单位社会中诸社会职

---

① 刘永谋:《技术治理的逻辑》,《中国人民大学学报》2016年第6期。

能从单位中剥离,但这并未导致国家对基层社会控制力的实质性减弱,只是在控制方式上由单位社会中的总体性支配逐渐转变为依托于科层化的技术治理。"① 渠敬东等也认为"城市基层政府意图通过强调权力行使的规范性和程序性以及通过不断改进程序和精细化技术来提升治理的有效性。"② 这表明,推进治理体系和治理程序的法治化、技术化和规范化已经成为不可扭转的治理改革趋向。权力清单制、量化考核制、基层治理精细化路向下的网格化治理等新时期社会治理机制创新,正是技术治理的实践形式和生动缩影。举例而言,"政府购买服务"正逐渐成为我国社会治理的重要技术方式。"政府购买服务是指,将传统上直接由政府提供的一系列公共服务事项,通过直接财政拨款或公开招标的形式,下放给有提供专业服务资质的社会机构来承接,最后评估中标者或择定者提供公共服务的数量、质量,来支付服务费用。"③ 作为治理机制转型的重要表征,政府购买服务这一治理技术或策略,成为社会治理,特别是基层治理与服务的主流趋势。"政府购买服务模式以链接社会力量参与社会治理的方式,破解了原始由国家独家提供公共服务所面临的困局,激发了社会性主体参与的热情,提高了社会组织承接公共服务的能力,并且大幅提升了公共服务供给的专业化水平,使被服务群体获得了更好的服务体验。"④ "政府购买服务及其项目制运行模式正是我国治理机制转型中国家运用技术方式创新进行治理的重要表征。"⑤

综上,将技术治理置于治理机制转型的过程中加以讨论,实质是将技术作为一种推进治理方式、治理过程和治理结构改革与优化的策略与方法加以界定,这里技术更倾向于上文所界定的社会意义上的"软"工具,即包括体制、制度、组织等的抽象工具。这一理论层面的技术治理,其核

---

① 田毅鹏、薛文龙:《"后单位社会"基层社会治理及运行机制研究》,《学术研究》2015年第2期。
② 渠敬东、周飞舟、应星:《从总体支配到技术治理——基于中国30年改革经验的社会学分析》,《中国社会科学》2009年第6期。
③ 王浦劬、[美]萨拉蒙:《政府向社会组织购买公共服务研究》,北京大学出版社2010年版,第3页。
④ 苏明等:《中国政府购买公共服务研究》,《财政研究》2010年第1期。
⑤ 陈锋:《分利秩序与基层治理内卷化资源输入背景下的乡村治理逻辑》,《社会》2015年第3期。

心本质在于采取科学、专业、理性的理念、策略、方法和机制进行社会治理，并通过一系列策略与方法调动和吸纳市场和社会元素参与治理，形成新时代共建共治共享的现代化社会治理格局。此构成了技术治理的一个重要理论面向。

三 依托"网络信息技术"的技术治理

21世纪以来，技术更新迭代持续加速，特别是信息技术创新日新月异，信息化浪潮蓬勃兴起，云计算、大数据、人工智能等新兴信息技术不断出新，并持续向社会各领域渗透，深度地改变着人们的思维理念、日常生活方式、经济发展模式、社会组织形态、文化传承路径。鉴于网络信息技术具有极强的普适性与覆盖性，将其嵌入和应用于国家治理和社会治理体系，使信息化技术成为缩减治理成本、增强治理精准度、提升治理效能的重要手段，成为我国新时代社会治理创新的必然选择。以此观之，伴随网络信息技术的发展及其对治理的嵌入，作为治理机制创新的技术治理模式被带向了一个更具创造性和覆盖性的维度，进而衍生出科技快速发展中依托"网络信息技术"而全面展开的技术治理形态。从这个意义上讲，技术治理的概念与内涵在学理上，不仅包括上文所提及的治理思维、策略与方式的技术性创新，还必须包含新兴科学技术对治理的嵌入，以及此过程所催生的"数字化技术治理机制"。此维度的技术治理概念与内涵，近年来也被相关政策文件、各级政府部门、多元治理主体和学术研究者频繁使用，在诸多文字资料和话语中，所谓技术治理往往仅指称依托于网络信息技术嵌入而生成的新型数字化治理机制。此构成了技术治理的狭义概念与核心领域。

伴随网络信息技术的不断进步升级，及其对社会治理领域的深度嵌入，我们可以发现，近年来"数字政府""电子政务""智慧城市""智能社区"等建设不断兴起、推进与深化，信息技术业已成为国家治理转型与能力提升的重要凭借。举例而言，建立大数据共享平台，可以实现数据的全面收集、分析、共享，为政务服务的展开提供基础数据，通过数据的梳理和解读透视出事物间的复杂关联，并对事件发生概率进行预测；强化电子政府服务网络建设，用"数据跑"替代"人工跑"，有助于实现"最多跑一次"的政务服务改革目标；建立智慧城市系统，可以为城市的精准化、精细化治理提供高科技"城市大脑"的智力支撑；建构高覆盖性的"平安工程"和"天网工程"，可以充分利用人工智能和大数据进行警务服务，以维系公共安全和社会秩序稳定。借助网络信息技术创新社会治理方式、提升社会治理效能的例子不胜枚举。2020年3月31日，习近平总书记在杭州城市大脑运营指挥中心考察时强调："从数字化到智能化再到智慧化，让城市更聪明一些、更智慧一些，是推动城市治理体系和治理能力现代化的必由之路。"[①] 这一重要论断，为大力发展信息技术，并将其嵌入治理实践指明了方向。

综上所述，在现代性与技术理性的统辖与支配下，技术治理的逻辑愈发深度植入我国的治理理念与实践当中，成为推动国家治理体系与治理能力现代化的重要元素。"技术治理"是当前国家治理的基本特征和主要趋势，更是中国特色社会主义体制下社会治理领域的重要创新。可见，随着现代信息技术高速发展及其向治理领域的持续嵌入，技术治理的实现形式更加丰富多样，特别是在治理机制转型中运用"技术性方法策略"的技术治理实践中，拓展出依托"网络信息技术"的技术治理维度。我们需要格外注意，上述两个维度的技术治理虽呈现出各自不同的理论内涵，但它们绝不是截然分开的，而是呈现出紧密结合的状态，并具有显著的同源性、同质性和同向性，这是因为：（1）技术性治理方法与策略的付诸实践，越来越需要借助网络信息技术手段予以实现，很多极具创见性的治理机制转换与治理模式创新均需依靠科技手段作为辅助和支撑，可以说，信息技术的发展与应用丰富了规则型、行为型技术治理的应用场景，并促进了其蓬勃发展。（2）信息技术的嵌入是以作为理念、方法与策略的技术性治理模式的展开作为基础和前提的。只有在治理理念、机制、模式创新的基础上，信息技术才具有嵌入治理场域，并展开运作的空间。（3）当下引起广泛关注的科技型技术治理的运作及展开并不是独立存在的，我们在"雪亮工程""智慧城市""数字政务"等众多以信息技术赋能的新型治理模式的运行逻辑与实践探索中，均可以发现这些治理模式的生成与运作绝不是由网络信息技术独自决定的，其背后所暗藏的正是技术性治理理念、方法与策略的转换与升级。因而以新兴信息技术赋能面貌展现的技术

[①] 吉富星：《以数字化提升城市治理》，《经济日报》2020年4月27日。

治理，实际上蕴含着技术治理的综合性内涵。所以，即使当我们将论域框定在依托于网络信息技术而展开的技术治理范围，仍然无法排除对技术治理双重维度与内涵的综合应用。

近年来，浙江省衢州市以"以智治促善治，打造数字化背景下的社区治理和服务新模式"为主题，加强数字化背景下基层治理和服务创新顶层设计，构建信息平台，整合各类资源，优化治理和服务流程，激发居民群众主体活力，不断提升居民的幸福感和获得感。其一，以"机制+技术"的形式，建设起数字化基层智慧治理和智能服务体系，实现了信息资源的整合以及各政府职能部门、社区各类组织、机构、社区居民之间的信息沟通渠道的搭建，营造出"综合化、专业化、信息化"的基层治理结构。其二，拓展了数字化基层智慧治理和智能服务平台，实现了大数据自动分析评估居民的组成情况、需求情况、参与治理情况，为社区治理提供了基本数据和最优方案。并借此打造了线下治理、线下服务的社区信息综合平台，吸引更多居民参与，实现数字化基层治理线上线下的无缝衔接。其三，创新数字化基层智慧治理和智能服务的运行机制，包括线上线下同步推进"网格党支部+业主委员会+物业服务企业+业主+各类社会组织"的"红色物业联盟"机制；按照居民诉求，组织居民、物业、驻区单位与相关社会组织，于线上线下同步建立社区民主协商机制；运用智能化手段，完善"三社联动"机制，实现社区、社会组织、社会工作联动融合。

综上所述，衢州经验的核心价值在于，一是原理层面，纠正了技术治理运行逻辑中"唯技术论"的偏向，着重于依托技术的发展与更新，实现治理理念的升级与治理机制的整体转换。二是将技术治理的运作空间从着力于追求线上，转换为线上线下的融通，积极探寻基层治理和服务的线上线下衔接点的嵌合点，通过技术手段增强基层社会的多元互动关系，实现线上线下服务能力的相互促进与提升。三是依托于技术赋能，一方面，形成了现代政府治理、居民自治、便民服务相适应的集成、共享、互动、便捷、高效的数字化基层治理体系；另一方面，更在微观的治理行动中借助技术资源，实现了治理方式的升级，治理效果的精细化和精准化，最终实现了治理模式智能化、治理主体全民化、治理方式自治化、治理机制规范化、治理成果共享化。

第二章

信息技术赋能基层善治

党的十八届三中全会以来,推进国家治理体系和治理能力现代化成为我国全面深化改革的重要方面。处在新时代的历史方位,党的十九届四中全会进一步提出:"必须加强和创新社会治理,完善党委领导、政府负责、民主协商、社会协同、公众参与、法治保障、科技支撑的社会治理体系。"顶层政策话语中关于"科技支撑"的表述,充分地彰显了新时代科学技术助推治理现代化进程的重要性。基层治理是国家治理的重要方面,切实推动基层治理减负增效,是全面提升治理效能、破解一系列社会问题、精准服务人民群众的基础核心。党的十九届五中全会更是提出了"社会治理特别是基层治理水平明显提高"的升级版要求。在当前的基层治理实践中,信息技术业已实现了深度嵌入,以此形成的基层技术治理模式展现出极强的优越性,成为人民追求美好生活的重要支撑。浙江省衢州市在基层治理的实践中积极引入信息技术元素,使其耦合于基层政府善治、基层多元参与、城乡公共服务统筹、社区疫情防控等诸多领域,并取得了卓越成效。诚然,在技术深度嵌入基层治理实践的过程中亦面临着一些不可忽视的挑战,这需要我们对信息技术嵌入基层治理的相关问题展开原理性的理解与讨论。

第一节 基层政府的数字化转型与善治

在网络信息技术获得高速发展的新时代,加之国家相关政策的指引,我国的信息技术发展与基层治理业已实现深度融合,技术治理开始进入全新发展阶段。特别是在政府治理领域,技术治理以"智治"促"善治"

的形式，推动了政府的治理模式创新和政务服务精细化、精准化。随着改革向纵深推进，处于改革"神经末端"的基层政府也已开启数字化转型的进程，并不断深化。实践表明，基层数字政府在信息技术的赋能下，其履职服务能力高度提升，人民群众的获得感、幸福感更是在基层政府的数字化转型过程中，得到了更高程度的满足。

一　数字政府的内涵与特征

众所周知，政府自产生伊始便天然承担着治理与服务的一系列职能，特别是在我国以"公"，即国家/政府/官为主所推动的"公共性"结构中，政府乃社会运行的大管家，全面负责解决公共问题、维护公共秩序、提供公共服务。我国的政府治理模式伴随社会转型发生了根本性变化，总体而言就是由"全能型政府"转换为"有限型政府"，由"管理型政府"转换为"服务型政府"。近年来，随着技术发展与国家治理理念的升级，新兴技术与政府治理实践产生了深度的嵌合，特别是以网络化、数字化、智能化为核心的新一代信息技术成为新时代政府转型的核心动力机制。"信息技术对政府治理体系和过程的转换产生了全面的革命性催化。"[1]"在我国国家治理理念与模式转换的宏观进程中，数字政府成为数字中国、网络强国、智慧社会三大国家战略纵深推进的战略支撑。"[2] 概而言之，所谓"数字政府"，是指政府机构在日常的公务办理、信息收集、统计与发布、公共治理等领域充分利用数字化和网络化技术，并在此技术环境下进行的行政管理形式。但需要明确，数字政府并非仅仅是信息技术与政府治理的简单叠加。数字政府的深层意涵是政府办公流程的"数字化"和政务处理的"电子化"。因而，"数字政府的本质是'治理理念创新+数字技术创新+政务流程创新+体制机制创新'协同推进的全方位变革。数字政府以大平台、大数据、大系统、大集成为战略导向，以数字化、协同化、透明化、智慧化为实施路径，以跨部门、跨系统、跨地域、跨层级

---

[1] Tomasz Janowski, "Digital Government Evolution: From Transformation to Contextualization", *Government Information Quarterly*, 2015, 32 (3), pp. 221–236.

[2] 刘淑春：《数字政府战略意蕴、技术构架与路径设计》，《中国行政管理》2018年第9期。

高效协作为重要支撑，从而撬动国家治理体系和治理能力现代化"①。

近年来，我国各地政府部门主导建设起"智慧城市""雪亮工程""天网工程"等数字政府工程。数字信息技术能够更加深度地对其进行分析、研判和预测，帮助政府建立起较为精确的决策机制，实现了政府决策的精准性、科学性和预见性的大幅提高，并依此推进政府职责体系的优化。可见，信息技术与政府治理的耦合毫无疑问已经成为推进新时代政府治理升级和政府服务人民水平提升的关键支撑。具体来说，数字政府的创新治理模式具有如下特征与优势：其一，网络化与联动性。"在应用网络信息技术治理与服务的过程中，政府将各种部门、各类信息、各种行政资源整合在统一的网络系统当中，破除了多重壁垒，打开了闭锁的信息孤岛，实现跨地域、跨系统、跨层级、跨业务、跨部门的联动式治理和服务。"② 其二，信息精准性与决策科学性。追求理性化、精准性和高效率始终是技术治理的核心追求，全面充分掌握经济社会发展的各种数据信息，并充分了解人民群众的切实需求是提升政府治理水平的重要前提，政府各部门通过大数据、区块链等现代信息手段收集和掌握的各种数据信息更加全面和精准。其三，服务精细化与触底性。信息技术嵌入政府治理，能够帮助公共部门及时发现社会治理和公共服务中的"堵点""痛点"和"难点"，为社会治理与服务的开展提供着力点和突破口，以推进服务的精准化和精细化。其四，政务公开化与透明性。数字政府的运行模式将政府治理与服务全过程的各类信息均最大限度地通过网络平台实时公开，让权力运行在阳光下，增强了群众对公共权力的信任。并且，信息技术赋能政务公开，实现了政府单向管理向政府社会双向互动的转换，即政府必须将权力运行在阳光下，随时接受人民群众的监督，并听取群众的意见和建议，及时对公众关切予以妥善回应。

二 信息化公共服务下沉基层

构建完善的公共服务体系、提升公共服务供给的效能，是打造"服务型政府"的内在要求。在基层治理的体系与结构中，依托于信息技术

---

① 刘淑春：《数字政府战略意蕴、技术构架与路径设计》，《中国行政管理》2018 年第 9 期。
② 周文彰：《数字政府和国家治理现代化》，《行政管理改革》2020 年第 2 期。

赋能，我国基层政府大力推进公共服务的信息化改革工作，历经多年实践，我国基层政府的公共服务体系不断完善，公共服务能力持续提升，公共服务触角进一步向基层下沉，打通了公共服务的"最后一公里"。在基层政府公共服务信息化改革领域，最具代表性的当属"一门式"改革与"最多跑一次"改革。

基层政府提供公共服务的传统模式具有明显的分散性，即政府各类公共服务的供给需要联合各部门共同推进，而各部门缺乏统一的联合性终端，导致人民群众在办理一系列关涉政府的多层级、多部门的事务时，不得不奔波于分散的各类机构，基层政府的公共服务效率低下。为破解上述问题，上海率先在全市范围内推进街道受理中心建设标准化工作，按照统一规范在街道设立统合政府各部门下沉服务的办公场所和"一门式"服务机构。在总结上海经验的基础上，我国各地基层政府展开了"一门式"公共服务改革的积极探索。所谓"一门式"改革，主要是指依托信息化手段和标准化建设，整合公共服务信息资源，采取窗口服务、电话服务和网络服务等形式，建立向居民提供基本公共服务的社区公共服务综合信息平台。"一门式"服务的重点是按照让"群众少跑一趟路、少跨一个门槛、少走一道程序"的要求，根据统一规范在街道（乡镇）设立统合政府各部门下沉服务的办事场所和服务机构。[1]"一门式"改革在原有行政服务大厅基础上，将基层政府不同职能部门的多个办事大厅向"一门式"行政服务大厅集中，将传统上分散于多个部门的政务事项归集于同一的行政服务大厅平台。通过"一门式"改革，人民群众办事只需找到一个窗口即可对接整个政府系统，"打造了'前台统一受理、部分直接办理；后台分类处置，部门协同办理；业务流程优化、管理全程监控'的服务运行体系。同时，'一门式'主系统实现了与网上办事大厅的对接，通过实时互动、物流交付等措施深入推进一网通办"[2]。可见，"一门式"改革在实践中呈现出较为明显的民生取向和较强的服务效能，对政府部门而言，

---

[1] 田毅鹏、苗延义：《城市公共服务"一门式"改革对社区基层治理的影响》，《人口与社会》2017年第1期。

[2] 刘宏波：《佛山一门式一网式经验获全国推广　细看获推广经验中的"佛山身影"》，《珠江时报》2018年5月25日。

极大地节约了行政成本，减轻了基层工作人员的工作负担，提高了政务服务的效能和公共服务的精准水平；对于人民群众而言，接受公共服务的"最后一公里"经由技术性的"一门式""一网式"联通工程被打通，生活得到了极大的便利，获得感和幸福感大幅提升。综上可见，基层政府的"一门式"公共服务改革依托于"互联网+政务"的政务服务系统，形成了"一网、一门"的高效的公共服务供给模式，群众办事的跨部门烦琐性被消除，真正实现了把复杂留给信息化系统，把方便留给群众，把效率留给政府的改革目标。

伴随"一门式"改革的持续推进，浙江省于2016年底，明确提出"让数据跑代替老百姓跑"的口号，开启了公共服务领域更进一步的"最多跑一次"改革。"最多跑一次"改革正是基层治理中真正以人民为中心，方便基层百姓办事的优质工程。网络信息技术的深度广泛应用是浙江省推进"最多跑一次"创新改革的核心技术支撑。"通过这一改革，市民、企业在办理事项时只要到责任部门'一窗受理'，即可获得后台各部门间数据共享、系统对接后提供的'集成服务'。行政服务办事大厅、政务服务网、自助终端机，以及政府服务APP则成为了无缝对接'互联网+政务服务'与市民、企业的接口桥梁。"[①] 2018年5月23日，中共中央办公厅、国务院办公厅印发《关于深入推进审批服务便民化的指导意见》，特别把"浙江省'最多跑一次'经验做法"作为典型经验之一向全国全面推广，将其视为深化"放管服"改革的重要路径。作为政府提高公共服务效率、优化政务流程、便利人民群众的积极探索，"最多跑一次"改革取得了巨大成效，河南、四川、吉林等地也开始了技术赋能的"最多跑一次"改革，并不断向医疗、高校等领域延展。

综上所述，在基层治理的总体格局中，技术的发展与嵌入，对于公共服务向基层下沉、打通政务服务"最后一公里"发挥着重要作用。依托信息技术建立的基层政府公共服务平台，通过信息的线上传递代替了群众的线下跑腿，极大程度地为基层政府服务群众提供了便利，提高了效率。以实现信息畅通流转与共享为保障的"一门式"改革和"最多跑一次"

---

① 郁建兴、高翔：《浙江省"最多跑一次"改革的基本经验与未来》，《浙江社会科学》2018年第4期。

改革正是基层政府"以人民为中心",运用信息技术完善基层治理体系、提高基层治理能力的具体模式和方法,具有重要的实践意义。

三 基层"网格化"治理模式建构

发端于 21 世纪初的网格化治理模式,是一种将基层政府公共服务系统与基层社区组织相结合的治理模式。它是由基层政府所主导,在城市"区—街道—社区"的基层治理层次与组织构架基础上,将"人、事、地、情、物"等维度纳入设计程序,依据辖区面积、地理布局、居民结构等指标,将作为整体治理单元的社区,进一步行政性地划分为单元网格,从而将基层社会"三级"管理结构转换为"四级"责任体系,是我国基层精细化治理的创新模式。在原理层面加以理解,网格化治理模式便是"基层政府以数字化、信息化技术为支撑,致力于实现精细化和资源整合、联动的管理系统,它透过信息平台进行权威整合与行政力量下沉,实现对基层社会的总体性调控,其本质是国家重建基层治理结构,强化自下而上决策信息传导与自上而下责任到位的行政管理体系的过程"[1]。将网格化治理模式置于技术治理的框架下加以考察,便会发现,网格化是为配合"数字城市"的建设,"对原有的社区资源、信息、服务体系进行重新整合与协调,其主要着眼点是在技术、社区资源及公共服务之间建立起契合关系,因而在某种程度上可以将其看做是数字技术服务平台在制度上的配套设施"[2]。基层政府在基层网格化治理体系中占据主导地位,通过网格化治理模式,基层政府,一是可以借由网络信息系统将网格中的地理位置、小区楼栋、人口信息、单位门店、民政救济、劳动保障、综治信访、特殊人群、消防安全等信息加以汇总,全面精确且及时高效地了解基层社会的各种情况;二是可以实现对基层所有事件的全程记录和跟踪管理,将问题的发现、录入、上报、分流、调处、结案、考核等都通过信息系统处理,形成电子台账,责任清晰,办事效率在流程中得到大幅提升;三是得以将传统集合且悬浮的公共服务问题分解到网格内进行解决,真正

---

[1] 孙柏瑛、于扬铭:《网格化管理模式再审视》,《南京社会科学》2015 年第 4 期。
[2] 田毅鹏、薛文龙:《城市管理"网格化"模式与社区自治关系刍议》,《学海》2012 年第 3 期。

将公共服务下沉到基层"最后一公里",实现服务的精细化与精准化。可见,传统的基层政府治理与服务存在较大的漏点,难以与基层群众建立起最直接的关联,难于深入和及时发现并回应一系列精微的社会问题,而基层政府创建的"网格化"治理模式则在网络信息技术的赋能下,打通了公共服务的"最后一公里",使得政府治理与服务真正触底,与群众需求充分衔接,弥补了粗放式治理的短板。

网格化的信息平台虽由基层政府所建构和主导,但其运行过程中接入了多元化的治理主体与治理资源,打破了政府单一的自上而下治理与资源输入的纵向模式,建立起多元参与的横向治理结构:一方面,依托于信息化的网格治理模式,基层治理的格局中实现了党建、城管、综治等各类网格多网合一,特别是辖区内水、电、热、气等各种公用事业单位力量,均可通过网络信息平台实时接收居民需求,并快速回应,以技术赋能的形式真正实现基层治理与服务的全覆盖。另一方面,网格化信息平台将居民群众整合进基层治理体系当中,一是居民群众可以通过信息报送的方式,通过手机小程序在线上将需求直接反映给相关部门并得到及时回应,从而实现了对复杂治理层级弊端的破解。二是居民群众可以通过网格化信息平台掌握社区信息,了解社区动态,为社区发展建言献策,从而实现对社区治理与服务内生力量的动员。三是一些地方在基层网格化治理的框架中全面选配"楼栋长"和"单元长"参与社区治理与服务,形成线上线下联动的"网格长—楼栋长—单元长"三级基层治理组织架构,推动基层治理力量透过网格,继续向楼栋和单元下沉延伸,织密了基层治理与服务网络,弥补了网格治理的漏点与盲区。特别是此举充分调动起的基层社会力量,使其与行政主体、市场机制等形成共治合力,丰富了基层治理元素,提升了基层治理水平。

第二节　基层技术治理链接多元参与

治理理论所带来的最为根本的改变在于"公共权力"配置结构的变化,即治理理论倡导将传统的由政府一方控制和操持地公共权力下沉到社会领域,被多元力量所共同经管。在这个过程中,国家的权力权威合法性不再拥有绝对支配性,并且不再以垄断的形式出现;公共权力转换为分散在国家、市场、社会中的物品；治理主体之间产生密切的协作和紧密的依赖关系，在自觉、持续、自愿的互动中构建起社会治理新模式。在由"社会管理"转向"社会治理"的实践中，我国的治理体系不断充盈，其中最为显著的要素便是多元社会性力量深度参与到基层治理的过程当中。尤为值得关注的是，信息技术为各类社会主体与社会资源参与基层治理拓展了重要的技术性渠道，特别是多元主体参与基层治理过程中的均衡性、平等性，更成为新时代我国社会治理结构重塑的重要表征。

一 以信息技术赋能社会组织参与

在中国"新公共性"建构的过程中，社会组织的作用愈发得到彰显，这主要是因为，一方面，社会组织的发展是中国社会再组织化的重要途径，社会组织正在以一种新型的联结方式和运作模式，取代单位组织这个曾经的中间环节，是社会组织化的一种新模式。另一方面，政府的管理触角无法真正切入具有极强复杂性的社会需求当中，刚性的治理逻辑无法覆盖多样化的社会诉求，而社会组织能够依其专业性、柔性治理、社会资本丰富等优势填补政府权能所未能覆盖的遗漏之处，其具有提供社会服务和解决社会问题，并提高治理绩效的功能。

实践证明，信息技术的嵌入为社会组织参与基层治理拓展了多元途径并帮助社会组织有效提升了服务水平。具体而言，信息技术的应用为社会组织参与基层治理与服务提供了如下条件：其一，基层政府、街道、社区可以将基层社会的各种信息公开于社会组织所共享的网络信息平台，打破行政部门对信息的垄断性，社会组织得以借此信息平台，更方便、更快捷地掌握、了解各种信息，特别是有助于将社会组织与潜在的被服务对象通过信息化手段和网络平台直接建立起关联，促使社会组织得以开展与社会需求精准对接的专业性服务。其二，社会组织的资源获取往往对政府产生路径依赖，而极为欠缺在更为广泛的领域获得社会性支持，而信息技术的嵌入可以帮助社会组织，特别是草根型社会组织和初创组织通过网络平台广泛筹款，为社会组织运行注入宝贵资源，破解社会组织运行资金紧张的困境。其三，传统的社会组织运作范围存在很大程度的空间局限，而通过搭建网络平台将社会组织及其资源汇集于线上，则极大地拓展了社会组织活动的空间，使其所提供的各类服务不再局限于某一区域，从而辐射更大范围、惠及更多被服务对象。其四，信息技术的嵌入有助于使社会组织的财务、工作安排、项目运作等信息在网络平台上充分展示，此既可以提升社会组织的公信力，又可起到宣传社会组织并扩展社会组织影响力的效果，进而使社会组织在技术赋能的过程中增强治理与服务能力。

二 以信息技术推进未来社区建设

基层社会治理是国家治理的重要方面，作为基层社会治理的微观单元，社区承载着贯彻落实党和国家大政方针、满足居民群众切身利益、维系基层和谐稳定的时代使命。历经20年实践探索，我国社区建设取得了长足发展，成为推动基层"善治"的坚实基础。特别是近年来，伴随社区建设领域对网络信息技术的广泛应用，"智慧社区"和"未来社区"的概念勃兴，社区治理也在技术赋能的过程中实现了升级。

"'智慧社区'是指依托各种传感与通信终端设备感知信息，利用有线与无线通信网络传输信息，运用智能化处理平台挖掘整合信息，并有效引入城市智慧应用系统，实现社区管理精细化、服务人文化、运行低碳化，为居民提供便捷、舒适、环保的生活空间的综合系统。"[1] 实践证明，"依托于网络信息技术打造而成的智慧社区，很大程度地提高了社区治理与服务的效能，有效控制了公共支出成本，优化了公共资源的合理精准配置，为社区居民生活质量持续稳步提升提供了技术层面的重要助力"[2]。特别值得关注的是，在智慧社区建设的微观层面，一方面，社区的系列治理与服务工作在网络信息技术的赋能下，实现了跃升，构塑出美好的社区生活环境，切实提升了居民生活的舒适度、归属感和幸福感。如社区可以通过技术手段，充分掌握社区居民的基本情况并及时了解其变动；实时监测独居老人的情况，从而针对其需求提供精准服务；水电煤气费、物业费、停车费等均可通过社区APP支付；家庭设备出现问题，居民在线拍照通过APP报修，社区的维修人员便可在线上接到报修信息后，及时于

---

[1] 郑从卓、顾德道、高光耀：《我国智慧社区服务体系构建的对策研究》，《科学管理研究》2013年第9期。

[2] 姜晓萍、张璇：《智慧社区的关键问题：内涵、维度与质量标准》，《上海行政学院学报》2017年第6期。

线下提供上门服务等。另一方面,智慧社区建设以技术赋能的形式为居民参与拓展了渠道,社区居民可以通过社区微信群、QQ 群、APP 小程序等媒介参与一系列社区公共事务的线上协商等活动,更可以通过上述媒介提出自身需求,反映社区问题,为社区营造建言献策。可见,技术的深度嵌入一定程度上破解了社区参与难的问题,充分激活了居民参与的意愿,并使得居民需求得到及时、精准的回应。

伴随智慧社区建设的持续深化和延展,浙江省政府在 2019 年 3 月 20 日印发了《浙江省未来社区建设试点工作方案》,标志着未来社区的来临。"所谓未来社区建设,主要是将城乡社区纳入未来发展的视域之下,引入技术、生态、社会、生活等变量,运用整体、综合性的观念和行动来超前性地解决城乡社区所面临的各种各样的问题,致力于社区经济、社会、文化、生活环境等各个方面发生具有积极意义的变动,使得城乡社区生活获得长远而持续的改善和提高。"[①]《浙江省未来社区建设试点工作方案》指出:"未来社区的核心内涵就是以人民美好生活向往为中心,聚焦人本化、生态化、数字化三维价值坐标,以和睦共治、绿色集约、智慧共享为内涵特征,突出高品质生活主轴,构建以未来邻里、教育、健康、创业、建筑、交通、低碳、服务和治理九大场景创新为重点的集成系统,打造有归属感、舒适感和未来感的新型城市功能单元,促进人的全面发展和社会进步。"[②] 未来社区建设的启动,表明数字化、信息化成为面向现代化、面向未来的社区建设主导方向。更加重要的是,智慧社区和未来社区运行过程中的各种智慧型技术资源不仅由公共部门独家掌握,采取自上而下的方式注入社区,而且更加强调社区内各基层治理主体对技术的运用以及借此开展的自治与共治。

三 以信息技术构筑基层社会治理协动体

当前基层治理体系的不断升级表明,以社区、社会组织、社会工作者组成的"三社联动"体系无法全面涵盖基层治理的多元主体,亦难以统摄各项基层治理与服务事务的全面开展。这表明,欲实现基层治理与服务

---

① 田毅鹏:《"未来社区"建设的几个理论问题》,《社会科学研究》2020 年第 2 期。
② 浙江省政府:《浙江省未来社区建设试点工作方案》,2019 年 3 月 20 日。

的全覆盖和精细化，必须激活更加多元的治理主体，并将其纳入基层治理格局当中。欲达此目标，不仅需要社会性力量的持续发育和成熟，更需要为多元社会力量参与基层治理提供更加广阔的路径和更加完善的机制。而信息技术的嵌入，恰好为构筑基层社会协动体创造了前所未有的条件。

具体而言，网络信息技术为基层多元共治格局的形成提供了下述助力：其一，技术嵌入为多元主体与资源介入基层治理搭建了信息化平台。我国传统的基层治理主要由政府主导，这一方面归因于全能政府的管理惯习与社会发育的落后，另一方面还在于一系列社会主体与社会资源欠缺参与基层治理的有效途径，而网络信息技术以其极强的覆盖性与链接性，为基层治理与服务中理应扮演重要角色的驻区企事业单位、社会团体、物业公司、志愿者等多元主体建构了参与的有效渠道，并将他们纳入统一的治理网络体系，与各基层政府部门、社区自治组织、社会组织等组成了更加丰满、立体的基层治理架构。并且值得注意的是，信息化平台并非简单地将多元主体纳入，而是更进一步地促成了多元主体的互动和联动，实现了治理主体、治理资源的叠加与嵌合，依此建立起稳固的多元治理结构。其二，网络信息平台以线上运作的方式打破了多元主体参与治理的时间与空间限制。受到辐射空间范围有限和参与治理服务时间不确定双重因素的制约，诸多类型的社会治理主体往往难于参与到基层治理的过程当中，或仅片面、短暂地参与。而依托于网络信息平台，许多社会性力量摆脱了空间的限制，得以通过线上服务的方式，在更加广泛的空间内实现有效参与。在时间层面上，多元主体的线上服务也便于多次、长时、持续开展。值得特别注意的是，信息技术的嵌入为多元主体参与治理开拓了接入点，即多元主体可以通过多种丰富的技术性渠道于线上参与治理和服务。多元主体依托于网络信息平台而开展的各类治理与服务内容并非仅局限于线上，而是借助线上平台不断向线下延伸。可见，技术赋能真正使各类治理主体被充分调动和持续参与，推动了基层治理结构的优化，以及在此基础之上的治理能力的有效提升。其三，基层治理与服务是一个双向度的系统工程，包括问需与回应两个基础环节，因而做好新形势下的基层治理，不仅需要以互联网为载体发挥信息传输的纽带作用，把各领域治理主体的发展资源整合起来、流动起来，还需要借助网络信息技术的应用，最大效度地深入基层社会，全面、准确地收集居民群众的切实需求，并以居民群众的需求清单为根据，在信息平台所容纳的海量资源中匹配最恰切的服务提供方及其专业性服务，构建起技术赋能下的需求与服务的深度嵌合，从而实现多元共治所推动的基层治理与服务精准化。

总而言之，在基层治理的实践中，驻区企事业单位、物业公司、社会团体、志愿者等在信息技术赋能的条件下被充分纳入基层治理格局当中，成为新时代我国基层治理体系中不可或缺的坚实力量，并与传统的基层治理各主体元素共同形成互相嵌入、多向包含的基层治理社会协动体，推动着基层治理体系与治理能力现代化的进程。

第三节　技术嵌入夯实乡村振兴基层基础

面对乡村经济社会发展不足、困难群众生活得不到有效保障的实际情况，中共中央、国务院于2015年11月29日颁发《关于打赢脱贫攻坚战的决定》，明确提出了"到2020年，确保我国现行标准下农村贫困人口实现脱贫，贫困县全部摘帽，解决区域性整体贫困"的宏伟目标。进入新时代的历史方位，作为脱贫攻坚战略的接续和升级版战略，党的十九大提出实施乡村振兴的发展战略，"2018年中央一号文件《中共中央国务院关于实施乡村振兴战略的意见》和《乡村振兴战略规划（2018—2022年）》相继颁布，表明作为大国根基，乡村振兴、城乡一体化发展业已成为新时代决胜全面建成小康社会、全面建设社会主义现代化国家的重大历史任务"[①]。

无论是脱贫攻坚还是乡村振兴，两大战略的切实推进都需要依靠坚实的乡村基层治理基础予以保障。伴随网络信息技术高速发展，其不再由城市治理领域所专用，而是冲破了城乡界限，成为城乡共享的重要治理资源和治理方式。"数字下乡"与"数字乡村建设"更是成为新时代夯实乡村脱贫与振兴基层基础的重要驱动力，以此观之，我国乡村治理的数字化转型业已成为乡村基层治理现代化的主导趋向。

---

① 张帆：《共同体重建：新世纪中国乡村自治政策的演进与升级》，《社会科学战线》2019年第11期。

一　以信息技术促动城乡公共服务均等化

乡村公共服务与信息技术深度融合是创新乡村基层治理，推动乡村振兴的客观要求。其一，依托信息技术，优质的公共服务资源得以向乡村基层深度下沉。由于乡村的经济社会发展在诸多方面都与城市存在差距，因而传统上开展于乡村社会的公共服务往往是城市公共服务的"简化版"，差异性的公共服务也进一步加剧了城乡二元化效应，这与当前我国所倡导的城乡统筹和一体化相悖。为破解此问题，我国各地展开了技术赋能乡村公共服务的积极尝试，此举的核心便是在乡村构建起依托于网络信息技术的公共服务平台，将多项公共服务事项引入乡村基层，以线上公共服务平台为村民提供更多、更健全的智慧服务，从而实现技术赋能下公共服务领域城乡分割的消除、部门壁垒的打通和信息孤岛的破解。借此平台，我国的公共服务与社会事业打破城乡界限，诸多之前仅被城市居民享有的服务项目均向农村延伸，交通、通讯、教育、社保、医疗等民生领域逐渐融入乡村技术治理范畴，上述公共服务项目在乡村领域展现出全新面貌。其二，在信息技术赋能下，乡村公共服务的客观限制得到了较大程度的破除。与集中化、密集化的城市社会不同，乡村，特别是远离城市的传统乡村，村民居住分散，这就导致农村公共服务的覆盖半径必须要远大于城市，这直接造成了农村公共服务难度更加巨大，服务成本也更高。而通过搭建公共服务的网络信息平台，构建快捷方便的"云服务"的形式，一是有助于真正将偏远地区纳入公共服务的覆盖范围，切实以服务促进村民生活福祉的提升，二是有助于建立起基层政府、基层社会组织、村民等多元主体的密切关联，三是有助于通过线上运作的方式将更加丰富的主体与资源纳入乡村治理的结构中，补充乡村公共服务的短板。

总之，在乡村社会搭建信息化的公共服务平台并推进数字化的公共服务模式创新，其实质可以理解为以技术的无差别应用，推动优质公共服务资源下沉乡村基层，依托现代技术实现公共服务对乡村民生"最后一公里"的全面覆盖，以公共服务线上提供的方式补足农村基层治理短板，提升公共服务的效率和质量，构建覆盖城乡居民的普惠共享式基层公共服务体系，此成为信息技术嵌入夯实乡村振兴基层基础的重要表征。

二　以技术注入拓展村民参与渠道

伴随城镇化进程的加速，我国的城乡社会结构发生了剧烈变迁，尤其值得注意的是，农村社会在快速发展进步的同时，正在遭遇"空心化""老龄化"以及"三留守"群体持续扩大等危机，在乡村振兴的总体框架下，超越单纯的"经济—行政"取向，建构农村社会生活共同体尤为关键。而信息技术的注入则为农村基层社会的运行增添了现代性的意味，也切实对村落共同体重建产生了重要影响。特别是诸多村落以技术赋能的形式拓展了村民参与基层治理的有效渠道，充分调动起村民自治的热情，激活了乡村治理内生动力。

具体而言，其一，通过网络信息技术的应用，将涉及群众切身利益的各项重要政策、通知公告、党务、村务等及时、清楚地在线上公开发布，并更进一步通过技术平台直接发送到村民手机上，方便村民了解政策、知晓村务。特别是在当前人口流动加速、传统村落呈现"空心化"的背景下，"互联网+村务公开"的形式可以有效超越时空局限，覆盖更广泛范围，让在本村的外出务工人员、非本村常住村民等在云端就可以充分了解村情、村务。其二，村民可以依托于网络信息平台，对村落重要事项和热点问题展开民主协商活动，使自我管理、自我服务、自我教育、自我监督得到有效加强，真正激活乡村治理中"村民"的力量，并链接起多元治理主体。例如，浙江省衢州市龙游县"村情通"平台按照"党建统领、群众路线、智慧治理"的思路，以打造"枫桥经验"升级版、"三民工程"智慧版为愿景，在全县推广"村情通+全民网格"模式，有效破解基层组织作用发挥难，村情民意掌握难，群众办事诉求难、参与治理难、脱贫致富难等现实问题，走出了一条极具实践价值的，以数字技术为支撑的智慧化、可复制的乡村基层共建共治共享治理之路。其三，现实中许多村落面临征地拆迁、集体资产分配等涉及重大利益的事项，容易引发一些利益争端，而通过村落信息平台，村民可以畅通地反映诉求并得到及时回应，有利于从根本上减少农村社区矛盾，促进农村社区和谐稳定、良性运行。同时，村民在日常生活中的一系列问题也均可以借由信息平台向有关责任主体反映，以得到及时妥善的解决。

总之，在信息技术高速发展且全面嵌入生产生活的时代背景下，乡村基层治理与服务发生着翻天覆地的变化，其中最为生动的变化便是乡村基层治理与服务的开展被深深刻入了技术的烙印，真正打通了乡村基层治理的参与渠道，将最为关键的要素——村民，链接到基层治理的格局当中，从而在很大程度上促进了乡村共同体的重建。

三 以技术治理助力精准扶贫

习近平到湖南湘西考察时首次作出了"实事求是、因地制宜、分类指导、精准扶贫"的重要指示。"精准扶贫是粗放扶贫的对称。它是指针对不同贫困区域环境、不同贫困农户状况，运用科学有效程序对扶贫对象实施精确识别、精确帮扶、精确管理的治贫方式。"[①] 精准扶贫已经成为我国脱贫攻坚领域的一项重要原则。

技术治理在乡村世界的实践为脱贫攻坚战略的推进提供了强力动能，特别是促进了扶贫工作进一步向基层下沉，建立起脱贫攻坚工作与贫困户的直接关联，有力保证了扶贫的精准性。其一，依托于信息技术在扶贫领域的推广应用，扶贫责任部门能够借助网络数据平台，全面、准确地掌握乡村的整体贫困状况，并一户一档案的精确地了解每户贫困人口的致贫原因，及其贫困程度，特别是有益于发掘贫困人口的一系列资源禀赋，为扶贫工作的开展提供抓手。可见，以数据为依托，有助于真正实现"扶持对象精准、项目安排精准、资金使用精准、措施到户精准、因村派人精准、脱贫成效精准"。其二，脱贫攻坚工作需要各类扶贫资源的注入与精准的匹配，借助互联网信息平台，扶贫工作的承担主体——各级政府部门，得以实现对各项扶贫资源的优化和重组，将其匹配到恰切的对象手中。特别是"借助网络信息平台，能够快速、准确地将贫困群体信息公开对外发布，便于社会公众及时明晰政府扶贫工作的实施状况和贫困群体的生活情况，从而完善拓展了社会力量参与扶贫工作的渠道"[②]。换言之，技术应用建构起资源提供方与贫困户之间的直接关联，实现了脱贫攻坚工作的精准性和触底性。其三，依托于信息技术的应用，现代化乡村发展出

[①] 王思铁：《精准扶贫：改"漫灌"为"滴灌"》，《四川党的建设》2014年第4期。
[②] 同春芬、张浩：《"互联网+"精准扶贫：贫困治理的新模式》，《世界农业》2016年第8期。

诸多新兴的农业发展形式，此成为稳定可持续脱贫的重要机制，如信息技术与脱贫攻坚有机结合，形成了乡村的"电子商务平台"，贫困村落可以依此促进农产品的销售并打造农产品电商公共品牌，带动特色农业发展。贫困人口可以利用电脑、手机、平板等技术载体，在网上开店、网上创业，学习脱贫技能，丰富脱贫手段，从而实现就地精准脱贫。

当前，乡村世界面临着脱贫攻坚与乡村振兴的战略接驳，脱贫工作的顺利完成是乡村振兴的基础保障。网络信息时代的扶贫工作对传统的扶贫工作最显著的超越性，便在于网络信息技术深度嵌入到脱贫攻坚的总体性格局当中，为脱贫攻坚工作的开展拓展了渠道，创新了方法，特别是依托于信息技术的充分应用，扶贫的精准性得到了充分保证。

第四节　技术治理与基层疫情防控

自新冠肺炎疫情暴发以来，"控而治之"便成为此次疫情处置应对的总要求。这就要求应对疫情除了"防治"，更要"防控"。"从'治'到'控'一字之变，就把医疗卫生工作的重心从以社会服务为主，推向了社会治理，特别是基层治理的方向。"[1] 以此视角观之，相比于2003年的SARS疫情，我国在本次新冠疫情防控最为显著的变化与成功的关键，除了医疗水平高度提升之外，便在于新一代信息技术对基层抗疫的深度赋能。

一　大数据技术向疫情防控赋能

作为信息技术发展的新时代延展，大数据有四个基本特征，即"数据规模大、数据种类多、数据要求处理速度快、数据价值密度低。大数据的概念与'海量数据'不同，大数据不仅用来描述大量的数据，还更进一步指出数据的复杂形式、数据的快速时间特性以及对数据的分析、处理等专业化处理，最终获得有价值信息的能力"[2]。

将大数据技术置于我国的疫情防控机制当中，我们可以发现大数据对

---

[1] 陈伟：《疫情防控实践中的大数据体系建设》，《人民论坛》2020年第8期。
[2] 马建光、姜巍：《大数据的概念、特征及其应用》，《国防科技》2013年第2期。

疫情防控发挥了巨大作用，特别是作为连接桥梁，实现了国家的疫情防控体系与基层的疫情防控实践的紧密结合。首先，我国将大数据应用真正切入基层，"用于溯源新冠确诊病例的染病源头、追踪病毒传播路径，并联合出行轨迹流动信息、社交信息、消费数据、暴露接触史等大量数据进行科学建模，锁定被感染者曾经接触过的人群，以便及时采取隔离、治疗等防控措施，避免疫情更大范围扩散"[1]。其次，借助大数据技术，我国采集疫情传播的各种数据更加及时、精确，特别是深入基层领域，定位到微观的社区、个人，借助上述数据和新增确诊、疑似、死亡、治愈的病例数，我国建构起大数据赋能的疫情发展实时动态模型，并可借此预测疫情峰值、拐点等重要信息。疫情发展趋势预测对于政府部门制定相应疫情防控措施、确定复工复产时间、制定公共管理方案等均起到重要作用。最后，疫情防控过程中对一系列资源的调取与匹配至关重要，"大数据的应用则最大限度地提升了疫情防控资源调配机构的信息获取速度，提高了资源配置效率。并将企业、组织、志愿者等在互联网上零散发布的资助信息归集展示，标注联系人、申请条件、服务时间、服务区域等信息，构筑起多方来源的全国性物资调配平台"[2]。借助此平台，将防疫物资精准地匹配到基层需要之处，从而真正实现了大数据赋能下的总体性疫情防控机制与基层社会的有效联通。

二 信息技术筑牢社区抗疫堡垒

作为社会治理的基本单元，城乡社区凭借其基础性和覆盖性的优势，在基层防控"新冠疫情"的过程中展现出极强的整合力、动员力、执行力。社区作为与医疗系统并重的疫情防控组织，成为中国疫情防控取得重要阶段性成果的秘密之所在。"社区防控工作的部署和落实正是由一套清晰有效的信息治理体系支撑起来的。"[3] 其一，作为疫情防控的最基础单

---

[1] 闫树、刘思源：《以"数"制"疫"大数据如何助力疫情防控?》，《通信世界》2020年第4期。

[2] 杜娟：《新冠肺炎疫情防控中，大数据在发挥什么作用?》，《大数据时代》2020年第2期。

[3] 何雪松、李佳薇：《数据化时代社区信息治理体系的重构——基于新冠肺炎疫情社区防控的反思》，《湖北大学学报》2020年第3期。

元，社区对于疫情信息的了解、掌握与研判尤为重要，在信息技术的赋能下，社区通过网络信息平台与地方疫情防控主管部门建立实时联系，主动将基层的疫情信息实时上传到系统，为我国全面开展的疫情防控战，自下而上提供了来自基层领域最为及时、真实、全面的信息支撑。其二，鉴于新冠病毒极强的传染性，疫情期间，我国社会运行转换为一种严密的隔离状态，常态化的社会交往与互动难以开展，而信息技术的注入则将一系列线下的互动转换为线上进行，并维系着隔离期社区生活的良性运行，如居家的社区居民可以通过线上平台在城区的各大超市下单，居民下单后，超市将物品配送到社区，而后由社区工作者和志愿者根据居民的住址送货上门。基层社区还基于智慧社区的建设资源，充分运用微信群、公众号、QQ群等信息平台，通过线上广泛宣传疫情防控知识，积极引导社区居民采取有效的疫情防控方式。社区还在线上运用社会工作专业方法与技能，为居民提供疫情防控期的心理抚慰、情绪疏导等精神层面的服务，帮助居民在心理上克服恐惧，回归理性。其三，各级政府针对疫情防控专门开发了一系列技术应用，并将这些应用下沉到社区，社区依托发放"社区二维码"和"居民健康二维码"等方式，为居民提供了安全便捷的服务，筑牢社区安全屏障，提升居民安全感。特别是在很多老旧散小区难以开展完善的封闭隔离的情况下，许多地方通过安装智能门禁系统、人脸识别系统破解了此问题，智能门禁系统和人脸识别系统不仅能够验证身份，还能精准检测体温，成为老旧散小区抗疫成功的重要技术支撑。

综上，网络信息技术深度嵌入到我国的治理体系与治理格局当中，以"智治"促"善治"的形式，实现了数字政府在解决公共问题、提供公共服务、维护公共秩序等方面的智慧化升级，构筑起多元主体联动参与而形成的基层共建共治共享格局，夯实乡村振兴基层基础，为新冠疫情的基层防控提供了重要的技术支撑。质言之，在技术赋能基层治理的总体性格局下，我国的基层治理与服务更加精准、愈发高效，人民群众的安全感、获得感和幸福感更随之得到不断提升。

第五节　基层技术治理的限度与趋向

如上文所述，新兴网络信息技术的发展与新时代的基层治理实践产生了深度融合，并以技术治理的创新机制，提升了基层治理的科学化水平、社会化程度、精细化水平、智能化水平和专业化水准。但历史实践证明，任何一种技术的进步及其应用，都连带着隐患与危机。不可否认，信息技术与基层治理的耦合过程亦面临许多制约，技术治理的实践亦遭遇到诸多挑战，特别是以现代新兴技术为支撑的技术治理模式在运作过程中引发了一些新的社会问题，亟待我们予以破解。鉴于此，对技术治理的限度进行原理层面的反思将是一项不容忽视的重点工作。只有充分体认我国目前广泛开展的基层技术治理所蕴含的根源性问题，探寻有效的破解方案，我们才能够建构起一种真正引领基层"善治"的技术治理格局。

一 超越技治主义，找回人的主体性

相对于传统的治理工具，依托于网络信息技术而生成的新型技术治理模式展现出极强的治理优势：全面精准地掌握治理现实、高效及时地识别社会问题、简化社会治理的复杂性、拓展构建多元参与治理格局的路径、提升对于事物变化判断的前瞻性等，人们越来越充分享受到技术嵌入治理与服务格局所带来的诸多便利，并将技术治理模式的充分运行视为治理理性化与服务现代化的重要标志。受技术治理逻辑支配，现阶段的治理实践中出现了一种"技术至上"的理念，即认为技术发展是破解一切社会问题、营造美好生活的万能灵丹妙药，学界用"技治主义"来界定此种治理取向，强调治理过程中的"技术决定论"与"技术统治论"。

但我们必须注意，此种"只见数字不见人"的技治主义存在明显的局限，其中最值得警惕的便是一旦基层治理事项进入技术化工具所支配运行的体系当中，技术的操作者——政府、社会组织、社区、个人等多元主体往往倾向于不考虑治理行动是否正当，而只会极端地依赖于程序化、标准化、数据化等技术变革带来的治理绩效，并注重如何通过改进技术来促进治理效率和获得技术收益。"对公共治理工具技术性特征的盲目崇拜很可能促使人们失去基于社会经验积累而得出的判断力、执行力，甚至在治理公共事务中舍弃人性化的决策关怀，将作为生命而存在的直觉、情感、想象等主观意识让位于信息时代的数码、标准、脚本、程序、数据等冷冰冰的技术元件。"① 而实际上，无论多么先进的技术，都是在人类的社会实践中创造的，技术治理亦应当是通过作为治理能动主体的人加以实施的。如果排除了人的主体作用，技术便难以在社会治理中扮演重要角色，甚至可能阻碍社会治理的发展进程。

鉴于此，我们亟须在基层技术治理的实践中，找回人的主体性，使作为治理主体的人，真正成为社会治理的主导者和指挥官，而并非被技术所奴役。所谓人的主体性，是指人的主体意识和倾向以及人作为主体所具有的各种功能属性的总和，它主要表现为主体的能动性、创造性、主导性和意识性。人的主体性制约着实践活动的方向、实践的广度与深度、实践活动的效果与性质。"在基层技术治理实践中找回人的主体性，首先在理念上需要承认，信息技术的分析、模拟、预测的结果仅作为一种信息决策参考的依据，不应该代替政府部门和社会公众去判断、决策与执行，是否使用、如何使用这些新兴的治理工具，仍取决于作为治理主体的人的主观意愿。"② 在此基础之上，在基层治理领域对技术的创新、引进与应用做出主观性选择与干预，规避技术的缺陷和漏洞，并将其有益于治理效能提升的特点进一步放大。质言之，无论技术进化到何种发达程度，技术始终是治理的重要辅助而非决定方，技术治理的实践均应当在人的主导下展开。只有人的主体性充分发挥，依循技术治理逻辑展开的治理实践才真正有可能在人为引领下走向"善治"。

在技术治理实践中找回人的主体性，还需要明确，"数字技术必须以人为本，必须把人的利益作为其最高价值"③。基于此理念前提，我们需要将增进人民福祉、促进人的全面发展作为技术治理革新的出发点和落脚点。"重点围绕基层治理的热点难点问题，有重点、有目标、分步骤地推进数字化应用，让人民群众在共享互联网、大数据、人工智能等数字技术的发展成果上有更多获得感。"④

---

① 陈剩勇、卢志朋:《信息技术革命、公共治理转型与治道变革》,《公共管理与政策评论》2019 年第 1 期。
② 张权:《什么是技术治理,怎么用好?》,《学习时报》2020 年 6 月 22 日。
③ 张文显:《无数字 不人权》,《北京日报》2019 年 9 月 2 日。
④ 王坤、孟欣然:《论数字技术发展对社会治理的影响——以浙江为例》,《观察与思考》2019 年第 11 期。

二　突破线上闭环，实现线上线下有机衔接

作为网络信息技术的深化和延伸，物联网、大数据、人工智能、区块链等高科技手段在嵌入社会治理格局的过程中均专注于开拓前所未有的"线上治理"路径。不可否认，新兴网络信息技术以"线上治理"的运作模式破解了传统线下治理所遭遇的种种难题，收获了卓越的治理成效。但细思之，若单纯沉迷于"线上治理"的运作模式而对传统"线下治理"产生忽视，将会对基层治理的开展、经济社会的发展带来极其严峻的挑战与危机。其一，"数字技术倾向于将复杂的社会现实与社会问题均化约为易感知、可计算的数字和数据，其弊端便在于将复杂而微妙的社会事实转化为简单可操作的信息符号，往往导致大量有价值信息的流失，而用数据之间表面的相关性，并不能深入洞彻事物的本质"[①]。所以，在线上将社会问题如此平面化地呈现，仅采用一种标准化、模式化的方式收集、分析和处理问题，缺少针对性和定制化的精准治理方案，从而导致治理与服务的开展难以深度切入问题的内在机理、难以妥善回应复杂的社会问题、难以契合全面真实的社会需求。其二，线上治理所呈现的治理过程是一种人机互动的形式，即在社会治理与服务开展的过程中，以人与技术的互动关系取代了"人际关系"，不可否认，更加智慧、便捷的人机互动使治理的推行与服务的提供更加精准和高效，但此过程中人际互动的缺失却导致社会的运转缺少了一些温情，这对于以和谐关系建构为重要表征的社会良性运行形成了制约。其三，过于密集的线上治理与服务的展开在营造线上繁荣的同时，可能将一系列先前于线下开展的基层治理与服务活动转换为线上进行，进而对线下基层治理与服务造成挤压。我们需要明确，并非所有的治理与服务项目的开展都天然地遵循线上强于线下的逻辑，实际上，治理过程与服务过程的线下开展更具鲜活性、深入性、可感知性等，特别是一些细微的、深度的、充满温情的服务项目更需要以面对面的方式呈现。从这一层面上看，线上治理与线下治理的分离与脱节将是我们在推行基层技术治理模式过程当中，所必须规避的风险。

---

① 韩志明：《技术治理的四重幻象》，《探索与争鸣》2019年第6期。

针对线上治理所暴露出的局限，我们首先需要明确，技术嵌入不是对传统基层治理模式的颠覆和推翻，而应当是嵌入其中的，因而线上治理与线下治理是统一性治理过程的两个方面，应紧紧结合在一起并互相赋能，而非呈现出分离的状态。因此，我们一方面，要运用智能化手段，在基层治理的格局中，搭建多元主体参与的线上线下联通平台，整合多元力量与资源，畅通多方参与渠道，实现政府、社区、企事业单位、社会组织、居民等联动融合，打造形成自如的线上线下治理与服务循环。另一方面，以数字化技术创新为基础，探寻治理和服务的线上线下嵌合点和衔接点，通过技术手段与制度创新，促进线上线下治理能力的相互促进与提升，如我们常常看到社区治理中微信群与QQ群能够很大程度的在线上调动起居民共同参与社区自治事务、广泛开展民主协商，但此线上平台的作用却又难以转换到线下，从而形成了社区治理中线上火热和线下冷清的局面。所以在技术治理全面铺展的同时，我们需要注意将线上充分展开的治理与服务机制作为线下运作的基础和契机，以实现线上线下融合所推动的治理模式智能化、治理主体全民化、治理机制规范化、治理成果共享化，不断满足人民日益增长的美好生活需要。

三 打破非均衡性，构建多元共治结构

信息技术嵌入治理体在很大程度上是为各治理主体赋权的过程，如向政府赋权，使数字政府成为可能，为政务工作开展提供了丰富的资源和极大的便利；向公民赋权，使其能够充分表达个人意愿，反映诉求；向社会组织等主体赋权，使其能够真正深度介入到社会治理与服务的格局当中。但实际上，技术赋权具有明显的不均衡性。这主要体现在两组关系结构中：其一，政社的非均衡性。质言之，技术治理所构筑的开放性治理结构，是建立在互联网企业作为技术供给者和各级政府作为政策实施者的框架基础之上的。因此，技术赋权具有显著的非均衡性。"相对而言，社会领域虽然也可以借助信息技术来更好地知情、表达、参与和监督，但信息技术对社会领域赋权的前提是公民必须遵守政府以及技术企业的信息规则，否则就会被限制甚至被剥夺接触信息的权利，而且社会的信息权利也是在政府的组织结构和行政流程中落实和实现的，因此这种赋权是被多方

规定的赋权，是非常有限的赋权。"[1] 因而我们可以看到，"对于政府部门和少数技术专家来说，信息技术的发展赋予了他们更多主导的权力，此种'数字利维坦'对社会自治空间形成侵害和剥夺"[2]；相对而言，普通社会民众却在此种技术权力结构中被塑造成"信息边缘群体"，可见，信息技术鸿沟成为横亘于强弱社会主体间的一个真实的命题。其二，城乡的非均衡性。虽然乡村振兴和城乡一体化战略业已成为时代议题，但我们必须承认，我国目前的城乡差距仍较为明显，经济社会发展基础的不均等性为信息技术的嵌入提供了差异性的环境，从而导致信息技术能够在城市领域被充分运用，却在很多层面难以匹配乡村的社会实际，特别是我们看到在教育、医疗、养老等重点民生环节，信息技术向乡村的延伸仍较为有限，而导致乡村的一系列治理与服务工作被隔离在技术壁垒的高墙之外，这便导致技术的差异性运作有可能进一步拉大城乡鸿沟。

针对政府与社会、城市与乡村等不同层面的技术赋权非均衡性问题，我们需要最大限度的统一数字治理平台建设的标准、打造同质化功能模块、建构起跨越政社和城乡结构的数据共享交换平台，为不同主体参与社会治理与服务提供均等的资源与条件。特别是在技术的推广和应用、制度的设置与运行中，应充分兼顾不同主体和地域性特点，并主动做出调适，在治理理论的框架下将信息技术作为链接多元主体深度参与和促进各主体均衡关系结构搭建的支撑，从而构建起人人有责、人人尽责、人人享有的社会治理共同体。

四 摆脱事本主义偏向，推动基层治理制度性变革

从改革开放到全面深化改革，当代中国各个层面的深度变革均是由制度变革所推动的，可以说制度变革真正形塑着中国国家发展和社会进步的全貌。然而，在日趋技术化的治理思维下，人们倾向于认为，造成公共治理困境的已经不再体现为制度性问题，而只是信息技术发展不足、应用不够的问题，即只要能更多、更好、更全面地发展和应用信息技术，治理与

---

[1] 韩志明：《技术治理的四重幻象》，《探索与争鸣》2019年第6期。
[2] 陈剩勇、卢志朋：《信息技术革命、公共治理转型与治道变革》，《公共管理与政策评论》2019年第1期。

服务所暴露的问题,甚至经济社会发展的所有问题都可迎刃而解。受此种逻辑支配,当我们遭遇一系列社会问题之时,便倾向于在技术层面寻求突破,而放弃了对制度与结构的深度反思。但我们必须深刻理解,技术归根结底只是我们进行社会实践的方法和手段,若将技术作为中心,而产生出的治理思维与治理实践,将具有明显的局限性,一方面,技术治理以事本主义倾向理解和处理问题,但此种问题的解决思路无法真实构成系统性变革,围绕单一目标而不断推进和深化的信息技术更新,虽有利于解决具体问题,但若沉迷于此,忽视跨任务、跨系统、跨体制的衔接,将会导致基层治理的各种主体和资源更加难以融合。另一方面,信息技术在应用的过程中有助于促进制度机制的完善,但难以在根本上解决问题。特别是信息技术的应用具有临时性、不确定性和易替代性,不具有稳定的可持续性,一旦外部环境发生变化或技术运作出现问题,技术治理便难以发挥作用。"如果既有的治理与服务制度本身存在问题,那么信息技术的应用反而将造成既有制度与技术更为严密的耦合,这不仅会强化既有的制度性弊病,还会导致制度变革需要付出更大的代价。"[1] 一言以蔽之,"在基层治理领域过多崇尚技术,而忽略制度建设和结构调整,将导致出现各种临时性的叠床架屋,但体制的总体优化却变得更为困难"[2],更为严重的风险在于以技术的不足遮蔽了制度的缺陷,而使我们难以在根源上破解问题,促成善治。

　　综上所述,针对技术治理运行中的事本主义偏向,我们应在理解技术治理的概念之时,摆脱将其框定为依托于新兴技术发展而出现的数字化、信息化、智能化治理模式的狭义认识,赋予技术治理以更加丰满的内涵,即深刻体认技术治理所蕴含的治理理念、治理结构、治理机制等多个层面的创新,并在此理念的统摄下,将技术与制度紧密结合起来。一方面,将新技术的发展与应用嵌入制度建构的框架当中,扭转技术的支配逻辑,并将技术转换为制度更新和破解深层问题的重要支撑。另一方面,以制度建设引领技术的发展路向,使技术真正被更具根本性的制度变革和社会实践所建构,并依靠技术创新为基层治理与服务的展开提供可靠的智慧性

---

[1] 韩志明:《技术治理的四重幻象》,《探索与争鸣》2019 年第 6 期。
[2] 黄晓春、嵇欣:《技术治理的极限及其超越》,《社会科学》2016 年第 11 期。

方案。

衢州市近年来的积极探索，一定程度上破解了基层技术治理的上述问题，建构起恰切技术治理原理内涵的实践模式。其一，衢州市域社会联动治理，通过"三个三"基层党建实践，筑牢市域范围内联动式治理的社会基础，特别是通过发挥大数据中心和综合信息指挥中心的信息联通作用，在宏观层面构建起从市县到村社网格的稳定性、可持续性联通机制和渠道。其二，借助数据共享平台，深化"最多跑一次"改革，利用数字技术实现职能整合，改变权力运行机制，重塑政府内部治理结构，搭建起整体性治理架构，其实质是技术赋能条件下，政府职能的转变和"以人为本"治理与服务理念的更新。这也体现了技术治理成果的社会共享性。其三，以技术创新为触媒，改造传统街区基础设施建设，推动街区朝向现代智能化领域发展；同时又以智能技术破解街区治理难题，提升历史街区的专业化服务水平，唤醒传统街区活力，实现了"人文"与"技术"结合的街区公共性再造。其四，分别在城市和乡村基层的治理场域中，开发并广泛应用"邻礼通"和"村情通"小程序，提升治理能力、创新治理机制、延展服务内容，并努力将手机、电脑等移动终端的线上治理实践与传统的线下治理实践紧密结合，实现线上线下治理与服务的双向共促，互相赋能，深刻改变人民群众的生活方式、行为习惯和互动结构，并找回"人"在技术治理展开中的主体性，摆脱"只见技术不见人"的治理悖论。其五，面对突如其来的新冠疫情"大考"，衢州市借助网络信息技术赋能，将网格化治理结构升级为战时状态的"超级网格"，"网络+网格"与"包区清楼"的基层防疫措施筑牢了疫情防控的基层堡垒，特别是一系列常态化的基层技术治理形式的有效性经受住了疫情的考验，并成为抗击疫情的重要武器。这也表明，衢州市着力打造的基层技术治理模式，其作用范围并非局限于某些常态化的特定事务，而是凭借技术与制度的互嵌、结构与行动的互构，在基层治理的各个领域均展现出极强的恰切性、稳定性和可持续性。

第二部分

技术治理结构:数字政府与体制革新

在强调治理数字化转型的新时代背景下，现代信息技术无疑发挥着越来越重要的作用。基于此，技术治理成为学界理论研究的前沿课题和社会各界讨论的热点话题。作为一种独特的治理形态，技术治理不仅体现为治理中信息技术的功用性嵌入，更强调技术运用造成的组织结构变迁与治理方式的整体转型。

循上而言，着眼于技术与组织的互构关系，我们发现衢州在推动数字化背景下基层治理服务体制机制创新的过程中，形成了"联动式治理"与"整体性治理"的理念思路和推进路径。一方面，针对基层社会关联衰弱、治理资源单薄导致的治理无力之困局，衢州依托信息技术的纵向打通，构建起从市县到村社网格的多层级联动治理架构与运行机制，在政社、条块、党群等多维度联动关系的形塑过程中推动市域社会治理的转型升级。另一方面，为破解政府体制内部条块分割造成的"信息孤岛"和治理服务碎片化等问题，衢州在持续深化"最多跑一次"改革的基础上，加强信息技术的赋能，有效推动政府部门职能整合以及科层运行逻辑更新，进而构塑了政府内部"整体性治理"之格局。总体而言，衢州版的市域联动治理体系与数字政府建构，具有一定的领先性和示范性。

应该指出，信息技术的运用在改变组织运行架构和提升治理服务效能的同时，也创构出一个全新的治理场域并形塑了技术化的行动逻辑，在深入推进基层治理服务转型的过程中，"泛数据化"和"技术中心主义"等问题仍需我们时刻警惕，并予以破解。

第三章

数字化背景下市域社会联动治理的转型与升级

党的十九届四中全会提出"加快推进市域社会治理现代化"的战略行动目标，作为当前社会治理体系中的重要层次，"市域社会治理"不同于乡域与县域社会治理，其正是对传统治理模式在问题界域、治理空间和体制机制上的进一步升格与再造。就市域社会治理的本质属性而言，构塑政社联动、条块协同、党群沟通等内容的多维联动治理关系，成为其核心内涵。在强调治理数字化转型的背景下，市域社会联动治理呈现出新的特征与样态。衢州市域社会联动治理以基层党建工程为出发点，通过"三个三"基层党建实践，筑牢了联动式治理的社会基础。在数字化技术嵌入治理的过程中，通过发挥大数据中心和综合信息指挥中心的信息联通作用，构建起从市县到村社网格的联通渠道，进一步撬动了行政条块关系的协同转换。衢州"三、王、主"的市域社会联动治理模式，实现了对传统组织结构和治理结构的重新调整转型与升级再造。总体而言，衢州数字化背景下市域社会联动治理的实践充分展现了其治理体制的弹性与韧性，其治理结构中内蕴之公共关系、技术赋能联动治理之限度仍需要我们深入探讨。

第一节 市域治理中联动传统及演变

一 作为治理单元的市域社会

党的十八大以来，推进国家治理体系与治理能力现代化成为党和国家事业发展总体布局中的重要组成部分。在此背景下，传统社会管理的理念思维与体制机制逐渐向社会治理的内在逻辑设定转换更新，各地的社会治理改革实践也由此将治理创新作为政府工作铺展的着力点和突破点。2019年，党的十九届四中全会通过《中共中央关于坚持和完善中国特色社会主义制度 推进国家治理体系和治理能力现代化若干重大问题的决定》，又进一步明确了"构建基层社会治理新格局"的战略目标，并提出"加快推进市域社会治理现代化"的行动目标。市域社会治理现代化正是对新时期社会治理所面临复杂形势的积极回应，其提出标志着国家治理总体格局及体系结构的进一步优化与完善。由是，市域社会治理现代化的理论与实践探索被提上日程。

对治理单位问题的探讨一直是各界关注的重要话题，因为其不仅涉及政府条块、社会组织、基层群众等多元治理主体复杂的行动逻辑与互动关系，同时也关系到治理实践中具体的理念确定与模式设计。学界对治理单位的关注经历了多阶段的变化：较早的社会治理研究视域多限于村社，其将单一的村庄或社区作为研究展开的基本单位，关注内部权威结构、劳动生产与社会文化等内容，试图以村庄内部的乡土社会运作逻辑来解释基层治理的实践过程。不难发现，这一研究视域不仅与学科社区研究的传统沿袭有关，同时也与当时乡土社会作为中国社会结构的底色和模板的社会现实相观照。在改革开放以后，基层自治实践的展开与兴起突破了由人民公社和单位制所形塑的政社一统治理体制，乡政村治的格局成为基层社会治理实践展开的社会前提。由此，单纯对社区的剖析已经难以解释包含行政末梢的乡镇政府在内的基层社会运作逻辑，乡域则"为在较村落更为宏观的时空场境中探讨乡村政治及其治理提供了可能"[1]。随着城乡关系的变迁以及国家治理能力的提升，在对我国城镇化过程和央地财税关系研究的基础上，又形成了对于县域治理的相关讨论热点。[2] 以县域为单位是将基层政府行为和城乡关系演变纳入整体考察视域之中，建构并阐释了土地—财政—金融三位一体的县域治理逻辑，从而为我们考察县域治理提供

---

[1] 狄金华：《乡域政治：何以可能？何以可为？》，《开放时代》2008年第4期。
[2] 周飞舟：《分税制十年：制度及其影响》，《中国社会科学》2006年第6期。

了社会学的视角。① 因此，治理单位研究经历了从村域到乡域再到县域的转换与提升，这不仅与学科发展内在逻辑密切相关，更为重要的是其与中国社会治理现实境况之变迁紧密呼应。

一般而言，市域社会治理是指在地级市的行政区域范围，或设区城市的行政区域和层级（包括副省级城市、省会城市、计划单列市），基于其地方立法权优势和资源统筹协调优势而进行的整体性治理实践。② 以市域作为治理单元，具有如下几方面的特殊意义：第一，从社会治理的层级来看，市域社会治理处于国家社会治理与县域社会治理的中间，国家社会治理着眼于顶层设计，县域社会治理着眼于基层实践，而市域社会治理则在中间处于承上启下的位置，是架设在国家社会治理与县域社会治理之间的桥梁，发挥着枢纽性作用。③ 第二，就治理能力而言，在从中央到乡镇的多层级行政架构中，"市域层面具有较为完备的社会治理体系，具有解决社会治理中重大矛盾问题的资源和能力，是将风险隐患化解在萌芽、解决在基层的最直接、最有效力的治理层级，处于推进基层治理现代化的前线位置"④。第三，在其所应对的时代问题方面，随着国家治理实践的深化以及城乡关系的转型，市域社会治理不仅需要解决传统治理方式所未能应对的体制条块分离所带来的治理碎片化、技术性治理逻辑造就的治理内卷化困境，还必须通过重新调适城乡关系以回应基层社会因城市化带来的自身低组织化和治理无力化之困境。⑤

由上可知，在本土社会治理实践路径及理念谱系演进过程中，市域社会治理作为当前社会治理体系中的重要层次凸显出其独特内涵，它的提出标志着我国治理视域从注重微观基层创新向强调中层整合统筹的转变。

---

① 折晓叶：《县域政府治理模式的新变化》，《中国社会科学》2014年第1期。
② 闵学勤：《市域社会治理：从新公众参与到全能力建设——以2020抗击新冠肺炎疫情为例》，《探索与争鸣》2020年第4期。
③ 陈成文、张江龙、陈宇舟：《市域社会治理：一个概念的社会学意义》，《江西社会科学》2020年第1期。
④ 陈一新：《推进市域社会治理现代化》，《人民日报》2018年7月17日第7版。
⑤ 杨磊、许晓东：《市域社会治理的问题导向、结构功能与路径选择》，《改革》2020年第6期。

二 市域治理中联动的传统

随着社会结构的变迁和社会转型的深入,专注于微观层级的治理单元已经难以应对新型的社会问题和社会风险。因而,就市域社会治理的本质属性来说,在更高层次的组织与资源统筹中协调社会治理的相关问题,便成为其应有之义。以市域为单位进行治理组织的重塑与治理资源的调配,其中最为关键的便是形成联动式的治理合力。在中国社会变迁与治理实践的历史长河中,我们能发现联动式治理有其自身的理论脉络和实践逻辑。

对于基层社会治理中联动关系的讨论,最早可以追溯到帝国时期的传统治理模式以及在国家政权建设背景下的基层治理实践之中。在传统中国社会,所谓"国权不下县,县下惟宗族,宗族皆自治,自治靠伦理,伦理造乡绅"[①]是最基本的治理格局,因而以礼俗宗法为主导的治理规则有效地构塑了乡土秩序,并使得乡土自治成为传统中国基层治理的底色。值得注意的是,这一上下分治的体制结构与帝国时期国家相对有限的基础性权力密切相关。当国家缺乏深入基层社会的治理能力的时候,从节约行政成本的角度而言,就形成了这一"集权的简约治理"模式,在此简约治理模式之下,国家权力通常会利用基层社会自身内蕴的治理主体和治理规则进行统治,一般不会主动介入基层社会的运作。[②]所以,在这一时期,链接基层国家政权与基层社会的是地方乡绅,他们凭借自身的儒家道德人格象征以及与官治系统的弱性联系,有效构建了基层社会的稳定秩序。值得注意的是,传统社会的联动更多是在国家与社会二者治域相对分离的框架下展开的,其表征为基于特殊主体角色弱联结状态下的上下联动关系。

以近代中国社会转型的宏大历史命题为讨论原点,学界形成了外来冲击论和本体内生论两种解释视角。前者将国际市场冲击、外来政权入侵作为解释历史变迁的动因,后者则更强调依循"在中国发现历史"的理论视角,从国家政权与基层社会的互动关系出发探讨基层治理所展现的不同于传统的重要面向及内涵。杜赞奇对 20 世纪上半叶国家权力扩张背景下

---

① 秦晖:《传统十论》,东方出版社 2014 年版,第 8 页。
② 黄宗智:《集权的简约治理:中国以准官员和纠纷解决为主的半正式基层行政》,《开放时代》2008 年第 2 期。

基层治理中"权力的文化网络"论述最具代表性,意指"由乡村社会中多种组织体系以及塑造权力运作的各种规范构成,它包括在宗族、市场等方面形成的等级组织或巢状组织类型……还包括非正式的人际关系网,如血缘关系、庇护人与被庇护人、传教者与信徒等关系"[①]。这一"文化网络"不仅影响了乡村公共权力的施展,更是构成了国家政权在乡村建立自身权威的基础。所以在他看来,近代国家政权建设之所以会出现内卷化的倾向,正是由于其权力所赖以运作和施展的文化网络消解所致,在此背景下各种营利型经纪人的诞生侵蚀了国家权力在基层社会的合法性,从而加剧了基层社会秩序的断裂与瓦解。虽然其核心讨论的仍然是基层治理主体角色的转换,但应该指出,作为论述关键的"权力的文化网络"所表征和呈现的正是基层社会联动的结构依托与制度背景,从国家与社会相互交渗现实关系出发,其视域早已超脱了单纯依托士绅主体的上下衔接框架,从而转向联动的制度规则层面。

新中国建立以后,中国共产党分别在城市与农村建立起单位制和人民公社两种典型的统治体制。其中单位制以其高度组织化和覆盖性的结构功能,实现了对城市社区的秩序整合,形成了以国家—单位—个人为主线、以国家—街居—个人为辅线的纵向联结体制,而在横向关系上则以跨单位的组织作为联结渠道。在农村,基于人民公社而形成的"政社合一"的管理体制展现出极强的政治统合力量,"三级所有,队为基础"的体制渠道使得国家权力能迅速下沉到基层社会,进而为行政规制的全面覆盖提供条件。值得注意的是,在此具有极强行政色彩的纵向联结结构之中,仍然不乏国家和政党依靠革命时期形成的动员体制展开的深入治理实践。高度整合的体制结构结合运动型治理模式,为我们理解基层社会联动治理的内在机理提供了合理的视角和有效的切入点。

改革开放以后,伴随单位制的消解、人民公社的解体,以及基层民主自治的开拓与创新,"街—居"关系与"乡—村"关系成为我们理解基层社会联动治理的核心架构。在此阶段,国家治理的逻辑出现了从"总体性统治"向"技术治理"的转向,项目制、行政发包制、目标管理责任

---

① 杜赞奇:《文化、权力与国家:1900—1942年的华北农村》,江苏人民出版社2003年版,第1—2页。

制、锦标赛体制、网格化治理成为国家实现自身治理目标的典型运作机制,这些技术化的治理机制不仅改变了政府体制内部的行政运作逻辑,同时也导致基层社区的社会运作逻辑发生了深刻转型。在政社互动的逻辑架构之中,新时期的基层社会治理也涌现出多方面的困境与难题:第一是社区治理资源的缺乏,由于单位社会的消解,原先由单位办社区的情形不复存在,社区难以获得足够的资源来推进基层自治的展开。第二是行政化色彩过于严重,随着大量行政任务的下沉与考核技术的嵌入,社区自治组织出现严重的科层化和行政板结化的现象,从而使得社区成为行政末梢的进一步延伸,基层自治的目标设定出现了严重替代与漂移。[①]

为此,2017 年中共中央、国务院出台《关于加强和完善城乡社区治理的实施意见》,其中提出要"充分发挥基层党组织领导核心作用、有效发挥基层政府主导作用、注重发挥基层群众性自治组织基础作用、统筹发挥社会力量协同作用",从而为基层社会协同联动治理谋划出基本格局和理想蓝图。在此背景下,许多基层联动治理实践模式不断涌现,包括强化社区、社会组织和社工三者间协同合作的"三社联动"模式,将行政人员、社会组织、社会志愿等治理主体绑定下沉到社区网格的网格化治理模式等。新时代国家治理能力和治理体系现代化的诉求催生出复杂多样的基层治理实践,也为我们提供了重新审视政社互动关系中的联动治理形态的机会。

综上所述,我们不难发现,我国基层社会联动治理大致经历了从主体关联到制度整合的转变,而这一过程也伴随着现代民族国家建立与国家治理体系和治理能力现代化的进程而不断深入推进。从这一历史进程出发,在基层社会联动式治理的实践谱系之中,我们可以发现联动关系形成的核心即在于创构能够衔接行政力量与社会力量的合理有效的组织载体和制度空间,进而为政社联动条块协同与党群沟通搭建平台。循此脉络,市域社会治理中联动的内涵则进一步被拓展与深化,其不仅承继了基层社会联动治理的传统理念与模式,更在笼统的国家—社会互动架构中做出了进一步的明晰与限定,把行政体制内部科层层级与条块关系纳入联动协同的建构

[①] 田毅鹏、张帆:《转型期社区组织的科层化及其走向——以 C 市 J 社区为例》,《吉林大学社会科学学报》2014 年第 3 期。

框架，这正是对传统基层联动治理模式在问题界域、治理空间和体制机制上的进一步升级与再造。

三 数字化背景下市域联动治理新样态

党的十八届三中全会提出"推进国家治理体系和治理能力现代化"以来，信息技术发展作为治理的重要支撑逐渐被提上议程。2016 年出台《国务院关于印发"十三五"国家信息化规划的通知》，系统性地提出了要支持善治高效的国家治理体系构建，其中不仅包括要统筹推进"互联网＋党建"、发展电子政务系统，还强调应"以信息化为支撑，加强和创新社会治理，推进社会治理精细化、精准化"。到 2017 年，中共中央、国务院出台《关于加强和完善城乡社区治理的意见》，其中提出"增强社区信息化应用能力，打造资源数字化、应用网络化、流程规范化的智慧化社区管理和服务体系"。这些文件出台的社会背景是当代社会生活之中信息技术的迅速变迁与广泛运用，特别是试图将信息技术运用嵌入基层社会治理以持续推进治理转型作为重要内容。

一般而言，技术治理具有两方面内涵：从广义上来说，技术治理是指国家在实现其治理目标时，其治理理念和机制、管理技术正在变得越来越"技术化"；从狭义上来说，技术治理侧重治理工具层面，强调通过引入现代信息技术来更好地提升公共管理与服务效能。[①] 改革开放以后，随着现代行政科层化体系的不断改革与完善，我国计划时期的总体性支配体制逐渐被更加精细化、理性化的技术治理模式所取代，压力型体制下催生的目标管理责任制、行政发包制和项目制等技术治理模式成为科层管理中的最优选择，技术治理虽然极大地提高了国家的基础性权力与治理效能，但同时这一行政技术的过度泛滥也导致了基层治理中的泛行政化、展示化、策略化和形式化等诸多意外后果。毋庸置疑，在治理体制结构转型的过程当中，信息技术的运用与治理组织架构的变迁往往存在互构互塑的复杂关系，因而当前的技术治理理应综合包含上述两层面的丰富内涵。

随着我国信息技术的迅猛发展和人民信息素养的不断提升，信息技术

---

① 黄晓春：《技术治理的运作机制研究——以上海市 L 街道一门式电子政务中心为案例》，《社会》2010 年第 4 期。

在基层治理服务中扮演了越来越重要的角色。一方面，信息技术的深入发展不仅为人们的生活提供了丰富多样的内容和渠道，同时也增加了社会治理的复杂性；另一方面，治理体系的建构完善和治理能力的提升也越发依赖于信息系统和数据治理。因而，在数字化背景下，市域联动治理呈现出许多全新的样态与特质，这集中表现为：其一，信息社会中治理风险的多样化、复杂化与系统化的特质需要具有更强统筹协调能力的公权力去应对化解，传统体制内条块相对分离的运作模式难以对信息社会的复杂风险进行全面系统化解，因而需要进一步推进条块协同运作。不仅如此，信息化技术的运用本身也为政府整体性协同治理提供了有效即时沟通的渠道和技术支撑，所以数据治理作为当前市域社会治理的重要内容凸显出其独特意义。其二，市域治理是对传统治理层级与治理模式的升级，因而其治理过程必然包含多层级科层行政主体、社会组织、市场企业等多元化治理主体的协同参与。在数字化治理的背景下，不同性质的多元主体被重新纳入到网络场域之中，组织内部的关系与组织之间的相互关系面临重塑再造的可能，因而如何从技术与组织互构的关系着手推进治理结构的优化，便成为数字化背景下市域社会联动治理展开的关键。其三，市域治理的落脚点仍然在于基层社区治理服务能力的提升。在"互联网+"时代，当前社区数字化体系建设相对落后，数字化体系平台与居民参与自治的衔接也不够紧密，社区治理与服务不够精细化、专业化、标准化的问题一直制约着基层社区治理服务水平的提升。数字化技术的运用为社区数字治理能力的提升提供了契机，移动终端的广泛使用为社区居民获取基层社会动态信息、提出自身公共诉求、参与社会公共治理提供了条件，同时依托政府而搭建和运营的数字治理平台也为居民参与提供了体制系统的支撑，进而推动了居民共享新时代新数字社会的发展成果。

总而言之，在数字化背景下，市域社会联动治理不仅对治理数据的生产、收集、整理、分析提出了新的要求，其还强调在数字化的基础上实现体制内外组织架构的重新塑造，从而构建出市域联动治理新样态。所以，如何通过信息技术的引入与运用来实现一种整体性、协同性和联动性的治理格局便成为数字化背景下市域社会治理的核心关切。

第二节　市域治理中的技术嵌入与
党建统领、制度升级

一　联动治理的生成背景及其初步展开

党的十九大报告提出要打造共建共治共享的社会治理格局，其基础便在于联动。在中国的社会治理体系中，联动主义治理范式有其深厚的文化背景和社会基础，这主要表现为：一方面，社群主义、家国情怀与整体主义等传统思想构成了国家治理和社区治理的文化基因；另一方面，中国社会的"权利领域与权力领域、私人领域与公共领域、社会领域与国家领域、市场领域与政府领域，并不是存在于刚性的逻辑分化格局之中的。中国社会治理的秘密在于不同领域要素之间的联动"[1]。应该强调，在文化传统与社会结构的沿袭契合之外，当前在各地治理实践中普遍展开的联动治理模式更是为了回应转型期基层社会变迁所面临的新境况与新问题。

（一）基层治理困境与联动生成的社会背景

理解当前基层社会治理形态，我们必须将其置于城乡关系的深入变迁与国家治理方式转型这两大前提背景中去考察。具体而言，对联动关系形成的探讨必须回到对现代化背景中我国城乡关系变迁、政府条块关系及行动逻辑演变，以及基层政社互动历史实践的反思中去。

从长时段历史进程来看，我国城乡关系大致经历了从建国初期的以行政动员为手段、以资源单向流动为主要内容的刚性二元分割，到改革开放之后以市场为依托、以有限要素交换为表征的弱性体制关联，再到新时期以地域统筹为前提、以城乡融合为目标的对流交渗格局的阶段性演进。[2] 将城乡关系作为审视基层社会结构变迁的切入视角，其实质是提出了一种理解整体性地域社会变迁的理论视界。在东亚国家迈向现代化的进程中，其地域社会发展普遍呈现出城市过密化和乡村过疏化的样态，并由此导致了深刻的社会影响。一方面，都市大量人口聚集造成了城市犯罪、劳动失

---

[1] 刘建军：《联动式治理：社区治理和社会治理的中国模式》，《北京日报》2018年10月15日第18版。

[2] 田毅鹏：《乡村振兴中的城乡交流的类型及其限制》，《社会科学战线》2019年第11期。

业、环境破坏等"城市病"的涌现，进而对其正常生活秩序维系以及公共管理服务效能改进提出了新的要求；另一方面，因为过疏化背景下乡村地区人口严重外流，加之农业现代化推进中农民的"兼业化"与"脱农化"，使得传统基于长期共同生产生活形塑的社会共同体走向衰弱。而同时低人口密度也进一步造成了政府公共服务和市场化服务更难以下移到村庄，导致乡村过疏社会面临空前的危机和困局。① 不仅如此，由之造成的社会关联逐渐衰解也进一步加深了个体孤独、无序互动和道德解组、人际疏离、社会失范的产生，社会原子化与低度组织化成为城乡社会治理的难点与痛点。②

从国家与基层社会的关系出发，我们不难发现当前基层治理的另一个问题在于基层主体和治理资源的单一化和薄弱化。关于 20 世纪末至今乡村社会的剧烈变迁，学界多将其追溯到分税制改革和农村税费改革的推行。周飞舟认为分税制改革和农村税费改革的关键在于改变了基层政府的行为逻辑，从而造成汲取型和"悬浮型"政权形态的演进与更替。③ 基层政府行为的变化对乡村社会造成了重要影响：其一，税费改革以后，政权的悬浮使得统分结合的双层经营体制中"统"的力量越发薄弱，一方面，具有公共性和社会性的集体事务的减少导致村社集体利益关联和社会关联弱化④；另一方面，基于村干部与村民权利义务关系的责任连带制衡机制也逐渐瓦解，集体组织出现不作为现象⑤，传统治理机制的瓦解呼吁适应新的社会基础的村治主体与规则的出现。其二，税改后伴随大量资源流向农村，诸多规则规范也随之下乡，"村级越来越多受到乡镇政府的约束，越来越变成乡镇的下级，越来越依赖于乡镇了"，由此造成了村级治理行

---

① 田毅鹏：《地域社会学：何以可能？何以可为？——以战后日本城乡"过密—过疏"问题研究为中心》，《社会学研究》2012 年第 5 期。
② 田毅鹏：《乡村过疏化背景下村落社会原子化及其对策——以日本为例》，《新视野》2016 年第 6 期；贺雪峰、仝志辉：《论村庄社会关联：兼论村庄秩序的社会基础》，《中国社会科学》2002 年第 3 期。
③ 周飞舟：《分税制十年：制度及其影响》，《中国社会科学》2006 年第 6 期；周飞舟：《从汲取型政权到"悬浮型"政权——税费改革对国家与农民关系之影响》，《社会学研究》2006 年第 3 期。
④ 贺雪峰：《农民组织化与再造村庄集体》，《开放时代》2019 年第 3 期。
⑤ 陈锋：《连带式制衡：基层组织权力的运作机制》，《社会》2012 年第 1 期。

政化和形式化的现象,偏离了规范治理的要求。① 在城市地区,新中国成立后逐渐建构和形塑的单位社会原本具有极强的覆盖性职能,在管理上扮演着类行政组织角色、在居民福利和公共服务方面体现出包办的"父爱主义"特点,由是形成了国家—单位—个人的纵向管理架构。20世纪末单位制逐渐消解,但代之而起的新社会组织形态尚在形成发展过程之中,基层社区治理缺少了原先由单位提供的资源与服务,由单位认同向社区认同的意识转化过程艰难。② 在上述背景下,如何进一步给基层社区赋能便成为破解难题的突破口,当前各地开展的"三社联动"与"网格化治理"正是对此问题的积极回应。

就政府行政体制与行动逻辑而言,条块分割与协同不畅反映了国家治理逻辑背后的悖论与矛盾,而基层治理的碎片化与内卷化正是此冲突结构的意外后果。周雪光认为,中国国家治理的实践变迁始终是围绕着"一统体制与有效治理"之间的深刻矛盾而展开,其很大程度上便体现为中央与地方、集权与分权之间的矛盾。更具体来说,在统制政体中,国家治理有两个层面的诉求:一是保证官僚体系中上下层级之间的命令与服从关系,强调权威的渗透与控制,从而实现权力的有效集中;二是承认地方社会治理环境的复杂性与特殊性,因而有效治理的实现需要地方政府因地制宜、灵活自主地展开工作。③ 在"一统体制与有效治理"矛盾的基础上,曹正汉等进一步将其扩展为"多元化的国家能力建构所包含的冲突",他认为,为了维护政权的稳定,中央需要建构多种国家能力,而多种国家能力建构的冲突导致中央选择了以条块结合为主要特征的委托—代理模式。④ 所以,在围绕治理逻辑内在矛盾的运行过程中,条块关系成为我们理解我国政府应对多能力建构要求而开展行政体制改革的核心与关键。值得注意的是,以条块关系为核心的中国行政系统虽然有利于增加国家能力建构的灵活性,从而提高政权稳定性,但从另一个角度来说,政策制定与

---

① 贺雪峰:《规则下乡与治理内卷化:农村基层治理的辩证法》,《社会科学》2019年第4期。
② 田毅鹏:《原子化下的中国城市社会管理之痛》,《探索与争鸣》2012年第12期。
③ 周雪光:《中国国家治理的制度逻辑:一个组织学研究》,生活·读书·新知三联书店2017年版,第29页。
④ 曹正汉、王宁:《一统体制的内在矛盾与条块关系》,《社会》2020年第4期。

实施需要在多个行政机构之间进行博弈与妥协，导致当前大量资源和规则在下沉到基层社区的时候难以进行有效的整合与协同，所以其在一定程度上也造成了基层治理碎片化的困境。

（二）联动关系的基本架构及其初步展开

在上述背景下，联动式治理成为破解基层治理难题的主要思路，而衢州创新实施的"三个三"基层党建统领大联动治理工程初步构建了基层联动的关系格局，其以网格为依托、以党组织为载体，不断推进基层联动治理体系的做实、做细、做优。

首先，衢州市在联动主体责任界定方面，实施"三大主体工程"，做实党建联动责任内容。所谓三大主体，即分别指乡镇和街道政府、村（社）组织和党员个体，在明确各层级主体权责的基础上，通过党组织独特的动员能力，构建起三大主体的协动治理格局。第一，落实乡镇和街道主体责任。乡镇和街道作为行政系统的末梢，其与基层社会的联系最为紧密，因而其所面对的治理任务也是最为复杂纷繁。落实乡镇街道的主体责任是通过三方面来达成：一是紧抓党（工）委书记基层治理"第一责任人"的责任，对其他班子成员则实行"一岗双责"、组团联村；二是通过责任清单制的方式，统筹推进包括基层党建、基层治理、乡村振兴、农民建房、扫黑除恶、乡风文明、产业发展、富民增收在内的基层治理事项；三是建立以主题事项为中心的层级行动机制，完善市县党委月度专题研究、乡镇街道月度主题研判制度。通过书记抓书记、抓班子带队伍、抓基层打基础，进而强化了乡镇和街道联系村庄社区的直接责任和属地责任。第二，发挥村（社）组织主体作用。在村社集体统筹协调能力急剧弱化的现实境况下，如何有效地重新组织农民便直接关系到村社集体重生与再造的问题。[1] 村（社）组织是基层治理的"第一道防线"，而党组织更是其组织力实现的核心支撑。衢州一方面通过深化"领头雁"工程来选优配强村（社）党组织书记和提升干部治理能力，从而使基层党组织焕发出新的活力，另一方面建立健全村（社）组织体系正常运行发挥作用的一系列制度和规范，包括村（社）换届"回头看"、"停职教育"、规范考核制度等，从而实现组织生活的正常化和长效化。联动关系不仅限于村

---

[1] 贺雪峰：《农民组织化与再造村社集体》，《开放时代》2019年第3期。

社内部，在村社之间还积极探索强村带弱村、党支部书记跨村任职、导师帮带、乡镇（街道）干部下派任职等机制，从而搭建起地域范围内的组织主体振兴与联动互促的治理格局。第三，激发党员群众主体意识。一方面，深入推进"两学一做"学习教育常态化制度化，并依托"不忘初心、牢记使命"主题教育活动，激发党员的主体意识与责任意识；另一方面，持续开展万名党员"亮身份、立家规、晒承诺、赛业绩"活动，以好党风引领好家风促进好社风。正是通过基层社会重层结构中多主体角色与职责的确立，整体型联动治理框架的基础得以奠定。①

其次，在联动组织载体建设方面，推进"三个全覆盖"，优化党建联动工作载体。应该指出，"三个全覆盖"是衢州以党建贯穿基层大联动治理的关键举措，其在明确多层级主体职权的基础上真正解决了治理中怎么"联"和怎么"动"的难题。第一，推动组团联村（社）全覆盖。衢州建立了以"总领队+领队+团长+团员"为模板的标准化组团模式，其中由市县联系领导担任总领队，市县部门主要负责人担任领队，乡镇（街道）班子成员担任团长并负负责，驻村（社）干部、市县联系部门干部以及各方面专家人才等担任团员，按照"一村（社）一组团"方式，组建联村（社）组团。这些来自不同行政层级和不同专业领域的人员在绑定下沉到村社的过程中，主要围绕加强基层党建、做好网格管理协助、入户走访宣传、落实核心工作这四个方面来展开动员与服务。与此同时，通过"周二无会日+组团联村（社）"制度渠道，进一步创新建立清单认领制、集中服务制、月度例会制等联动工作机制，使得一种制度化的基层联动治理模式逐渐成型。第二，促进网格党支部全覆盖。2020年1月1日，《衢州市城乡网格化服务管理条例》正式实施，这是全国首部关于网格化服务管理的地方法规。衢州将网格化治理与基层党建结合起来，坚持"支部建在网格上"，按照"一网格一支部"原则，在村（社）网格设置党支部和党小组，实现党组织覆盖与全科网格覆盖相融合。不仅如此，其还对网格党支部和党小组的议事场所、组织标识、工作制度进行了细致规定与严格规范，使得党组织的力量得以延伸到更为细小的治理单元内，从而切实发挥出网格党组织的战斗堡垒作用。第三，完善党员联户全覆盖。

---

① 内部资料：衢州市委组织部《衢州市深入实施"三个三"党建工程》。

党群联动是中国共产党建立政权并治国理政的重要工作方式，如何依托基层党员来带动并激活群众参与的热情和信念，是考验基层治理是否真正实现一盘棋的重要标准。衢州通过党员"1+N"联户服务，按照"就近就亲就熟"原则，每名党员联系服务8至10户群众，同时还建立包括群众生病卧床要上门看望、群众红白喜事要上门帮忙、群众矛盾纠纷要上门劝解、群众有不满情绪要上门疏导、群众有突发事件要上门了解的"五上门"民情联系服务机制，达成了联系不漏户、户户见党员、党员常服务的联动目的。当前，全市共有238名市、县两级四套班子领导、626名部门负责人分别挂联一个乡镇、一个村（社），组建联村（社）服务团1579个，整合了组团联村（社）干部8282名，保证每个村（社）均有市、县、乡4—6名干部进行常态联系服务指导。不仅如此，在网格化治理全面推进的过程中，同时还设立了网格党支部1042个、党小组3149个，并广泛动员7.2万名党员联户联心。①

最后，在联动考核激励导向方面，运用"三大指数"，建立系统化党建考核制度。这三大指数分别为乡镇党委和街道党工委"服务指数"、村（社）党组织"堡垒指数"和党员"先锋指数"。第一，针对乡镇党委和街道党工委，重点考核乡镇（街道）干部联系服务群众、组团联村（社）等方面情况，把农村基层党建"浙江二十条"、"衢州三十条"、党建责任清单、"周二无会日"、组团联村（社）等纳入考核内容，并建立全程纪实"动态监测"考评机制。最为重要的是考核结果与乡镇（街道）分类争先考核、年度综合考核、领导班子和领导干部考核等挂钩，从而使得行政体系内部得以有效动员。第二，针对村（社）党组织，深化落实"底线管理"考评机制，重点考核村（社）党组织班子作用发挥、推进中心工作、维护基层稳定等方面情况，把支部主题活动"五个一"任务清单、网格党支部运行情况等纳入考核内容。第三，对于党员先锋作用的发挥，衢州深入推广党员"零基积分"考评办法，重点考核党员履行基本义务、发挥先锋模范作用、遵纪守法等情况，把党员联户、村干部"十条铁规"纳入考核内容。考评结果与评先评优挂钩，从

---

① 内部资料：衢州市委组织部《衢州市实行"周二无会日+组团联村（社）"服务机制推动万名党员干部深耕网格》。

而激发党员先锋模范作用。① 量化积分的精准考核体系是最典型的技术化治理方式，其通过加扣分、一票否决和竞赛等技术安排造就了一种"责任—利益"联结制度，使得基层政权的治理实践突破了传统科层制的运作逻辑和传统"乡政村治"联结架构，为我们理解基层治理中的联动关系提供了新的视角。②

　　党组织作为当前我国社会治理中的中坚组织力量，在应对基层社会主体缺失、资源流散、组织无力的困局时，能起到有效的凝聚、整合与激活的功能，正如田毅鹏等将党组织统领多方共治的基层治理逻辑概括为"吸纳与生产社会"③。不难发现，衢州"三个三"基层党建统领大联动治理工程，以党建来联通组织并动员基层治理中的多方主体，形成了乡村互联、村格协同、党群沟通的多元联动形态，从而实现了基层联动治理的初步展开。但是，在党建统领的联动治理格局中，联动的重要主体和展开场域仍在于基层社会，其治理目标在于解决村社治理中的中坚主体缺失、组织力匮乏、资源不足等问题。而数字化背景下市域社会治理对联动的架构和机制提出了新的要求，联动的升级不仅在于治理主体的多元和治理界域的提升，更体现为在治理数字化转型的过程中，运用新技术促推传统行政运作方式和组织结构的更新。如何在基层党建联动的基础上融合信息技术治理的手段与机制，从而在更广阔的时空范围和组织体系内提升联动效能，这便成为衢州推动市域社会联动治理转型升级的重要目标。

二　技术嵌入与市域联动治理的转型路径

　　总体而言，当前对于联动治理的探讨多集中于对基层社区层面的联动治理进行细致剖析，与聚焦社区的联动协同不同，市域社会联动治理突破了基层社会的空间结构、组织框架与资源路径。因而，在市域层面展开的联动治理必然涉及政府科层层级、条块关系的调整以及基层社会组织秩序的重塑，更为重要的是需要在顶层设计上建立起政府与社会、官治与自治

---

① 《中共衢州市委衢州市人民政府关于打造中国基层治理最优城市　推进基层治理战略任务落地的实施意见》（衢委发〔2018〕15号）。
② 王汉生：《目标管理责任制：农村基层政权的实践逻辑》，《社会学研究》2009年第2期。
③ 田毅鹏、苗延义：《吸纳与生产：基层多元共治的实践逻辑》，《南通大学学报》（社会科学版）2020年第1期。

密切衔接的整体性联动运作机制。在持续推进与完善"三个三"基层党建统领大联动治理工程的基础上,随着现代信息网络技术逐渐被运用到政务系统和社会治理过程中,衢州进一步探索提升其"三、王、主"递进升级的联动式治理模式,使得其市域社会联动治理实现了进一步的转型与升级。

(一)联动的组织基础:多层级治理架构的形塑

在市域范围内,虽然联动式治理的落脚点仍在于基层社会,但于市域层面建构的整体性联动治理体系,必然将作为联动主导力量的多层级行政主体纳入协同架构。衢州从市域整体出发,布局打造了市县—乡镇(街道)—村(社)网格的三级联动治理架构,这一架构不仅明确规定了每一层级各自的行动重点,同时还通过制度化的渠道把每一层行动主体有效联结起来。

1. 市县资源整合与统筹协同

在我国的政府行政架构中,县及县以上政府部门的组织架构是最为完整的,下层组织则存在缺项,因而不同条线的资源和规则在下沉到基层时会存在交叉冲突,进而导致治理服务碎片化与内卷化的局面,所以打包整合市县不同条块间的力量,便成为市县一体联动充分展开的必要条件。因此,衢州按照"关口前移、重心下移、资源下沉、权力下放"的要求,整合管理、执法、服务资源,强化市县统筹协调联动。

具体包括:第一,整合条线资源,通过项目建设的方式,加大对乡镇(街道)、村(社)公共服务的投入支持力度。不仅如此,在人员管理上,还建立领导联系基层点制度,推动县级市场监管部门和综合行政执法部门80%的人员力量下沉到基层一线,从而有效实现市县资源挂联下沉。第二,针对条线资源力量分散,难以形成治理合力的情况,由市委市政府领头升级协同工作小组模式,建立实体化的市、县大联动中心。将不同部门的人员纳入大联动中心,通过加强人、事、数据、平台等整合,强化统筹、协调、指挥、督查功能,进而打破了部门壁垒,发挥出基层治理"一线指挥部"的作用。第三,在便民服务方面,持续纵深推进"最多跑一次"改革。2016年浙江省最早提出"最多跑一次"改革以来,衢州率先展开了实践探索。"最多跑一次"改革的实质在于整合政府便民服务的不同事项,通过体制内部整体性的治理来简化办事手续。市县层面建立

"一窗受理、集成服务"的模式,正是对部门分离、孤立办公所造成的烦琐困境的扭转,极大提高了便民服务水平。①

2. 乡街扁平化运作与条块联动

在行政发包体制中,基层政府通常作为抓包方而存在,上级政府部门的政策规划以及通过项目下沉的资源在基层政府这里必须进入具体执行与分配的实践过程,因而在乡镇(街道)一级,块的统筹作用显得尤为重要。在乡镇和街道层面,衢州按照"条块联动、块抓条保,属地管理、捆绑考核"要求,提升乡镇和街道统筹协调能力,形成了统一指挥、联合执法、联动治理的新模式。2016 年,浙江省委省政府发布《关于加强乡镇(街道)"四平台"建设完善基层治理体系的指导意见》,由此,衢州"四平台"建设工作被提上日程并持续推进。

所谓"四平台",即根据基层政府的治理服务内容和治理方式转型的要求,将原先根据条线的分散职责整合划分为综合治理、市场监管、综合执法与便民服务四个功能性平台,同时将班子成员分工融合进四个平台,通过平台与基层村社进行直接的治理服务对接和信息交流,由此打造扁平化的治理模式。与此同时,对于市县下沉到平台的干部,则采取一体化属地管理方式。下沉平台干部主要由乡镇(街道)负责日常管理考核,且其考核评分对于派驻人员的最终核评具有重要意义。在上述基础上,"四平台"的有效运行还依赖一套完整的程序和业务流程,不仅形成"信息收集—分流交办—执行处置—日常督办—信息反馈—督查考核"闭环式管理机制,还通过联席会议、联合执法、研判会商等制度,进一步强化了日常管理协作及联合监管效能,做到资源整合、力量融合、工作联动。②

3. 村社网格融合与多方共治

作为一种典型的技术治理形态,网格化治理有其深厚的历史传统和社会背景。在推进治理能力和治理体系现代化的进程中,网格作为治理体系的最末梢发挥着不容忽视的作用。2018 年,衢州市综合治理办公室出台《全科网格建设规范提升工程实施方案》,其中明确提出要优化村社网格

---

① 《关于实施党建统领和智慧治理大联动深化"最多跑一次"改革推进区域治理现代化的指导意见》(衢委发〔2017〕9 号)。

② 《关于全面推进乡镇(街道)"四平台"建设的实施意见》(衢委办发〔2017〕9 号)。

划分布局。由于不同的政府部门会根据自身工作情况在基层社区划分并建立不同的网格,由此造成网格交叉杂乱、事务难以统筹的问题,因而整合一张网便成为综治工作系统开展的前提。衢州在形成一份网格划分清单、整合一张网格地图的基础上,更进一步给网格充实力量主体,其按照"一岗双责+责任捆绑"的原则,给网格配强"一长三员"队伍,将村两委班子成员和工青妇、治调组织等组织负责人、联村干部以及党员骨干等都作为网格力量纳入治理实践。与此同时,对于网格工作的内容和职权也进行了详细规定,包括完善网格事务准入清单、网格工作职责清单,建立"几必查、几必清""几必到、几必访"工作机制,从而有效发挥网格在基层治理中的"底座"作用。

综上所述,我们发现在治理转型的过程中,衢州建立起市县—乡镇(街道)—村社网格三层的联动组织架构,这一架构超越了党建统领基层大联动治理的格局,更强调在政府不同层级组织架构之间以及政府组织与村社组织之间建立一种纵向贯通的整体性治理模式。由是,在信息技术逐渐被运用到社会治理的过程中,依托信息技术而实现的组织重构为这一纵向协同联动提供了基础支撑。

(二)联动的信息媒介:作为枢纽的综合信息指挥中心

"信息孤岛"一直是政府条块内部难以进行有效协同的突出阻碍,市域社会联动治理在很大程度上依赖信息的生产、整合与对流而展开。为深入探索创新市域智慧治理模式,2017年9月,衢州市首家以信息治理为核心的综合指挥中心在江山市成立,随后在全市六个县区推广。衢州把综合信息指挥中心作为大联动中心与大数据中心进行整合,通过统一指挥、联网联动、信息研判、资源整合等运行机制,充分发挥其指挥、参谋、服务的三大职能,在从市县到乡镇(街道)再到村社网格的层级治理组织架构中架设了一条以信息数据流通应用为主要内容的纵向条线关联,进而为构建"主"字型联动治理运行架构提供了有效支撑。

1. 整合信息集成系统平台

随着信息技术被广泛运用到政务系统与治理实践之中,各个部门的信息化治理竞赛便成为一个不容忽视的现象。各层级政府不同的职能部门都根据各自工作内容打造具有个性的信息化平台,通过线上线下结合的方式来提高行政效率。但不容忽视的是,在原本条块运作的行政体制架构基础上建立的信息平台更多只是实现了一种空间上的转域，现实的体制分割对不同平台的塑造产生了基础性的影响。所以，对于具有不同服务器、多样系统运行和服务终端的政务平台而言，在数据的生产、整合与运用的过程中，往往存在端口标准不一及数据的交叉、重叠和冲突的问题，进而导致资源的浪费和信息内卷。因此，数字化背景下联动治理的实践必须从不同部门的数字化系统、端口、平台的整合应用出发，进一步推动部门工作机制的联动协同。

衢州市最早建立的江山市综合信息指挥平台，2017年9月正式从县级综合治理中心升级为综合信息指挥中心，在市委市政府的领导推动下，通过部门主动参与及中心根据需要发函邀请的方式吸纳部门入驻，截至当前，全市共有26家部门单位的48个系统平台接入中心，包括12345话务热线、96345话务热线、社区矫正系统、基层治理综合信息平台、公安机关人员车辆轨迹查询系统等，其中共有13个部门指挥中心或数据中心已经得到整合融合。不仅如此，系统的整合还伴随着中心科室人员的分工与协作。设立之初，中心属于由市政法委部门主管的副科级事业单位，在中心管理办公室中设主任1名，另外聘用5名专职工作人员负责下设的综合督考科与信息运营科两个科室，除此之外，将公安局、信访局、综合行政执法局等10家单位派驻的26名工作人员进行集中办公、打通使用。并根据岗位职责和分工，组成综合业务、系统平台、技术支撑、话务热线四个业务小组，统一调配人员参与平台操作、视频巡查、分析研判、联动处置等工作。①

在上述系统平台和人员整合的基础上，中心围绕着不同端口的数据展开集中治理，一方面依托基层治理综合信息平台，将12345政府服务热线、"江山一家亲"平台、应急联动、视频巡查等事件数据融入基层平台中，全力打破数据孤岛，确保数据规模更加庞大、应用更加有效；另一方面，以"雪亮工程"建设为载体，整合优化移动、电信、联通、华数四大运营商的海量监控视频，并将整合后的视频资源依据职能权限推送到乡镇（街道）及相应的职能部门。综合信息指挥中心通过数据的整合，初步实现了治理的"联通共享"。

---

① 资料来源：2020年8月对综合指挥中心工作人员的访谈。

2. 构建畅通联动指挥体系

普遍认为，当前对技术与组织关系的研究经历了从技术与组织结构单向建构论到技术与组织互构论的理论视域转换。① 应该强调，衢州以数据平台的联通整合为切入点和着力点而展开的联动式治理，必然会涉及对原有政府运作架构的调整，而这一调整反过来会进一步促进信息技术在治理中的创新运用。在长期构建的市县—乡镇（街道）—村社网格的层级治理架构中，衢州把综合信息指挥中心打造为纵向联通各层级的渠道与媒介，使其成为市域大联动治理中的核心枢纽。

具体而言，在市县一级综合信息指挥中心试点推广的前提下，衢州又进一步在乡镇和村社分别设立综合信息指挥室和综治工作站，并依托移动互联终端的广泛运用，建构起"市县综合信息指挥中心＋乡镇（街道）综合信息指挥室＋村社综治工作站＋群众移动终端"的四级信息联动治理条线。值得注意的是，这一条线关系被嵌入到每一层级的政府治理实践中去，作为"主"字型联动治理架构的竖线，县市级综合信息指挥中心处于"顶线"与"竖线"的节点，能更好地在市域层面进行资源整合与行动协调；乡镇（街道）综合信息指挥室则与基层治理"四平台"全面打通，通过模块化和扁平化运作提升综合治理效能；村社综治工作站则与全科网格建设统筹，在底线的交叉点实现数据的社会生产和村社网格内部的服务治理。通过信息指挥中心联部门、信息指挥室联乡镇街道、综治站联村社网格、信息指挥条线纵向联通的方式，衢州构建起上下联动的指挥架构。所以，依托信息的横向整合与纵向对流而形成的联动式治理，体现出两方面的核心意涵：一是实现信息和数据的上下传导对流；二是撬动不同层级的治理主体，实现更为科学有效的联动贯通。

3. 完善联动指挥运作机制

联动指挥体系的畅通，需要靠多项联动机制的合理运作才能保证实现。衢州综合指挥机制主要包括三个方面：

第一，为保证指挥中心有效指挥权威的发挥，成立了综合指挥领导小组，由市委、市政府主要领导任组长，由市委副书记、政法委书记任常务

---

① 邱泽奇：《技术与组织互构：以信息技术在制造企业的应用为例》，《社会学研究》2005年第2期。

副组长，市委常委、市公安局局长和市政府各副市长任副组长，市机关各部门、各乡镇和街道主要领导为成员。同时，在领导小组下设办公室，办公室主任、副主任则由市委、市政府相关部门负责人兼任，而办公室日常工作则由综合指挥中心管理办公室承担。在此基础上，建立起部门协作配合制度，对于需要多个部门联合办理的事件，综合指挥中心可以明确一个部门牵头，待其落实责任科室并告知其他相关部门后，由牵头部门组织召开协商会议，对协办事项的具体方案设计、责任分工、实施落实等进行协商讨论并着手解决。正是通过行政系统条块统筹的小组工作模式，综合信息指挥中心才能有效调动各部门的力量以形成治理合力。①

第二，健全完善综合指挥运行机制。以信息的收集、整理、传导为核心，村社网格员将信息上报给乡镇或街道的综合信息指挥室，由综合指挥室对信息事件进行初步评判，对于在乡镇或街道本级就能解决的事项，则直接交给"四平台"去处理，对于认为超出其职权范围需要调动市县部门力量去协同解决的事项，则由综合信息指挥室上报给市县综合信息指挥中心，再由中心通知职能部门去协同解决。除此之外，对于需要市领导牵头的重大事件，再由指挥中心办公室报领导小组，由领导小组相关负责人接收和交办，并最后将办理结果层级反馈。市综合指挥中心则对事件办理进行提醒和督查，确保指挥顺畅。

第三，以制度化的部门会商来推动主题事项的研判。为了深入推进部门之间的有效联动，衢州建立了综合指挥领导小组办公室会商制度，规定每月至少召开一次小组会议，在参会部门范围和会议频次时间确定上，则依据事项及工作的重要性和紧急性来作出判断与安排。不仅如此，还强调综合信息指挥中心管理办公室要定期将汇总整理的信息数据和问题事项提交领导小组办公室，由领导小组进一步分析研判与商讨解决。

以衢州江山市的治理成效来看，截至目前，江山市综合信息指挥中心共受理处置各类社会事件近87万件，办结处置率99.99%，已累计组织多部门疑难事件研判会商100多次，其中2020年已受理处置各类事件129172件（含动态日志），三级以上有效事件15030件。正是通过技术赋

---

① 《中共江山市委办公室 江山市人民政府办公室关于建立江山市综合指挥机制的通知》（市委办〔2017〕254号）。

能的部门协同联动处置,基层治理服务能力提上新的台阶。①

(三)联动的社会过程:数据生产与治理升级

在衢州"主"字型联动治理结构中,围绕着数字化治理其实蕴含着两种不同的运作逻辑:其一是构建由行政系统主导的以体制内条块联通为目的的行政性信息指挥联动条线,其二是伴随着现代信息技术普及而动员基层民众在网络公共空间内的广泛参与。后一逻辑强调的是数据生产、组织和运用的社会逻辑,两者的结合才是基于信息技术的市域联动治理之真正意涵,"主"字型架构的政治构设正是由之体现。

1. 基层治理信息的数据化

卡斯特(Manuel Castells)在其网络社会理论中指出:"由于信息技术革命普遍渗透了人类活动的全部领域,所以它是我分析正在成型的新经济、社会与文化之复杂状态的切入点。"② 随着我国国家治理能力的提升和治理方式的转型,基层治理的数据信息对于政府有效治理和精准化服务越发重要。技术治理除了指代治理手段的技术化、工具化和精细化之外,还包含信息技术运用的治理实现,所以,技术治理天然地要求基层治理信息的数据化。所谓治理信息数据化,是指将基层社会的一些治理事项采用数目字、文档等方式进行标准化和系统化的收集,以形成规范的数据集,为治理展开提供依凭。当前基层社会治理信息包括两大类型:其一是社区为了配合各种行政工作而进行的数据收集整理,包括基本的家户情况、外来流动人口居住信息、住房就业等规范化的信息;其二是社区内部自己根据每天工作而形成的台账、日志及问题隐患、矛盾纠纷、违法犯罪、大事要事等在地化的信息。这些基层社会治理信息的数据化,无疑极大提升了国家对基层社会渗入和把控的能力,但也有可能造成数据内卷化和治理形式化的困境。正是在此背景下,衢州的数字化背景下的联动治理才凸显出其独特意义。值得一提的是,在新冠疫情防控期间,数据化治理成为极其高效的手段,着实推动了衢州的数字化治理水平更上一层台阶。

---

① 内部资料:《整合资源 聚焦重点 联动融合——江山市实体化运行综合指挥中心实现智慧治理再提升》。

② [美]曼纽尔·卡斯特:《网络社会的崛起》,夏铸九等译,社会科学文献出版社 2006 年版,第 5 页。

2. 数据生产的双重渠道及其有效接合

在基层治理信息数据化的背景下，我们不难发现隐含在衢州联动治理"主"字型架构中的两条数据生产与运作渠道。第一条渠道，是以政府的行政逻辑为主导的上报与下导，在多层级的信息治理指挥架构中，作为分析、研判和决策参考的信息数据，主要通过网格底线来进行实地的摸查走访，在移动终端平台上进行数据上传，然后在乡镇（街道）综合指挥室和市县综合信息指挥中心的后台形成统一标准的一手数据集册，再由综合信息指挥中心进行处理加工。衢州对于网格员的职责有清楚的规定，建立了"几必查、几必清""几必到、几必访"的工作机制，正是通过由网格到乡镇街道再到县市联动中心的这一科层化渠道，数据的生产、采集和后续运用才得以可能。以新冠肺炎疫情防控为例，2020年初，江山市"一中心四平台一网格"在疫情防控中发挥了非常关键的作用，其依托市综合指挥中心，将大数据碰撞与全科网格实地核查相结合，确保境内境外高危疫情数据落地核查管控得到精准有效落实，累计核查管控涉鄂、温等地高危人员68批4759人次；累计摸排湖北、广东、黑龙江、内蒙古、吉林、北京、大连、新疆等重点地区来江人员4349人；累计完成摸排涉境外人员等4470人，动态行程跟踪539人。[①] 如此精准的数据摸排与统计，为抗疫活动提供了有效的支撑。

在行政渠道之外，互联网时代"自媒体"的广泛普及以及由政府创新或基层自主开发的APP平台，为居民参与公共事务的治理提供了有效途径。在网络公共空间内，居民可以针对自己身边发生的情况和事项进行随时随地的记录并发表自己的意见和想法，由此而生成的数据也成为治理服务开展不可忽视的内容。相对于行政渠道依托网格深耕来摸排治理信息不同，广泛群众参与的数据生产过程更具有随意性、差异化和非规范性特点，但其更能真实地反映出基层社会复杂流变的动态社会情形。衢州的"村情通"治理品牌平台正是最好的例子，在农村劳动力大量外出务工，民主决策参与度不高，群众意见难上达，村庄治理面临青壮年流动人口参与难，留守人口参与效果不佳等普遍困境的情况下，村书记自主创新网上

---

① 内部资料：《整合资源　聚焦重点　联动融合——江山市实体化运行综合指挥中心实现智慧治理再提升》。

村务公开平台，并进一步完善村民群众自我管理、自我服务、自我教育、自我监督的参与渠道。其不仅把涉及群众的重要事项、热点问题在线发布，村民可以随时随地查看，从而解决了群众参与决策和监督的问题；同时，"村情通"还创新了"全民网格员"制度，发动村民利用"随手拍"实时曝光脏乱差、矛盾隐患、平安建设等问题，极大地动员了广大群众参与基层治理。①

应该强调的是，在基层治理信息数据化的背景下，这两种信息治理的渠道都被有效整合进了"主"字型联动治理架构中，通过类似"村情通""江山一家亲""邻礼通"等基层治理数字化平台的打造，数据治理的行政渠道与社会渠道实现了有效的接合，从而展现出数字化背景下市域联动治理的全新面貌。

三　市域联动治理的多重动力及其协同

党建统领是衢州市域联动治理展开的主要动力机制之一，如何通过党的组织力量的建设来推进基层社会的组织更新与秩序整合便成为治理实践推进的出发点。衢州治理实践始终坚持"党建统领活的灵魂、一根红线贯穿始终"，强调把党的领导落实到基层治理的各方面、全过程，通过"三个三"基层党建工程的开展，使得基层组织、基层政权、基层基础与基层治理切实发挥了各级党委总揽全局作用、基层党组织战斗堡垒作用和广大党员先锋模范作用。党建统领作为治理服务实践展开的首要原则，其具有两方面的独特意涵：第一，作为一种独特的组织类型，党的组织力是其能够真正发挥作用的结构性要素。通过各级党委和党组织的培育与建设，其既具有类科层体制的结构并能合理发挥其理性化效率，同时又嵌入于其他的各种组织结构中，如行政组织、社会组织、基层自治组织等，这种复杂的嵌入关系使得其能有效统合不同的主体及其资源，进而形成治理合力。第二，党所坚守并依托的信仰、信念和理念等作为一种意识形态资源，能够起到极强的熏陶和濡染作用，在对集体信仰和文化资本的理论叙述中，党的理念成为一种能够有效动员并促推整合的能量。因而，从党建

---

① 龙游县委政法委：《创新"村情通+全民网格"模式打造新时代"枫桥经验"升级版》，2018年。

统领的组织与价值双重意涵出发，依托党建来推进联动治理，才真正实现了党建、治理"一张皮"。

不仅如此，在治理数字化背景下，信息技术被广泛运用到治理与服务的过程当中，技术嵌入使得市域社会联动治理进一步实现了转型与升级。衢州在治理信息数据化的基础上，通过强化信息化、智能化技术手段在基层治理中的支撑应用，打造出基层治理信息集成平台和联动指挥系统，并进一步构建了市、县（市、区）、乡镇（街道）、村（社）互联互通的纵向一体的综合信息治理体系。在这一体系中，通过系统联通、信息支撑、数据驱动、流程再造，衢州在全市域内初步实现了不同层级行政架构在处理基层治理服务事项中的有效协同和资源整合，从而推动了基层治理"线下"与"线上"的联动，使得治理更加科学高效。值得注意的是，技术作为一种推动治理转型的重要因素，它通过三个方面发挥作用：其一，信息技术在基层治理服务方面的运用必然伴随着治理信息本身的数据化过程，这同时也意味着基层治理服务的实践方式必然发生相应的转型，也即无论是自下而上的网格员信息摸排汇报，还是自上而下的部门信息传达，基层治理与服务很大程度上围绕数据的生产与运用而展开；其二，信息技术的运用使得基层治理服务的时空条件发生了前所未有的改变，因而也进一步导致了参与方式的变迁，这主要表现为在不同空间场域的主体都可以通过信息技术实现即时的沟通、表达与共意，而在时间向度上的记忆性和索引性的增强为广泛的参与提供了知识背景；其三，信息技术的运用推动了组织结构的转型，在以信息为媒介的联动治理体系之中，原先分割与封闭的部门信息壁垒得以有效打通，围绕任务的联动运作机制则进一步推进了层级组织的结构重塑，构建一种扁平化和平台化的运作方式成为治理服务创新的突破口。因而，正是通过对治理方式、参与模式和组织结构的深刻改变，信息技术成为推动联动治理转型的重要因素。

周雪光等将制度逻辑界定为"某一领域中稳定存在的制度安排和相应的行动机制。这些制度逻辑诱发和塑造了这一领域中相应的行为方式"[①]。在不同的制度逻辑之间往往存在竞争、冲突和协同的复杂关系，

---

① 周雪光、艾云：《多重逻辑下的制度变迁：一个分析框架》，《中国社会科学》2010年第4期。

因而它们之间是相互影响的。不难发现，衢州"三、王、主"市域社会联动治理模式是一个蕴含了多重制度逻辑的架构体系，其中党建统领的组织和价值逻辑与技术运用的动员及协同逻辑呈现出逐渐交融与整合的格局。在党建统领和技术嵌入的双重动力机制驱动基础上，衢州又进一步深化了联动融合、开放共治的治理格局。一方面，开发"村情通"等移动终端平台，内设网上办事、"三务"公开、投诉建议、平安"随手拍"等多项功能；推广"一格一群一代表"网格微信群，拓展民情民意的渠道，依托信息技术发展创构全新治理服务方式，充分调动群众投身基层治理的积极性，进而形成共建共治共享的良好氛围。另一方面，把"最多跑一次"改革向基层延伸、"雪亮工程"全面提升、智慧城市数据大脑建设、扫黑除恶专项斗争和基层党建工程有机结合起来，从而实现五位一体、系统集成、整体推进的大融合治理格局。正是在此基础上，市域社会联动治理多重动力机制的协同得以形成，从而有效推动了治理组织全面重构和治理能力全面提升。

第三节 市域社会联动治理的意涵更新

一 市域治理视角下联动的意涵

联动式治理强调多元主体的关系界定及共同参与，因而从其本质而言，在于建构出一种新的公共关系。对于公共性的探讨学界早已有之，有学者将公共性定义为"某一文化圈里成员所能共同（其极限为平等）享受某种利益，因而共同承担相应义务的制度的性质"[①]。一般而言，公共性的核心要素包括共有性、公开性、社会有用性与价值理念正义性。但是与欧美强调平等公民主体基于公共沟通而形成的极具政治色彩的公共性不同，东亚公共性具有以下特质：首先，东亚公共性是以"官"为主体，政府是推动公共性建设的主要力量；其次，东亚公共性体现出极强的实用性，其往往以公共事业为依托来增进社会福利，实现社会价值；再次，非对抗性是东亚公共性又一重要特质，表现为行政公权与市民的一致性。因

---

① 李明伍：《公共性的一般类型及其若干传统模型》，《社会学研究》1997 年第 4 期。

而东亚公共性构建表现出极强的本土色彩。① 在新的历史时期，东亚国家传统公共性发生了转型，表现为：多元公共主体取代了以官为公之代表的主导地位；各种 NPO、NGO 等非政府非营利组织为代表的社会性力量在社会建设中地位的不断上升；跨越民族国家范围的"空间公共性"的构建；更突出个体自愿的实践基础。② 从协动与联动的关系出发去理解东亚社会的公共性结构转换，我们不难发现，协动的关键在于由一方主导参与，其他主体更多围绕着这一主导力量有序运动，而联动强调的是多方共治参与主体的平等地位，在联动的格局之中，并不存在绝对一方主导力量，合理联动关系的形成更多基于不同主体之间平等的博弈与协调。但是，东亚公共性的转型仍不会与传统内核完全断裂，只不过出现了强调对由国家之"公"与社会之"共"的对抗到能动平衡关系的转换。市域社会联动治理与传统基层社会联动治理不同，其包含更多的治理主体、涵盖更广的治理范围、面对更多维的治理内容、占据更关键的治理阶位，因而其展现的公共意涵更具特殊性。衢州从行政条块关系着手，依托党的组织建构和信息技术创造性嵌入所生成的动力，创造性探索出"主"字型市域社会联动治理模式，真实地呈现出公共结构协同平衡的格局。

二 市域联动治理的弹性与韧性

公与共的互动是我们理解衢州市域社会联动治理的基本框架，两者的关系不仅与治理实践的开展紧密关联，更反映出宏观政社互动格局的变迁，所以，两者力量的比对、进退与交织是我们进一步发掘市域联动治理内涵的关键。

在探讨中国社会治理结构韧性的过程中，曹正汉等提出了两种比较具有解释力的观点：第一，基于对"官治能力受限论"的批驳以及对"风险论"的重新阐释，他总结提炼出了"控制与自治结合的治理模式"。他认为国家治理的风险包含了代理风险和社会风险两种，因而"为了降低官民冲突的风险，政府不得不允许基层社会保持一定程度的自治，以便在政府与民众之间形成一个缓冲地带；为了控制和消除'社会中的威胁因

---

① 田毅鹏：《东亚"新发展主义"研究》，中国社会科学出版社 2009 年版，第 251—253 页。
② 田毅鹏：《东亚"新发展主义"研究》，中国社会科学出版社 2009 年版，第 255—258 页。

素'，政府只要有能力，就将深入到基层社会内部建立垂直控制的监控系统，以收集基层社会的动态信息，监控有威胁的因素"[①]。正是官治与民治的有机结合，才使得当前政治结构具有极强的韧性。第二，从国家建构多元化的治理能力的角度切入，他细致梳理了我国政府条块关系的历史演变，进而指出为建构多元国家能力而形成的条块协同结合治理模式具有极强的韧性与可塑性，从而有效维护了一统体制。[②] 在衢州的"主"字型联动治理架构中，我们不仅看到了依托行政渠道建立的由上而下信息联通与统一指挥调度体系的高效运转，还发现依托新媒体终端而形成的广泛群众性参与也在不断增添着基层治理的活力，基于数据治理的条块协同联动与基层自治参与相结合的架构设置与运作机制正是"主"字型治理架构的灵魂与精髓。这一市域范围内的联动治理体系已经远非基层社区的联动治理实践逻辑所能够比拟，它不仅具有基层社会动员、组织和整合的功能，更映射出我国国家治理体制所具有的独特优势，为我们理解更宏观层面的治理逻辑提供了视界。

三 技术赋能市域联动治理的限度

卡斯特在《网络社会的崛起》一书中指出网络社会信息技术范式的五个特点：第一，信息是网络社会的基本原料，技术与处理信息有关；第二，信息技术的效果无处不在，我们个人与集体存在的所有过程都直接受到新技术媒介的"塑造"；第三，网络社会中互动与交往关系呈现网络化的逻辑；第四，信息技术范式以弹性为基础，新技术的重新构造能力具有双重效应；第五，信息技术具有高度的整合性，特定技术会逐渐聚合为高度整合的系统。[③] 不可否认，信息技术的运用为衢州市域社会联动治理的展开提供了有效支撑，其不仅推动了条块关系的协同运作，也使得基层社会被重新激活与组织。但技术赋能市域社会联动治理仍存在诸多限度：其

[①] 曹正汉、张晓鸣：《郡县国家的社会治理逻辑——清代基层社会的"控制与自治相结合模式"研究》，《学术界》2017年第10期；曹正汉：《中国上下分治的治理体制及其稳定机制》，《社会学研究》2011年第1期。

[②] 曹正汉、王宁：《一统体制的内在矛盾与条块关系》，《社会》2020年第4期。

[③] ［美］曼纽尔·卡斯特：《网络社会的崛起》，夏铸九等译，社会科学文献出版社2006年版，第82—85页。

一，在传统的条块关系之间，信息技术的运用虽然起到了一定的联通作用，促生了组织结构和运行机制的重新调整，但是体制的分割力量是难以依托综合信息指挥中心来完全撬动和协调的，因而我们必须承认技术的有限性和非主导性，转而将更多注意力投注于制度改革和体制创新等基础方面；其二，信息技术的运用不仅在于其改变了组织的运行架构和提升了治理的效率，同时也创构了一种超脱时空界域的全新治理场域，它所催生的网络公共空间使得亚政治时代的权力结构出现了更多不确定性，从而增加了治理的复杂性；其三，数字化背景下市域社会的联动式治理必然更加强调信息和数据在治理中的重要作用，当基层治理出现"泛数据化"情形的时候，数据中心主义所带来的新型治理结构内卷化和形式化等意外后果仍需要我们时刻警惕。

第四章

整体性治理：技术嵌入与"集成服务"

——以衢州"最多跑一次"改革为中心

"建设人民满意的服务型政府"是党和国家对人民的承诺，但是基于科层制组织原则建立起的政府组织架构过于强调专业化分工，导致部门林立，职能碎片化，而且部门之间壁垒森严，缺乏有效的沟通协调机制，涉及多部门协作的事务程序烦琐且效率低下，致使民众办事需在多部门间奔波往返，服务体验较低。为践行"以人民为中心"的发展思想，浙江省实施"最多跑一次"改革。所谓"最多跑一次"，"是指群众和企业到政府办理一件事情，在申请材料齐全、符合法定受理条件时，从受理申请到形成办理结果全过程只需一次上门或零上门"[①]。作为改革的先行者，衢州通过制度设计与技术嵌入的双向互动，打通部门壁垒，整合资源，建设数据共享平台，优化系统集成服务，破除"信息孤岛"，建立起协同联动机制。其精髓在于解决碎片化治理问题，利用数字技术实现职能整合，理顺权力运行机制，重塑政府内部治理结构，撬动其他领域变革，并延展到基层社会治理，形成整体性治理格局。

第一节 技术赋能"最多跑一次"改革缘起

整体性治理理念作为对传统科层体制的批判以及对新公共管理运动的

---

① 车俊：《坚持以人民为中心的发展思想 将"最多跑一次"改革进行到底》，2017年10月15日，求是网，http://www.qstheory.cn/dukan/qs/2017-10/15/c_1121801033.htm.

一种反思和回应，不仅是理论界的前沿热点，也受到实践界认可，用以指导政府体制改革。① 其核心在于打造"无缝隙政府"，通过超越部门中心主义，破除界域限制，推进功能整合，形成联动机制。数字技术的发展与普及，为整体性政府的打造、推广提供了可能。"最多跑一次"是技术赋能行政改革，建构"无缝隙政府"和实现整体性治理的生动探索。

一 "无缝隙政府"的打造

长期以来，我国公共服务供给与居民需求之间存在一定错位，其原因主要在于政府按照职能划分，实行条块分割管理，导致了公共管理碎片化状况。"碎片化治理根植于科层制组织的分部制，表现为各机构间的责任推诿，各机构、各项目之间的目标冲突、职责重复，部门间缺乏沟通导致政策目标难以实现，公众不知道究竟应当从何处获得何种服务等等。"② 政府部门分工过细与职能重合，造成资源破碎与流程繁复，降低了整体效能。③ 对此，我国积极推进行政体制改革，突出"以整治碎"的价值取向，通过机构与职能整合促进部门间的协同与合作，从而提供全方位、无缝隙的服务供给。

转变政府职能，是我国深化政府行政管理体制改革和建设中国特色社会主义行政管理体制的逻辑进路和关键要枢。④ 转变主要表现在两个方面：一是由全能政府转向有限政府，有限政府要求政府"瘦身"，精简机构，并且明确部门职权、清晰权力边界；二是由管理型政府转向服务型政府，服务转向即以人民为中心，要求公共事务治理以群众的需求为出发点和落脚点，优化群众办事体验。因此，政府职能转变的核心在于通过打破界限，实现功能整合、结构重塑和行政系统一体化的整体性治理。整体性治理以公民需求为导向，以信息技术为手段，以协调、整合、信任为治理

---

① 王佃利、吕俊平：《整体性政府与大部门体制：行政改革的理念辨析》，《中国行政管理》2010年第1期。
② 竺乾威：《从新公共管理到整体性治理》，《中国行政管理》2008年第10期。
③ 曾维和、杨星炜：《宽软结构、裂变式扩散与不为型腐败的整体性治理》，《中国行政管理》2017年第2期。
④ 王浦劬：《论转变政府职能的若干理论问题》，《国家行政学院学报》2015年第1期。

机制，强调从破碎走向整合，从而实现政府部门间的整体运作。① 整体性治理的核心是整合，通过职能整合实现政府机构"瘦身"，并且依托整体性统筹促进不同条块部门之间的协调联动，从而消解职能碎片化导致的办事流程复杂重复等问题，提升群众的公共服务体验。

行政服务中心是政府与居民直接联系的纽带，也是行政审批领域推进整体性治理改革的重要环节。如前所述，由于政府职能部门处于碎片化状态，彼此间缺乏有效的协调合作机制，导致居民办理事项时需要经过多部门、多环节的审批，提交繁杂的材料，而且事项审批条件与流程较为模糊，带有很大的随意性和盲目性。这种多部门、繁环节、长时间的行政审批已经难以适应市场经济竞争性、效率性和市场主体自主性的要求，因此，以部门整合为目的的行政服务中心得以产生。② 各地的机构和规章制度陆续完成"物理整合"后，各部门人坐在了一起、但数据没有"坐"在一起的矛盾逐渐被凸显，许多材料还是需要由工作人员传递，并"二次录入"，行政成本大幅增加，效率提高受到制约。也就是说，行政服务中心仅在物理空间层面实现了整合，各部门之间并未建立起联动机制，公共服务供给与群众服务需求之间仍存在差距。因此，打通部门信息壁垒，推进多部门联调联动，成为政府行政管理体制改革的必然要求。

二 数字技术重塑政府结构

20世纪90年代中后期，整体性治理理论范式兴起，随着数字技术被广泛应用于政务管理服务，该范式在部门协调与整合机制改革方面更具解释力和实用价值。③ 整体性治理把部门整合、大部制作为政府改革的重要方向，强调重新整合碎片化的政府机构，并侧重于依据群众的实际需求重建政府组织，建立更加灵活的协作机制，为群众提供"一站式"公共服

---

① 林丽玲：《整体性治理：跨界公共事务治理的方向和路径》，《中国集体经济》2020年第22期。

② 陈时兴：《行政服务中心对行政审批制度改革的机理分析》，《中国行政管理》2006年第4期。

③ 胡象明、唐波勇：《整体性治理：公共管理新范式》，《华中师范大学学报》（人文社会科学版）2010年第1期。

务。① 整体性治理的难点在于如何实现部门间的有效联动,而以数字化为特征的信息技术的发展为此提供了现实性基础。

数字化技术引发的变革是根本性的。② 各国政府纷纷探索数字技术的嵌入方式,力图突破传统科层制的结构约束,提升治理效能。学者们对运用数字技术提升政府治理能力表现出了极大信心,如政治学家赫克斯所言,"现代信息技术的应用有可能打造一个全新的灵敏反应政府"③。数字技术的发展为重塑政府结构提供了可能性。2016 年,国务院总理李克强要求"大力推进'互联网 + 政务服务',实现部门间数据共享,让居民和企业少跑腿、好办事、不添堵。简除烦苛,禁察非法,使人民群众有更平等的机会和更大的创造空间"④。这被视为我国运用互联网思维与互联网技术重塑政府的重要部署。⑤ 引入互联网思维,通过数据整合实现部门职能的协调联动,是重塑政府结构的理想图景。

三 衢州地方性实践

2016 年 5 月,衢州开展"一窗受理、集成服务"试点改革,即推行"前台综合受理、后台分类审批、统一窗口出件"工作模式,推动部门数据共享,实现"一次办结"。同年 12 月 27 日,车俊首次提出"最多跑一次"改革要求。由于衢州"一窗受理、集成服务"工作模式⑥与"最多跑一次"目标高度契合,效果显著,因此成为改革的理想路径,在全省得到推广。⑦ 衢州立基于"一窗受理,集成服务"在地性探索,不仅成为省内"最多跑一次"改革的先行试点,还以此为契机深化政府体制改革,

---

① 郁建兴等:《"最多跑一次"浙江经验中国方案》,中国人民大学出版社 2019 年版,第 58 页。
② 世界银行:《中国的信息革命:推动经济和社会转型》,经济科学出版社 2007 年版,第 8 页。
③ 黄晓春:《技术治理的运作机制研究——以上海市 L 街道一门式电子政务中心为案例》,《社会》2010 年第 4 期。
④ 李克强:《政府工作报告——2016 年 3 月 5 日在第十二届全国人民代表大会第四次会议上》,2016 年 3 月 17 日,http://www.gov.cn/guowuyuan/2016-03/17/content_5054901.htm。
⑤ 董立人:《"互联网 +"助推国家治理体系和治理能力现代化》,《中共南京市委党校学报》2016 年第 5 期。
⑥ 内部资料:《衢州市行政服务中心改造升级实施方案》(衢委办法〔2016〕45 号)。
⑦ 中共衢州市委党校、衢州行政学院:《"最多跑一次"改革的衢州实践与未来设计》,科学出版社 2018 年版,第 14 页。

推进整体性治理。衢州的先行探索，得益于政策主导与本土发展需求。

党的十八届三中全会强调要进一步简政放权，深化行政审批制度改革。① 为此，浙江省启动以限权为核心的"四张清单一张网"（政府权力清单、政府责任清单、企业投资项目负面清单、政府部门专项资金管理清单以及政务服务网）改革，以规范、约束政府行政权力，重构政府与市场、社会的关系。② 浙江省以机构编制委员会为主体启动权力清单的编制工作，要求各职能部门按照法律法规梳理、归并行政权限，清理缺乏法律依据的行政权力。该项改革成效显著，仅省级部门的行政权力便从12300余项减少到4236项。③ "四张清单"的价值在于明确了政府行政部门法无授权不可为、企业法无禁止则可为的原则，这使政府与市场、社会的关系得以重构，企业的多数生产经营活动不再需要政府审批，从而较好地调整了政府干预市场运行的职责范围，④ 实现了政府"瘦身"。"一张网"启动了省级政府的电子政务建设，开发了"浙江省政务服务网"，方便了居民进行生活缴费、政府服务办事流程查询等事务，而且为部门物理整合升级为线上整合、打通壁垒等提供了条件。通过完善政务服务网，实现省市县联网并向乡镇延伸，率先建设全省统一的政务公开平台、公共服务平台和公共数据平台⑤，为"最多跑一次"改革奠定了基础。

衢州由于发展基础、空间区位等现实性条件限制，经济、社会发展与全省平均水平存在一定差距。为改变现状，以更加优质的政府服务吸引市场主体、满足群众需求、弥补经济社会发展的短板，衢州不断改革创新，优化政务服务水平。2009年，衢州市委市政府发布《关于推进行政机关内设机构审批职能归并改革的实施意见》，推进"两集中、两到位"改革，即一个行政机关的审批职能向一个处室集中，行政审批服务处室向行

---

① 国务院新闻办公室：《中共中央关于全面深化改革若干重大问题的决定》，2013年11月12日，http://www.scio.gov.cn/zxbd/nd/2013/document/1374228/1374228_3.htm.
② 郁建兴等：《"最多跑一次"浙江经验中国方案》，中国人民大学出版社2019年版，第46页。
③ 马斌：《规制权力释放制度红利》，《浙江人大》2016年第11期。
④ 郁建兴等：《"最多跑一次"浙江经验中国方案》，中国人民大学出版社2019年版，第46页。
⑤ 中国网：《2016年浙江政府工作报告》，2016年1月25日，http://zjnews.china.com.cn/zheshang/zhengce/2016-01-25/50505.html.

政服务中心集中；进驻市行政服务中心的审批事项和审批权限到位，从而解决企业和群众办事"门难进、脸难看、事难办"的问题。[①] 2010年，衢州市本级的43个行政审批部门全部把行政审批事项集中到一个处室办理，40个部门设置了行政审批服务处。2012年，有15个部门行政审批服务处进驻市行政服务中心。2013年，政府部门进一步优化项目审批流程，基本实现了"一站式"服务。

为进一步打通部门自建系统的数据壁垒，解决重复提交材料、反复录入审批数据、多窗口跑动的问题，衢州于2014年以浙江政务服务网为支撑，推动"互联网+政务服务"改革，率先启动建设市县一体行政权力运行数字系统，提升政务服务效率。依托国家级信息化试点"政务信息系统整合和公共服务数据共享应用示范工程试点"项目和省数字化转型试点，着力推动更多事项实现"一网通办、一证通办、全市通办"，全力打造"掌上办事之城""无证明办事之城"。建设"1261"数据大脑强化数据支撑，即建成"1"个省市县互通的市数据交换平台和全市统一大数据中心，建设公共数据交换、公共数据共享"2"大支撑平台，完善"人口综合库""法人综合库""信用信息库""电子证照库""材料库""档案库""6"大主题库，健全"1"套运维保障体系。截至2019年7月，已经归集41个市级部门46亿多条数据，被调用次数达到550余万次，电子证照库已归集403类、70余万本电子证照、批文和证明。依托"一窗受理"云平台，已完成对接66个国部级、省级系统，及所有市级系统；除因涉密等不适合网上申报的事项外，其他依申请事项100%实现网上办理；市本级民生事项100%实现"一证通办"，1245个事项实现"零跑腿"，1031个政务服务事项实现"掌上办"。在国家行政学院电子政务研究中心开展的2018年浙江省"互联网+政务服务"综合排名中，衢州市位列地级市第一。[②]

---

① 中共衢州市委党校、衢州行政学院：《"最多跑一次"改革的衢州实践与未来设计》，科学出版社2018年版，第12页。

② 内部资料：《以"最多跑一次"改革为牵引 全力打造"中国营商环境最优城市"》，2019年7月23日。

第二节　衢州"最多跑一次"改革内涵及延展

以"最多跑一次"改革为载体推进的整体性治理,是一项政府自身改革的系统性工程,具有丰富的内涵和外延。就内涵而言,是指通过技术嵌入促进系统集成,实现办事效率提高,公共服务优化,切实解决"多头跑、反复跑、办事难、办事慢"等问题,从而增强群众获得感;就外延而言,是指从行政审批领域延伸至政府体制改革,进而实现市域社会治理框架的整体性建构。

一　在线协作与集成服务

2016年以来,衢州市依托数字技术不断创新行政服务改革,以"受办分离"为原则,将市级各部门所涉审批事项的受理职能全面授权给行政服务中心,设置综合窗口,实行"前台综合受理、后台分类审批、统一窗口出件"的工作模式,走出群众重复往来于多窗口间的服务困境,践行"最多跑一次"服务承诺。[1]

(一)推动部门资源整合,实现审批"一窗受理"

整体性治理是在对科层制和新公共管理模式下的裂解性和碎片化治理缺陷进行反思的基础上逐渐形成的,以满足群众需求为主导理念,以信息技术为手段,以协调、整合为策略,实现政府组织层级、功能和职能部门的整合。[2] 值得注意的是,整体性治理并非否定专业化分工,而是着力于解决部门间协调和合作机制的问题。当前政府普遍存在职能碎片化问题,同一项事务分散在不同部门,这成为部门协调合作的体制性阻碍。因此,推动政府职能部门资源整合,将同一事项归为一处,是实现"最多跑一次"改革目标的必然要求。衢州市通过对现有的行政审批和服务事项进行梳理分析,将群众办事最集中、内容过程相对复杂的上千事项按照关联

---

[1] 内部资料:衢州市行政服务中心《"一窗受理、集成服务":"最多跑一次"改革的衢州实践与思考》,2018年8月28日。

[2] 曾凡军:《基于整体性治理的政府组织协调机制研究》,武汉大学出版社2013年版,第37页。

度区分,重塑业务板块①,全面重新整合原有部门和机构的工作职责和人力资源,优化职责分工和窗口设置。

第一,全面梳理权力事项清单。从 2017 年 1 月开始,衢州对全市域 1090 个行政权力事项进行逐项核对和分析研究,涉及职能部门 43 个。按照"应进尽进"的原则,经梳理确认共有 611 个事项纳入市行政服务中心"一窗受理"范畴。第二,精简受理材料规范清单。市行政服务中心联合 35 个相关市级部门,对进驻行政服务中心事项办理所需的 833 个资料进行全面梳理,明确规范事项办理所需材料的名称、要求、份数、类别、是否需要原件、是否可容缺办理等要素,做成人人看得懂的办事指南,并实现线上实时更新。第三,整合人员实现"一窗受理"。群众直接与政府打交道的政务服务窗口,既是群众办事的起点,是"最多跑一次"改革的突破点,也是检验群众满意度的试金石。在整体统筹下,行政服务中心通过统一公开招考和集中强化培训,确保所有成员全面掌握有关版块的综合受理业务。通过整合,行政服务中心所涉及的 31 个部门的受理人员从原来的 200 多人整编为 62 人,其他即办类事项交由各个部门保留的专窗告知人员受理,形成"综窗+专窗"的受理体系。

(二)构建政务标准体系,实现审批"一套标准"

互联网等现代技术的发展和应用不断推进整体性治理,"在线协作"是其中的一个突出表现。在线协作是指,在不改变专业分工的基础上,通过数字技术将分散在不同政府部门的职能加以整合,构建起沟通与协调机制,从而实现在线联结与实时合作,降低政府部门间的各项合作成本。②在线协作的关键点不在于技术,而是制度,具体而言,是指行政流程整体化(通过职能整合将分散的、无序的行政流程进行归类、整合、排序)和审批标准统一化(对于同一份审核材料或审核条目,政府各部门的审核标准具有一致性)。③只有实现标准统一的整合才能使各职能部门实现连续的在线协作并带来高效率,否则反而容易制造麻烦、滋生矛盾。

---

① 鲍涵、余峰:《衢州"最多跑一次"改革成效显著》,《衢州日报》2017 年 12 月 25 日。
② 陈国权、皇甫鑫:《在线协作、数据共享与整体性政府——基于浙江省"最多跑一次改革"的分析》,《国家行政学院学报》2018 年第 3 期。
③ 陈国权、皇甫鑫:《在线协作、数据共享与整体性政府——基于浙江省"最多跑一次改革"的分析》,《国家行政学院学报》2018 年第 3 期。

第一，事项清单"标准化"。一是按照"一件事情"的要求梳理事项清单，全面梳理、鉴别群众和企业到政府办事的事项范围。二是进一步规范办事证明目录，明确证明目录清单共247项。三是持续推进"减证便民"，通过"砍掉一批、共享一批、替代一批"等方式，最大限度精简和优化各类证明材料，切实解决困扰群众和企业办事的"奇葩"证明、循环证明、重复证明等问题。第二，受理要件"标准化"。编制"投资项目审批、不动产交易登记、商事登记、公安户籍车管出入境、公积金业务"等六大板块《"一窗受理"事项标准化办事指南》，将受理内容、办理时限、方式、申报材料等基本要素全部规范统一，作为前台受理与后台审批的一致性材料依据，倒逼部门消除模糊语言和兜底条款，大幅度压减自由裁量空间，清单式面向群众，真正做到"人人看得懂、个个会办事"。第三，审批流程"标准化"。按照"群众要办理的一整件事"设计操作流程，从市级层面入手重新制定审批流程图，明晰各个办事环节。同时，改强调先后次序的"串联"式审批为同步进行的"并联"式审批，将部门独立办理变为部门协办与联办，解决部门审批互为前置的问题。[①]

（三）完善数据共享平台，实现审批"一网通办"

"在'最多跑一次'改革中，行政服务中心的角色变化是碎片化行政体制向整体性政府治理转变的重要表征。"[②] 实现空间整合的行政服务中心，减少了群众在部门之间的奔波，但这只是一种机械性组合，群众仍需要在多个部门之间反复办事。数据共享平台的完善促进了行政服务中心的角色转变，用数据代替群众在部门间的奔波，以数据共享催生部门间办事"化学融合"。所谓数据共享，主要是指在特定的条件下（如法律法规规定或授权）一个政府部门可以通过一个操作系统读取、运算、分析其他政府部门数据的运作方式。[③] 数据共享是破除"信息孤岛"现象、改变政

---

① 人民网：《以"一窗受理 集成服务"领跑"最多跑一次"改革——浙江省衢州市行政服务中心案例》，2017年07月19日，http://dangjian.people.com.cn/n1/2017/0719/c413386-29415764.html.

② 郁建兴等：《"最多跑一次"浙江经验中国方案》，中国人民大学出版社2019年版，第59页。

③ 陈国权、皇甫鑫：《在线协作、数据共享与整体性政府——基于浙江省"最多跑一次改革"的分析》，《国家行政学院学报》2018年第3期。

府各职能部门相互隔离状态的必然路径,也是实现"一窗受理、集成服务"的关键。衢州市以国家政务信息系统整合和公共服务数据共享应用示范工程试点为抓手,通过应用一体融合"大平台"、共享共用"大数据"、全面触达"大服务",着力构建"四横三纵"七大体系。

第一,建设一个数据中心,服务市县两级。自2017年7月开始,衢州市结合云计算中心建设,依托市数据中心,全面推进政务数据的归集、存储、分析、处理和共享。数据中心向上可上报归集数据至省数据中心,向下覆盖市县两级政府部门,实现市县两级政务数据的统一归集和共享。第二,建设两大支撑平台,实现数据归集和共享。一是公共数据交换平台。着力构建两大数据通道,确保数据实时交换、畅通无阻。就常规通道而言,通过配置"前置机"等辅助设施,实现省市县三级之间各类数据"纵向+横向"的数据存储、交换、共享和对接;就辅助通道而言,对于"最多跑一次"改革中无法通过常规通道解决的数据交换,采用燕云DaaS技术,全面打通数据通道,确保畅通无阻。二是公共数据共享平台。采用省公共数据共享平台的技术路线,实现与省级平台的对接,并开始承担本市范围内的接口申请、注册和使用任务。第三,建设主题库+档案库,确保数据完整规范。一是五大主题库"统建+特色"。五大主题库中,除全省统建的三大库外,重点推进数据归集和共享使用,着力建设电子证照库和材料库,率先建成启用"可信电子证照管理系统",归集各类电子证照,向各审批部门开放,并与省电子证照库联通,直接为审批服务部门提供电子证照管理、真实性甄别、信息共享等服务。二是电子归档推进实施。结合"最多跑一次"改革,对权力运行系统办理事项所涉及的所有电子文件进行逐项梳理,明确电子文件归档范围、保管期限、共享利用范围及条件,将办件结果及时归档,便于办事档案安全规范管理和长期保存使用。

(四) 优化集成服务配套,实现审批"一站服务"

有学者强调,集成服务是政务服务中心发展的必然趋势,必须依托政务服务中心打造综合的政务服务平台,推动审批业务、审批数据、政务服务的集成,实现由集中审批到集成服务。[①] 在基本实现集成目标的情况

---

① 艾琳、王刚、张卫清:《由集中审批到集成服务——行政审批制度改革的路径选择与政务服务中心的发展趋势》,《中国行政管理》2014年第4期。

下，优化服务环境，强化服务配套措施，是提升老百姓"一窗受理、集成服务"办事体验的有效途径。对此，衢州市行政服务中心对办事服务大厅的区块布局、内部环境、服务配套等进行科学统一规划，努力做到让老百姓办事更加舒心，更有获得感。

第一，打造更加科学化的办事大厅。市行政服务中心按照改革总体需求，将原有的职工餐厅和辅助办公空间改造成办事大厅和后台审批区，使大厅的空间布局更加科学化、人性化。此外，行政服务中心把有声叫号全部改为无声叫号，在大厅开辟前台受理区、后台审批区、公共事务区、电子政务体验区、商务洽谈区等一系列配套服务区域，同时增加书吧、咖啡吧等，把最好的环境留给办事群众。第二，打造更加智慧化的办事大厅。市行政服务中心开发自助电子填表系统和排队叫号评价一体化系统，实现统一编号、短信提醒、无声叫号；开发办事进度（结果）公示系统，实时显示各类事项的办理部门、办理进度等信息；在后台配备高清视频监察系统和视联网会议系统等，并整合链接到政务服务网，形成网络全覆盖、信息共分享、行为有记录的智慧化服务大厅。第三，制定一窗受理平台管理机制。配套推出各类实施细则和考核评价办法，建立"1+12"制度体系，涉及6大板块审批运行机制、规则以及对工作人员的"双重管理"等，推动行政审批从注重办件量、满意度的结果性监管转变为事前、事中、事后全流程的监管，为"一窗受理"改革提供制度支撑。①

二 整体性治理的生成与延展

衢州以政务服务改革为支撑点，重塑"政府—社会"关系，实现单向链接转为双向交互，减少政府对社会和市场的直接性干预，为社会和市场的生长发育营造更多的制度性空间，释放城市活力。值得注意的是，衢州"最多跑一次"的改革举措虽然主要集中于政务服务方面，但绝不是一个局部性创新，而是市域社会治理框架下的整体性建构。市域社会治理是一种弥合宏观治理结构与微观治理行为的嵌入式与联结式枢纽，既包含

---

① 人民网：《以"一窗受理 集成服务"领跑"最多跑一次"改革——浙江省衢州市行政服务中心案例》，2017年07月19日，http://dangjian.people.com.cn/n1/2017/0719/c413386-29415764.html。

国家治理意志表达与转换功能,同时也包含微观治理行为的执行功能。[1]"最多跑一次"改革的核心是解决碎片化治理现象,这不仅指向政府本身,改革权力运行机制、重塑政府内部治理结构,还拓展界域撬动其他领域改革,如通过向基层放权、政务资源下倾、夯实基层治理结构等,从而构建起整体性治理格局。

(一) 以部门整合联动促推整体性治理

所谓部门整合,主要是针对公共服务各部门之间的业务及资源整合。[2] 传统"一站式"的行政服务中心,虽然实现了各部门的物理集中,但群众还是要在窗口之间来回跑、多头跑、重复跑。部门之间分散受理、审批流程自成一体、数据资料长期孤立。实现"最多跑一次"改革目标,不仅要打破部门间的藩篱,还要突破既有制度约束。从整体性治理出发,破解政府组织面临的协调困境,应着力践行逆碎片化策略,调整部门间的职能与管辖范围,将职能相近、重叠和交叉的、业务性质雷同的部门或机构,通过合并重构的方式加以整合,使之便于横向协调与管理,避免和减少部门间的矛盾和冲突。[3] 多年来,各地相继开展职能整合改革,但成效寥寥,其原因在于职能整合动了部门的"奶酪",改革阻力较大。衢州"最多跑一次"改革,是以问题为导向展开的多层面、系统化的结构性改革,以部门协同推动流程再造,探索并优化政府的整体性治理。[4] 在此过程中,衢州以"整体政府"建设为目标,坚持"跨界融合、统筹整合、互联互通、共享共治"的治理原则,不断强化"互联网思维"和"整体政府"理念,实现资源共享、整体联动、协同服务、便民利民。[5]

一方面,该项改革是系统性改革工程,而政府是一个多层级、多部门

---

[1] 陈成文、陈静、陈建平:《市域社会治理现代化:理论建构与实践路径》,《江苏社会科学》2020 年第 1 期。

[2] 田毅鹏、苗延义:《城市公共服务"一门式"改革对社区基层治理的影响》,《人口与社会》2017 年第 1 期。

[3] 曾凡军:《基于整体性治理的政府组织协调机制研究》,武汉大学出版社 2013 年版,第 109 页。

[4] 汪锦军:《"最多跑一次"改革与地方治理现代化的新发展》,《中共浙江省委党校学报》2017 年第 6 期。

[5] 内部资料:《解放思想 自我革命 用"最多跑一次"改革引领政府职能深刻转变——徐文光同志在全国两会上的讨论发言》,2018 年 3 月 8 日。

的复杂系统，不同环节间的有效协调联动历来是改革难点。[①] 衢州"最多跑一次"改革通过顶层设计，强化首长负责制，强力破除壁垒限制，推动各层级、各部门间的协调合作，使原来分散化的事项得以重新梳理，减少交接、转办的环节与流程，从而提升政府审批和服务效率。另一方面，该项改革是基于数据协同的政府职能重构。"针对数据壁垒、数据孤岛等问题，政府对政务数据运用和数据协同做出了系列制度性安排，规定各个部门数据归集到公共数据平台，由数据管理机构对其进行统一管理，各部门可根据需要使用共享数据，真正实现公共数据的共享使用，从技术层面为'最多跑一次'数据协同打下坚实基础。技术层面的数据协同促使各职能部门重新梳理自身的职权范围、办事流程和对接方式，从而也开启了政府职能系统化重构的新阶段。"[②]

衢州推进"最多跑一次"改革，最初就是以打破"信息孤岛"为突破口。但是，部门之间基本实现数据共享后，部门利益作祟、个人本位主义等现象依然存在，部门壁垒、条块分割的现象也未完全祛除。数据已接通，部门联动之"心"却尚未连通。有鉴于此，衢州探索建立"专班制"，打破部门壁垒、条块分割，实现扁平化管理，着力解决"信息孤岛"、效率低下、推诿扯皮等问题。专班制就某种程度而言，是"最多跑一次"改革向政府部门延伸，打通条块的一项基础性、制度性安排。"专班制"不仅没有削弱或取代部门原有职能，反而使其职能得到强化，让政府决策执行监管体系更加科学、完善、有序、高效。专班制推行以来，效果十分明显，一大批重点工作、重大专项、重大项目推进顺利。比如，杭衢高铁从谋划争取到开工建设，仅用了一年多时间；四省边际中心医院从立项到开工，仅仅用了三个月；生活垃圾焚烧项目也只用了两个月。专班制给衢州带来的最直接变化是克难攻坚大突破，最明显变化是力量整合大统筹。

（二）服务领域的拓展与更新

2018年1月2日，时任浙江省委书记车俊在全省全面深化改革大会

[①] 汪锦军：《"最多跑一次"改革与地方治理现代化的新发展》，《中共浙江省委党校学报》2017年第6期。

[②] 汪锦军：《"最多跑一次"改革与地方治理现代化的新发展》，《中共浙江省委党校学报》2017年第6期。

上强调,"最多跑一次"改革是撬动全面深化改革这一系统工程的杠杆和支点,必须在深化"最多跑一次"改革的同时,在"撬"字上狠下功夫,统筹推进重要领域和关键环节改革取得重大突破,不断放大"最多跑一次"改革对全面深化改革的牵引作用。[①] 同年,衢州市委提出"三个最",即打造"三座城":中国营商环境最优城市、中国基层治理最优城市、"一座最有礼的城市"。打造营商环境最优城市,主要就是把企业服务好;打造基层治理最优城市,主要就是把基层服务好;打造"一座最有礼的城市",主要就是把群众服务好。这也是"最多跑一次"改革"撬"字诀的生动体现,不断向纵深突破、拓展,向中介机构、企事业单位、群众基层延伸,成为其改革深化升级的核心路径。

1. 撬动经济体制改革,优化营商环境。良好的营商环境,代表着生产力与竞争力优势。衢州目前在全省经济排名中尚有较大上升空间,所以对优化营商环境、发展经济的需求较为迫切。优化营商环境,需要转变服务理念并完善与升级相关的体制机制。首先,衢州坚持"整体政府"理念,依托"最多跑一次"改革,强化部门联动、市县联动,按照"攻坚专班化、任务清单化、督查定期化"的工作模式,推进制度创新和服务创新,建立和完善营商环境工作体系。[②] 其次,衢州把"最多跑一次"改革理念推广运用到企业、项目的全生命周期,聚焦投资项目审批、用水用电用气、企业开办、获得信贷、纳税服务等优化营商环境的重点难点问题,真正为民营企业提供信心、贴心、暖心的"三心"服务,着力建设中国营商环境最优城市。如在"多审合一""测验合一"的基础上,全国首创施工许可电子化改革,工程建设项目审批全流程电子化,全面实现一般企业投资项目开工前审批"最多100天";全面推行企业开办"110"计划(指在企业开办全流程实行"一件事""一次办结""零成本",企业开办的4个环节合并为1个环节,首套印章刻制费用也由政府买单),实现企业开办全流程一日办结;开发了全国首个电力接入行政审批平台,

---

[①] 浙江新闻:《高举改革大旗 扛起改革担当 当好新时代全面深化改革的排头兵——车俊在全省全面深化改革大会上的讲话》,2018年1月2日,http://www.zj.gov.cn/art/2018/1/2/art_5522_2263375.html。

[②] 黄韵、周盛、余峰:《打造助推高质量发展最优环境——践行"八个嘱托"、推进"八大任务"综述之营商环境篇》,《衢州日报》2020年6月8日头版。

重塑了办电流程。目前,企业用水、用电、用气网上审批时限已经压缩到9个工作日以内,低压企业用电接入时间不超过25个工作日。最后,衢州在机构改革中新设市营商办,将原行政服务中心、"最多跑一次"改革办公室等机构职能全部划入,打造集营商环境建设、审批服务、改革推进等一体推进的新机构。同时完善制度配套,出台相应的实施意见,并构建"五专"营商环境服务体系,即"专班+专窗+专网+专员+专门机制",全面加强企业服务力量,优化服务体系、服务机制,实现共性问题制度化解决、个性问题责任化解决。2018 年 6 月 1 日设立以来,"五专"服务平台共受理涉营商环境事项 563 件,办结率为 96.7%,企业满意率为 91.6%。通过一系列举措,衢州营商环境不断优化,在 2018 年 8 月国家发改委发布的全国首个营商环境试评价结果中,衢州列北京、厦门、上海之后排在第四,地级市中排名首位。①

2. 撬动公共服务改革,提升服务体验。在全省全面深化改革大会上,车俊强调:"'最多跑一次'改革的出发点和落脚点是不断满足人民对美好生活的需要,让改革成果更多更公平惠及全省人民,我们要把这种理念和机制运用到社会体制、文化体制等改革中去,不断完善公共服务体系,提高公共服务水平,使人民群众真正看到实效、得到实惠。"② 按照此要求,衢州把个人生命周期划分为出生、就学、医疗、就业、退休等阶段,通过业务流程梳理,将多种情形、事项组合重构为群众眼中的"一件事",精简办理材料、优化办理流程、合并申请表单,建立"协同联办"机制,打通部门间办事环节,推进部门间、环节间的无缝对接、集成办理,实现"一件事"全流程"最多跑一次"。③ 在教育服务方面,推出优化教育服务入学报名"一网通"、转休复学"一张表"等"十个一"举措,有效解决入学报名、教育缴费、转休复学、家校互动、办学审批等

---

① 内部资料:《推进"三延伸"打造"最多跑一次"改革升级版——在全国两会上的发言参考》,2019 年 3 月 6 日。
② 浙江新闻:《高举改革大旗 扛起改革担当 当好新时代全面深化改革的排头兵——车俊在全省全面深化改革大会上的讲话》,2018 年 1 月 2 日,http://www.zj.gov.cn/art/2018/1/2/art_5522_2263375.html。
③ 梅玲玲、余锋:《群众办事 如同网购——衢州借力大数据加速"最多跑一次"》,《浙江日报》2019 年 10 月 18 日。

"十方面"热点、堵点问题，改革做法得到袁家军等多位省领导批示肯定；在婚育户改革方面，整合民政局的结婚登记、卫健委的生育登记、公安局的户籍信息变更与户口迁移等多个职能部门事项，通过"一窗受理、一表申请、内部流转、限时办结"的模式进行联办；在医疗结算方面，建立"一站式"结算平台，工会、民政局、退役军人事务局、财政局、商业保险公司等多单位的医疗费用报销均可通过平台在线结算；在殡葬改革方面，实行办理户口注销、养老保险和医疗保险个账及丧葬费、抚恤金申领、优抚对象丧葬补助金、住房公积金申领等事项联办；在人事流动方面，打通机构编制实名制管理系统、人事业务管理信息系统等5个部门系统，推动人员基本信息、职称文件、进编通知单、行政介绍信、工资审核表等材料共享，实现"一张表单通办、一个平台联办、一套电子印章审核、一个工作日办结、一次不跑办成"；在外事服务方面，设立涉外服务中心，为出入境证件、代办签证、涉外公证、出国金融以及外籍人员来衢工作、学习、生活办理各类事项提供联办服务；在退休审批方面，将社会保险经办业务类、视同缴费年限认定类、退休核准类、享受特殊退休待遇资格确认类共4大类19个与办理企业退休相关联的进行联办；在不动产交易登记方面，进一步将原住建的交易职能委托授权给不动产中心，并通过推行网上预审、远程办理，实现不动产交易登记30分钟出证和"一网通办"。[①]

公共服务涉及面广，业务量大，衢州坚持以群众的需求为导向，着力破解公共服务"最多跑一次"改革中的数据堵点问题。一方面，加强政府内部数据的整合管理。完善信息化综合平台，打通各条线数据，实现系统内部的数据集中化、业务处理网络化、决策科学化、流程智能化和服务便捷化，加快推进公共服务数字化转型。另一方面，归集一批长期以来数字化程度较低的数据信息，为群众办事提供了便利。为更好实现"一证通办"服务，针对群众办事需要提供婚姻情况证明、家庭住址证明等不便环节，创新方法，在全省率先推进婚姻登记数据筛查、电子签名工作，提高婚姻信息数据共享度；制定《衢州市本级地名数据归集方案》，开展实地采集缺失和不准确地名数据工作，截至2019年底，全市共归集地名

---

① 内部资料：《以"最多跑一次"改革为牵引 全力打造"中国营商环境最优城市"》，2019年7月23日。

数据31.2万余条,实现房屋交易和不动产登记中地名门牌全市通办。①

3. 撬动信访体制改革,构建和谐社会。信访部门往往被群众诟病为"中转站",将上访事件"一转了之",使来访者陷入"多头跑""等回音"的怪圈,导致上访群众怨气的"再生产"。对此,衢州按照"党建统领+智慧治理""整合联合+接待调解"的思路,创新成立人民来访接待调解中心,有效推动"最多跑一次"改革向信访工作延伸。柯城区在此方面进行了有益探索,率先打破传统的信访工作思维和模式,积极创新"一窗式受理、一站式接待、一条龙服务、一揽子解决"的"四个一"信访综治模式,推动环境、流程、机制、服务再造,重点打造"一主两副"联合接待调解架构,构建"大信访"格局。一是搭好中心主体架构。明确中心为区委、区政府各职能部门集中联合接待调解来访群众诉求的新增常设机构。二是搭建访调对接平台。强调人民调解参与上访问题化解,积极探索新的联合工作机制,将原来各自独立的部门和人员整合起来,协调联动,优势互补,大大提高了工作效率。三是丰富矛盾纠纷多元化解平台。依托ODR(法院在线矛盾纠纷多元化解工作室),持续深化"线上+线下"调解模式,建立远程视频、网络点单、网络分流的"互联网+"资源,推动信访、调解数字化转型,实现人民调解"面对面""键对键"。自2018年5月"信访超市"开张以来,已累计接待来访群众716批、1632人次,初次来访群众满意率91.95%,辖区上访量占全部上访量93.2%,进京赴省越级访同比下降39.8%,信访积案化解率达68.2%。2020年1—2月,发生去京访11人次、赴省访5人次,同比分别下降75.6%和83.9%,基本实现信访就地受理、矛盾属地化解。②

(三)向基层延伸

从市域治理出发审视"最多跑一次"改革会发现,由政务服务改革所撬动的整体性治理具有更深刻的社会意蕴,即除政府组织自身变革之外,更延伸到基层,重塑基层治理结构。通过"最多跑一次"改革,群

---

① 内部资料:《主动担当抓试点 勇于创新创特色 努力打造民政服务领域"最多跑一次"改革衢州模式》,2019年12月8日。
② 内部资料:《全国两会柯城区系列材料(四):柯城区创新打造"信访超市"推动群众信访"最多跑一次"、解决在基层》,2019年。

众办事效率大为提高,服务体验也有质的提升,但是依然存在一些问题。如城市社区物业管理经常会出现物业公司和业主相互扯皮,导致小区环境越来越差,影响了居民的正常生活。在农村群众有时候办事仍要多头跑、多次跑。现在农村里鳏寡孤独的老人比较多,智能手机不会用,也不方便出门办事。此外,将包括生态指导员、农村工作指导员、"第一书记"等帮扶、服务人员下派到基层,本意是为了实现上门服务"三农",但如何开展服务并未形成统一规范,使基层工作较为混乱,导致资源力量下放后,反而造成对基层工作的干扰,难以真正帮助基层解决实际问题,增加基层负担。对此,衢州在"最多跑一次"改革基础上,构建"党建统领+基层治理"体系,着力打通联系服务群众的"最后一公里",即按照"制度+技术""线上+线下""网络+网格"的思路,依托"最多跑一次"改革构建党建统领大联动、智慧治理大联动工作机制,推进市域社会治理体系和治理能力现代化。①

第一,将"最多跑一次"与"主"字型基层治理体系相结合。首先,做优市县一体、部门联动的"顶线"。建立市县一体、系统集成的综合指挥系统,成立市县大联动推进办公室,建设市大联动中心和县(市、区)分中心,中心内部搭建信息集成系统和联动指挥系统平台。其次,做强以块为主、条块联动的"中线"。按照条块联动、块抓条保,属地统领、捆绑考核的要求,结合基层治理"四个平台"(乡镇综治平台、市场监管平台、综合执法平台、便民服务平台)建设,推动部门关口前移、重心下移,资源下沉、权力下放,强化乡镇层级治理服务职能。再次,做实多网合一、干群联动的"底线"。按照"属地、整体、适度"原则,分类划定基础网格,实现"多网合一"。建立全科网格,充实网格力量,明确网格职责,实现党政各项工作资源在网格叠加、力量在网格沉淀、工作在网格联动、任务在网格落实。最后,将数字化技术嵌入基层治理体系,打通"竖线"。推进网格化、信息化、扁平化"多化融合",打造信息集成、联动指挥两大系统,以"钉钉"为载体提升服务"五度",即速度、广度、深度、精度和黏度。同时,将钉钉 APP 作为基层网格神经元,构建平台

---

① 内部资料:《关于实施党建统领和智慧治理大联动深化"最多跑一次"改革推进区域治理现代化的指导意见》(衢委法〔2017〕9 号)。

互通、信息共享、全面感知、智能调度、迅速精准的智慧大脑联网应用体系，形成线上线下联动机制，民有所呼、我有所应，上情下达、下情上达，成为打通"顶线、中线、底线"的"竖线"。

第二，深化技术整合，完善智慧治理系统。基层社会治理，事关一个国家、一个地区的繁荣稳定。衢州率先探索如何用"最多跑一次"改革理念，去撬动基层社会治理。衢州以全市统一的大数据中心为数据交换共享平台，以"雪亮工程一体化视联网"为超融合多媒体网络，以智慧联动 APP 为基层网格神经元，将浙江政务服务网、平安建设信息系统、12345 统一政务咨询投诉举报平台、"三民工程"E 掌通 APP 等系统进行整合，畅通上下联动指挥系统。积极配合浙江省政府办公厅开展基层治理协同平台开放试点，依托浙江政务服务网的基础设施、总体架构和标准规范，构建基层治理信息系统协同平台。按照统筹建设原则、集中部署原则，横向打通各部门基层专业信息系统，实现多渠道信息集中共享，突发事件综合指挥，形成上下联动、功能集成的一体化基层治理信息化体系，为实现综合指挥、全科网格、平台运行提供数据共享和技术支撑。

2017 年，衢州市开化县从 6 月 23 日起持续降雨，洪水汹涌来袭，威胁着 40 万群众的安全。"马金镇星田村积水已有半人多高。""何田乡禾丰村村口一幢二层楼房有老人被困，请立即前往救援。"……在县综合信息指挥中心大屏幕上，滚动播放着通过全县 3000 余个监控探头传回的实时画面。全县万余名网格员随时上传求救信息、现场灾情。县领导坐镇中心指挥调度，急切的救援、防灾命令通过电波传达到救援各处，有效控制住了灾情，保障了人民群众的生命和财产安全。这一案例所呈现的通过"雪亮工程"中的视频信息进行现场指挥、风险隐患预警、治安防控等情景，正是衢州市在深化"最多跑一次"改革中的创新：借助大数据分析和共享，让信息研判"数据化"、问题处置"精准化"，进而实现基层治理"智慧化"。①

第三，依托"最多跑一次"数据化基础，强化基层治理"一个大平台指挥"。一是乡镇层级设立综合指挥机构，实现一个乡镇一个平台指

---

① 党建网：《浙江衢州"三共一治"打通基层治理"最后一公里"》，2018 年 3 月 13 日，http：//www.wenming.cn/djw/djw2016sy/djw2016gddj/201803/t20180313_4619830.shtml.

挥，并与县级指挥平台互联互通。同时，推行全科网格"一张网"，打造全科网格，按照全域、全员、全程的理念，明确网格定位、网格划分、网格配置、网格职责、网格流程"五统一"。二是健全"一次办结"工作运行机制。实行扁平化管理，形成社会治理和网格事项的受理、分析、流转、处置、督办、反馈、考核的闭环管理机制。三是进一步建立健全咨询一次告知、事务一次办理、问题一次解决、服务一次到位的"一次办结"运行机制。

第四，实现居民"就近跑"和"零跑腿"。一是推进基层"一窗受理，集成服务"，乡村便民服务采取"乡村两级综合受理、县级后台分类审批、乡村两级统一出件"的政务服务和公共服务新模式，实现基层审批服务"最多跑一次"。二是建立全程代办机制，充分发挥乡村干部和网格员的咨询代办服务作用。如衢州常山县辉埠镇久泰弄村66岁的村民黄十五就享受到了"就近跑"带来的便利。在家门口的村级便民服务中心，村务员通过"基层治理四平台"，只用了两天时间就为她领回了老年人优待证。三是多地试点，打造村级服务便民服务中心"升级版"。在常山，村民们到村级服务窗口可办理422个民生事项，实现办事不出村。[①] 衢州市副市长、前衢州市行政服务中心主任田俊强调，"让群众就近办事，是'最多跑一次'改革的重要目标之一，也是我们工作的重点"。衢州通过优化各类服务网点的空间布局，在市民相对集中区域设立10多个服务点，在衢州绿色产业集聚区设立分中心，实现横向的就近跑；通过简政放权、资源下沉，将服务从市延伸到县（市、区）、乡镇、村（社区），实现了纵向的就近跑。[②] 衢州不断深化改革，实现了从少跑到近跑，并率先推出"零跑腿"。2019年5月4日上午，全省首张带有防伪二维码的建筑工程施工许可证电子证书在衢州诞生。办理施工许可审批时限从17.5天变为"立等可取"。

[①] 周天晓、谭伟东、金春华、李攀、毛广绘、余峰：《浩荡东风鼓千帆——衢州深化"最多跑一次"改革纪事》，《浙江日报》2018年5月14日。

[②] 周天晓、谭伟东、金春华、李攀、毛广绘、余峰：《浩荡东风鼓千帆——衢州深化"最多跑一次"改革纪事》，《浙江日报》2018年5月14日。

第三节　技术赋能整体性治理的价值与限度

"'最多跑一次'改革实现了横向分层的部门协调、利益调节及横向权力格局重塑，同时，将民众的视角和观点广泛融入到政策治理中并演化成改革的主要动力，这构成了新时代行政治理的一个重要特点。此外，回应性的'数字化简平治理'同样构成了改革的一个重要特征，运用数字化的技术手段，一种复杂性化约的治理模态正在深刻改变着民众与科层官僚制机构的互动方式。"[①]"最多跑一次"改革集制度设计与数字技术运用于一体，是整体性治理理念的重要实践，对于统筹推进地方治理现代化建设具有重要的现实意义。

一　技术嵌入、系统集成与整体性治理

数字时代的数据共享是一次重大的系统性创新，其背后蕴含着丰富且深刻的有关理念转变、权力整合、流程再造以及方式融合的内在逻辑。[②]"最多跑一次"改革以数据共享为基础，其涉及的系统性创新是在技术嵌入与结构重构的互动中逐渐形成的。

（一）技术赋能促推行政整合

奥尔加等学者于2007年发表《技术嵌入与组织变革》一文，提出了技术嵌入理论，从中观和微观层面具体揭示了技术应用引发制度变革的实现过程。其认为，嵌入"描述了技术应用是如何赋予组织构成要素以物质构成的；当组织的构成要素嵌入技术之后，其物质层面将会影响到其表面的行为层面"[③]。"最多跑一次"改革是数字化信息技术嵌入政府组织结构的具体实践，通过在线协作与数据共享促使政府部门重构联结机制并实现职能优化整合。郁建兴等学者也认为，"最多跑一次"改革的经验在于运用技术革新推动行政整合，通过数字技术的嵌入，推动数据共享，倒逼

[①] 刘涛：《数字时代的"简平治理"》，《社会科学文摘》2019年第10期。

[②] 皇甫鑫、丁沙沙：《数据共享、系统性创新与地方政府效能提升——基于浙江省"最多跑一次改革"案例》，《中共福建省委党校学报》2019年第4期。

[③] Volkoff O., Strong D. M., Elmes M. B., "Technological embeddedness and organizational change", *Organization Science*, 2007, 18 (05), pp.749–883.

政府组织结构改革与内部流程重构，使部门职能实现从空间集合到功能整合的跨越，改变传统行政整合的方式。①

技术嵌入从根本上来说是一种新的思维方式、组织结构与能力的嵌入，意味着以技术逻辑和技术赋能性为组织成员提供新的行为规则与解决问题的能力，重塑成员的行为模式与思维模式。② 以政务服务改革为切入点的"最多跑一次"改革，将互联网思维带入了政府行为。互联网思维实质上是整体性思维，强调连接分散化的个体，实现信息流通，降低交易成本和避免闲置资源的浪费。"最多跑一次"改革把基于数字化信息技术作为推进、巩固改革的重要工具，通过建立在线政务服务系统，有效整合跨部门事务的行政流程，并推进跨部门的信息共享。

数字技术使政府各系统之间的信息交互和联动成为可能。数据隐含着权力，暗藏着信息，让"数据多跑步，群众少跑步"是一种新的治理思路和治理技术。在以行政服务中心建设为主要内容的传统政务服务改革中，所实现的职能归并尚停留于单部门内的改变，"最多跑一次"改革则打破部门界限、实现行政效率和服务绩效质的飞跃，真正实现"数据部门间网上走"③。衢州以政务服务网为平台，建立智能化政务流程管理和优化平台，为各部门信息系统提供交互渠道，针对需要跨部门协调的事件建立起新的互动连接，使各职能部门能够协同办理政务事项。数字化信息技术的嵌入为各部门在线协调办公提供了可能，依托于数字化技术推动，实现了以事项为载体的跨部门流程再造。

（二）系统集成促成整体性框架

"技术进步使得整体性政府的体制变革成为可能，但成功的技术赋能仍然需要回应、解决大型科层制组织内部的协调难题。"④ 数字化信息技术的嵌入为"最多跑一次"改革扫清了技术性阻碍，但需要注意的是，

---

① 郁建兴等：《"最多跑一次"浙江经验中国方案》，中国人民大学出版社2019年版，第247页。
② 邵娜、张宇：《政府治理中的"大数据"嵌入：理论、结构与能力》，《电子政务》2018年第11期。
③ 邓念国：《"放管服"改革中政务大数据共享的壁垒及其破解——以"最多跑一次"改革为考察对象》，《天津行政学院学报》2018年第1期。
④ 郁建兴等：《"最多跑一次"浙江经验中国方案》，中国人民大学出版社2019年版，第229页。

数字技术并不是改革成功的决定性原因。"组织是技术创新与应用的主要力量，也是治理的重要组成部分。治理不再只是社会关系的秩序建构与维系，还包括技术与社会之间的秩序建构与维系，是一个对技术与社会双重治理的混合体。"① 政府作为一种特殊组织，其与技术的互动不是简单的双向互塑过程，而是深受科层与制度体系的规制。就此而言，"最多跑一次"改革得以成功，除技术支撑外，更为关键的是行政科层体系的内部调适与自我构塑。

衢州"最多跑一次"改革的重要标志是"一窗受理，集成服务"。集成服务强调部门之间的协调，通过数据共享提高行政审批的效率，依托综合政务服务平台实现审批业务、审批数据、政务服务的集成，实现由集中审批到集成服务。② 一般而言，部门整合与集成服务具有相似内涵，但也存在一定区分。前者强调部门合作联动的过程，后者强调部门联动的效果状态。就此意义而言，"最多跑一次"改革的集成服务集中体现为以"一件事"为载体呈现的各部门协作的整体性治理框架。如前所述，"一件事"重新整合自身与其他部门之间的行政权力与流程，触及各部门的核心利益，非技术所能解决，只能依靠自上而下的行政整合和制度保障。

集成服务的实现不仅代表着政务服务改革的成功，更为重要的是为政府公共服务模式的全面升级提供了样板，以之撬动了其他领域的革新，如衢州市柯城区推出的信访工作"最多跑一次"、村社基层治理推进的"最多跑一地"（居民有问题就近到村社、乡镇任一层级或地方获得解决）等。总之，"最多跑一次"改革最直接的影响是在政务服务领域促进各部门整合，并实现集成服务，以倒逼政府其他领域推进相关系统的集成与协作，从而使整体性治理框架从某一具体领域向全域扩散，即从政府自身治理扩散到社会治理，搭建起覆盖全域的整体性治理框架。

二 "最多跑一次"改革影响与成效

衢州自开展"最多跑一次"改革以来，产生了良好社会效益。其率

---

① 邱泽奇：《技术化社会治理的异步困境》，《社会发展研究》2018 年第 4 期。
② 艾琳、王刚、张卫清：《由集中审批到集成服务——行政审批制度改革的路径选择与政务服务中心的发展趋势》，《中国行政管理》2014 年第 4 期。

先探索的"一窗受理,集成服务"模式成为浙江省"最多跑一次"的实践样板,有力助推了全省"最多跑一次"改革的实践进程。"最多跑一次"改革是建构服务型政府的重要内容,改革以群众需求为导向,致力于提升群众满意度,有效解决了以前到政府办事"门难进""脸难看"等诸多问题,重塑了政府形象,拉近了政府与民众之间的距离,同时也释放了市场和社会空间,为经济发展和社会发育营造了良好的制度环境。更为重要的是,这是一场"刀刃向内"的政府自我革命,以政务服务改革为突破口,坚持超越政府中心主义的治理逻辑撬动了其他领域特别是基层治理体系变革,建立起整体性治理框架。衢州市委书记徐文光强调:"'最多跑一次'是一种理念一种标准、一个切入点一个突破口。最关键是打破部门壁垒与'信息孤岛',实现信息互通、数据共享,让数据多跑路、让群众少跑腿;最深层是思想、观念、组织、制度、文化的创新变革,突破传统体制机制障碍,激发经济社会发展活力;最终目的是提升治理体系和治理能力现代化水平,以政府自身的转型来引领和倒逼经济社会发展的转型。"①

(一)优化行政审批服务流程

"最多跑一次"改革基本实现了以"数据跑动"代替群众跑动,极大地提升了群众办事的服务体验。一是通过"综合受理窗口",使群众办事不用到各窗口来回奔波,按6个板块测算,群众办事平均少跑3个窗口、6次以上,如群众办理不动产登记业务由原来3个窗口跑8次变为1个窗口跑1次,并实现60分钟出证。二是通过线上数据共享和精简共性材料,6个板块群众办事申报材料平均减少10份以上,如公积金贷款业务原先需提交15份材料,目前,各类证明直接从平台调取,贷款业务跨入无证明时代,群众只需携带身份证和购房资料即可办理贷款业务,真正实现"无证明办理"。三是通过线上线下流程再造,"串联审批"变为"并联审批"和推行"容缺受理"后,审批效率大幅提高,6个板块平均审批时限缩短75%以上。如投资项目审批,一般项目图审从2—3个月压缩到10—15天,项目综合验收总时长由3个月压缩到1个月。四是通过以人

---

① 翁浩浩:《"最多跑一次"如何再发力——全国人大代表、衢州市委书记徐文光》,《浙江日报》2018年3月10日。

为本的改革和贴心的服务，群众满意度大大提高，自2016年9月20日启动"最多跑一次"改革至今，中心办理"一窗受理"事项超过50万件，实现了"零投诉"，群众满意率达99.37%。①

（二）超越部门主义

"一窗受理、集成服务"改革对以往诸多改革所遇瓶颈实现了一定突破。以往的行政审批改革多局限于物理空间整合、部门协作和流程再造等，但由于未形成整体性统筹框架，导致推进过程中阻力较大，成效有限。"最多跑一次"改革的特殊性在于由地方政府高位推动，是一场因服务于当前推进治理体系和治理能力现代化目标而由党委、政府自行发起的自我革命。② 因此，此项改革的行政整合能力较强，对政府条线的行政职能进行系统性梳理，将重复职能整合为一处，实现了政府"瘦身"，同时制定流程标准，为优化审批服务流程创造了条件。

第一，突破了传统审批模式。传统审批模式遵循部门主义行动逻辑，即强调部门职能，各职能部门只办理自己职权范围内的事项，这是群众办事需要在多部门间重复往返的制度性基础。"最多跑一次"改革以"一窗受理"为切入点，推进系统集成，建立起统一受理、按责转办、限时办结、统一督办、评价反馈的业务闭环，优化了职能资源配置，重构了行政管理流程。

第二，在破除部门数据壁垒方面取得了一定成效。众所周知，破除部门数据壁垒的难点从来不是技术，而在于部门协作。"最多跑一次"改革由省委发起，纵向统合能力较强。2017年4月12日，衢州举办"最多跑一次"改革推进会，车俊出席现场会，他强调要坚持需求导向、效果导向，不断提升效能、优化服务，提升企业和群众获得感。③ 这为破除部门壁垒提供了重量级的行政资源。同年5月24日，省政府召开专题会议，

---

① 人民网：《以"一窗受理 集成服务"领跑"最多跑一次"改革——浙江省衢州市行政服务中心案例》，2017年07月19日，http://dangjian.people.com.cn/n1/2017/0719/c413386-29415764.html。

② 《让"最多跑一次"改革跑得更远——访中国行政体制改革研究会副会长许耀桐》，浙江在线，2018年3月9日。

③ 《车俊："最多跑一次"改革要件件落地见效》，2017年4月12日，浙江在线，https://zjnews.zjol.com.cn/gaoceng_developments/cj/newest/201704/t20170412_3450575.shtml。

重点研究打破"信息孤岛",实现数据共享,加快推进"最多跑一次"改革。① 自上而下的行政支撑,为强化部门联动,破除数据壁垒提供了可能性。在扫除体制性阻碍后,衢州依托数据化信息技术建设行政审批大数据交换共享平台,打通了各类专网、专库与政务服务网平台之间的信息"屏障",实现了信息共享,为全面推进审批表单电子化和流程再造、提速提效提供了技术保障。② 此外,"最多跑一次"改革也在一定程度上突破了"条块分割"格局,即从过去依据"每个部门所负责的审批环节"设计操作流程,到现在按照"群众要办理的整个事情"设计操作流程,打破了部门条块分割,实现了审批提速提质。

第三,拓展外延,撬动市域治理。"最多跑一次"改革不只是政务服务改革,而是涉及以市域为治理单元的整体性变革。如同衢州市委书记徐文光所言,"最多跑一次"是一种理念、一种标准、一个切入点、一个突破口,而更为深层次的是思想、观念、组织、制度、文化的创新变革。衢州以"最多跑一次"改革为起点,不仅建构起政府各部门间的协调联动机制,更为重要的是以其理念与原则不断撬动其他领域的体制改革,从而推进市域整体性治理。"最多跑一次"改革的一大创新是提出"一件事"的改革逻辑,改变传统部门本位主义思想。"'最多跑一次'改革要求各部门打破'山头主义',以'一件事'为核心重新整合自身与其他部门之间的行政权力与流程,确保民众只需要找到牵头办事机构,就能够一次性办成政务服务的具体事项。"③ 一般而言,面对群众诉求,部门的注意力一般被框定在自己的职权范围内,超出范围的需要群众到其他部门处理,导致群众办一件事需要往返于多个职能部门。而且由于政府部门职能存在一定交叉,容易产生相互扯皮等现象,导致办事效率低下。"最多跑一次"改革通过"一件事"重构政府办事流程,即超越部门本位主义,以居民办理事项作为政府行动依据,倒逼政府内部进行改革,建构整体性政府。在"最多跑一次"改革获取重要成果之后,衢州将此原则运用于其

---

① 余勤:《袁家军在推进"最多跑一次"改革专题会议上强调 打破信息孤岛 实现数据共享以钉钉子精神推动改革落地见效》,《浙江日报》2017年5月25日。
② 蓝晨:《衢州,挥写"最多跑一次"的浙江代表作》,《衢州日报》2010年4月11日。
③ 郁建兴等:《"最多跑一次"浙江经验中国方案》,中国人民大学出版社2019年版,第59页。

他领域，促推政府进行系统性变革，从政务服务领域不断向外扩展，形成市域整体性治理框架。

（三）实现数字技术与基层治理有机嵌合

各地将网格化治理级联动等与"最多跑一次"改革相结合，为进一步推进基层治理创新发展提供了条件。在"最多跑一次"改革牵引下，衢州通过授权、委托等放权方式，逐步打通审批层级，消除地域限制，构建审批服务"市镇同权、全城通办"新格局；依托办事网络延伸，加强县、乡镇、村三级联动，最大限度的向村社下放受理权、初审权。[①] 依托于"最多跑一次"改革，衢州不断完善基层治理结构，将党建统领与"四个平台"建设、全科网格深度融合，持续推动政务资源下倾、服务机制下延，"家门口"式的社区服务成为基层治理的新常态。一是"群众办事不出村"，让服务更贴心，全方位推动资源向村社配置，直接办、代理办和指导办极大提高群众办事效率。二是村社工作人员"全岗通"，让服务更高效。通过"全岗通"推动村社工作人员向"一岗多能、全岗全能"转型，公共服务从条线式服务变为"综合岗"轮值服务，而工作人员非轮值期间化身为网格员，优化网格力量配置。三是"网格+窗口"机制，让服务更靠前，每名网格员就是一个移动的代办服务点，重点面向老、弱、病、残等弱势群体，打造"人在网中走、事在网中办"的新模式。[②]

三 技术嵌入行政改革的限度

个体化行动的无穷性、场景化行动的无限性，使技术与规则迭代的异步性成为社会治理面对的真正困境。[③] 除滞后性外，技术治理的局限性主要体现在技术与结构、制度的互动中，主要体现为条块分割与"信息孤岛"问题，这是各国政府面临的普遍性问题。

"最多跑一次"改革依托数字化信息技术促推政府体制搭建整体性治理框架，"以整治碎"整合碎片、重复的部门职能，取得了良好成效。但

---

① 郁建兴等：《"最多跑一次"浙江经验中国方案》，中国人民大学出版社2019年版，第108页。

② 郁建兴等：《"最多跑一次"浙江经验中国方案》，中国人民大学出版社2019年版，第109页。

③ 邱泽奇：《技术化社会治理的异步困境》，《社会发展研究》2018年第4期。

是,"最多跑一次"改革亦难以触动部门条块管理的体制性矛盾。"最多跑一次"改革存在削减部门集体权益的现实压力,同时存在引发更为彻底的管理体制变革的系统性风险,因此,部门利益相关者如何维系现行体制不发生质变,既迎合改革又不至于使职能内核和管理体系发生剧烈动荡,成为各部门把握整个改革范畴和深度的艺术。以"一窗受理,集成服务"为内容的技术治理仍难以完全避免"条块分割"藩篱。衢州市行政服务中心在改革中将主要审批业务分为六大模块,便是根据职能分工的相似性或一致性做出的调整。对入驻部门,行政服务中心仅具有一定的考核权,而缺乏实际有效的监督管理权限。而且,在多轮改革之后,衢州市行政服务中心如何避免和其他部门一样的部门意识和部门利益,也是"最多跑一次"改革需要面对的挑战。[1] 条块分割势必导致"信息孤岛",打破各部门的"信息孤岛"、实现数据共享,是"最多跑一次"改革的命脉所在。依托自上而下的行政整合,衢州"最多跑一次"改革在突破"信息孤岛"方面成效斐然。但是,各部门基于自身利益和信息安全考量,在数据共享方面较为保守,导致共享数据的质量存在一定问题,如数据信息不完整、数据信息难关联、数据存在区域性限制等,这仍需进一步深化改革去逐一破解。

---

[1] 中共衢州市委党校、衢州行政学院:《"最多跑一次"改革的衢州实践与未来设计》,科学出版社2018年,第183—184页。

第三部分

技术治理样态：智慧社区与治理转型

现今，网络技术方兴未艾，已然显现出对日常生活的全面渗透，其与社会治理的融合也已成为治理现代化的基本趋势。对于技术在治理中的应用早已不是担忧与恐惧，而是不断地在反思与创新：网络技术嵌入社会治理时其位置应在何处，治理的目的应是什么？在整体的社会转型过程中，基层治理仍面临着主体联结断裂、治理价值缺位等问题，我们相信智慧社区的建设是基层治理的一个确定方向且能够回应转型期中出现的种种治理问题。网络技术的应用在其中不可或缺，但若仅是将网络技术在智慧社区建设中作为目的去追求，那显然会南辕北辙；网络技术应当是推动基层治理运行与革新的有力支撑，为治理赋能、赋智，使治理面向社会、面向未来。本部分选取了衢州基层技术治理实践的四个优秀案例，均是以智慧社区建设为依托，通过技术建构与治理协调回应了基层治理体系构建过程中所遇到的问题。水亭门街区通过网络技术赋能街区转型从而实现公共空间再造，激活了城市公共性；"邻礼通"则证明在原子化的城市社区，数字技术可以使邻里居民建立新的社会性联结，从而重塑社区共同体；"村情通"则借助技术革新实现村落干群关系的去塞求通，畅通村落组织关系推动乡村善治；"超级网格"是为应对新冠疫情造成的非常态社会而对传统网格进行的紧急升级，其成为基层防疫中信息治理的有效承载。上述这些技术治理样态对治理转型与现代化治理体系的构建提供了有益的借鉴，也让我们看到了未来智慧社区建设的多种可能。

第 五 章

技术赋能与街区公共性再造

　　街区是构成城市基础物质和社会环境的面状单元，具有较强的向心性、独立性和完整性。美国社会学家雷·奥登博格（Ray Oldenburg）将街区或社区内人们开展非正式交往、相互分享、建立并表达共同体归属的那些场所，称之为家居和工作场所之外的"第三场所"，但这些极具公共性的场所在消费文化的影响下正在逐渐走向衰落，取而代之的则是超大型的商业综合体、写字楼、整体划一的机动车道。从公共性转型的视角出发，作为现代性表征的标准化与规模化生产消费空间的扩张看似创构了巨大的"公共空间"，实则正在不断侵蚀与消解人们基于真实社会生活世界互动而生成的"公共性"。因此，在现代街区建设人文化转向的背景下，公共空间的营造与公共性的培育便成为当下城市街区发展必须直面的问题。本章以衢州水亭门街区更新改造为例，详细阐释了数字技术的运用是如何有效嵌入街区更新改造的过程，进而推动了街区公共性的转型与再造：第一部分从公共性理论脉络的梳理着手，缕析了街区更新过程中公共性建构的基本内涵及其与技术治理的关系；第二部分以街区长时段历史发展过程为背景，剖析街区公共性演变的不同阶段以及数字技术运用过程中新的发展契机，并将数字技术嵌入背景下街区公共性结构多维度展开与激活重构作为论述重点；第三部分进一步讨论了街区公共性激活背后的技术逻辑，以及技术赋能街区公共性再造的掣肘和进路，从而为探讨历史街区的公共性重构与回归提供可能的经验与理论参照。

第一节　街区公共性重构中的技术追问

"作为一种'共同体'的生活形态，传统城市街道社区建立在特定地域空间和情感基础之上，形成清晰而稳定的生活层次和社区结构，是社区居民出入相友、守望相助、疾病相恤、有无相通的社会基本单元，通过归属感、安全感、认同感建立共同意识和公共价值。"[1] 当城市建设以经济发展为重心，街区人口流动性与异质性加强，基于长期共同生活交往而形成的街区公共性逐渐衰解，街区"地域共同体"也随之转变为"脱域共同体"。为激活街区活力，世界各国纷纷展开街区更新实践，其中"人文"与"技术"相结合的"智慧城市"理念受到青睐。

一　公共性理论演变及本土化

关于公共空间与公共性的理论研究，最早是由西方学者提出并持续深化，其中最具代表性的便是汉娜·阿伦特（Hannah Arendt）、哈贝马斯（Jurgen Harbormas）和理查德·桑内特（Richard Sennett）三位学者，他们分别代表了西方公共理论的三种不同观点。阿伦特最早对公共空间概念进行了界定与论述，她认为公共空间是由一个"他人"与"我"之行动者共同参与而形成的共同之"自我展现"的场域。在公共空间内，"正是为了这个表现卓越的机会和出于对这样一种让所有人都有机会显示自己的政治体的热爱，每个人才多多少少地愿意分担审判、辩护和处理公共事务的责任"[2]。所以，她进一步指出"只有公共领域的存在，和世界随之转化为一个使人们聚拢起来和彼此联系的事物的共同体，才完全依赖于持久性"[3]。因此，在公共领域中的交往与展示便成为公共的基本内涵。应该强调，阿伦特对公共空间与人类行动的思考是基于政治哲学的理论辨思和应然期许。哈贝马斯关于公共领域的思想最初来自于阿伦特[4]，但哈贝马

---

[1] 李昊：《公共性的旁落与唤醒——基于空间正义的内城街道社区更新治理价值范式》，《规划师》2018年第2期。
[2] [美]汉娜·阿伦特：《人的境况》，王寅丽译，上海人民出版社2017年版，第27页。
[3] [美]汉娜·阿伦特：《人的境况》，王寅丽译，上海人民出版社2017年版，第36页。
[4] 陈高华：《行动、自由与公共领域——论阿伦特的政治观》，《学术研究》2008年第11期。

斯对公共领域的论述仍然与阿伦特有诸多不同。哈贝马斯从考察资产阶级公共领域结构转型的历史脉络着手,指出资产阶级公共领域已经发生结构性转变,国家和社会相互渗透、公共领域和私人领域的分野模糊了,人们的公共意识越发衰减,愈加无法达到超越个体经济利益的沟通理性互动的状态,行为者愈发难以相互沟通以实现行为的协调一致,并深为经济利益的分化所累。由此,他将之称为生活世界的殖民化。① 桑内特则从"公共人衰落"的角度展开论述,他认为,现代社会普遍存在的自我迷恋是公共生活衰落的原因。当世俗主义和资本主义在社会中涌现时,公共生活和私人生活是平衡的,但随着人们慢慢迷恋于私人生活的亲密性,乃至妄图使它入侵公共生活,这便使得人们的公共空间意识一步步弱化。② 通过对三位理论家关于公共空间和公共性理论的梳理可以发现,公共空间与公共性是不可分割的,作为一种社会特质表征的公共性,其本质在于公开性、交往性与真实性,而他们所认定的理想社会正是一个公共领域扩张和公共性富藏的社会,他们所悲恸的都是这种公共意识的衰落,期望的则是公共空间与公共性的重建。

应该强调,受传统历史文化和独特现代化路径的影响,东亚国家和地区的公共性结构具有明显不同的特质。日本学者黑田由彦详细分析了日本公共性转型的过程,他认为在不同的历史时期,政府与社会力量的消长进退关系是日本公共性转型的关键变量,而日本经历了由国家公共性向市民公共性的成功转型。③ 与日本公共性转型类似,韩国在经历了两次公共性危机之后,强调由国家之"公"与社会之"共"的对抗关系到能动平衡关系的转换成为其本土公共性重建的核心内涵。④ 黄宗智关于中国公共空间的论述是从其对作为政府与社会合作互动的"第三域"的非正式治理之意涵的考察开始,他在分析帝国的"集权的简约治理"逻辑时指出,

---

① 刘少杰:《后现代西方社会学理论》,社会科学文献出版社2002年版,第328—329页。
② [美]理查德·桑内特:《公共人的衰落》,李继宏译,上海译文出版社2008年版,第424页。
③ [日]黑田由彦、单联成:《日本现代化进程中公共性的构造转换》,《吉林大学社会科学学报》2005年第6期。
④ 芦恒:《东亚公共性重建与社会发展:以中韩社会转型为中心》,社会科学文献出版社2016年版,第23页。

正是由于中央高度集权的要求与官僚体系行政权威分割的矛盾，才使得国家治理需要一个简约的正式官僚机构与冗杂的准官员群体在"第三域"的有效配合，在此领域中，国家力量与社会力量协同联动，共同实现基层公共事务的治理，由此实现了乡村社会的"简约治理"。① 不难发现，学界关于东亚社会公共空间和公共性的探讨普遍被置于国家—社会关系的分析框架中去考量，因此，有学者将东亚公共性特质总结为：首先，东亚公共性是以"官"为主体，政府是推动公共性建设的主要力量；其次，东亚公共性体现出极强的实用性，其往往以公共事业为依托来增进社会福利，实现社会价值；再次，非对抗性是东亚公共性又一重要特质，表现为行政公权与市民的一致性。② 正是从东西公共理论话语的比对交流中，学界诸多研究聚焦到更为具体的茶馆、市场、网络等公共空间形态及其内部公共性建构的讨论当中，这不仅为我们理解当前我国社会公共性的基本特质和结构类型提供了视角方法，同时也为我们展开具体实证分析提供了样本与借鉴。

二 城市更新中街区公共性的"旁落"

街区作为城市物质和社会环境的基本单元，一方面承载着交通、工作、商业等功能，另一方面也是居民生活、休闲、交往的主要空间，其对于城市内部公共生活的展开至关重要。在快速城市化的进程中，越来越多的人集中到城市生活，过密化的生活空间并没有推动社会道德密度和社会整合力度的增加，而是造成了前所未有的社会分化与区隔。从空间社会学的理论视角出发，作为城市社会空间重要组成部分的街区为城市增量发展让步，城市之中的公共空间逐渐被挤压，人们更多选择退居私人空间，街区空间的供给不足、价值异化、空间品质与生活质量脱节等问题导致街区公共性走向"旁落"。

具体而言，在城市化发展过程之中，街区公共性衰落主要由以下几个

---

① 黄宗智：《集权的简约治理——中国以准官员和纠纷解决为主的半正式基层行政》，《开放时代》2008 年第 2 期。
② 田毅鹏：《东亚"新发展主义"研究》，中国社会科学出版社 2009 年版，第 166—167 页。

原因组成：其一，理性主义规划思维。工业社会初期在理性主义规划思潮的影响下，为追求生产效率的提升，城市空间被划分为居住型、工作型、休闲型等不同功能区域，彼此相隔。这种理性秩序的追求牺牲了城市生活的人文性、交往性和多样性，结果导致街道、小区等空间被迫转变为封闭的空间，加深了社会阶层的分化与心理区隔；同时长距离、块状的空间结构增多，使得空间在布局之初就丧失了公共空间多样性的生发环境，导致了街区日常生活的"荒漠化"，扼杀了街区活力与生机。其二，公共意识的淡薄。"'公共性'的发育有赖于一个社会在制度、文化和心理层面形成关于'公'与'私'及二者之间关系的合理安排，虽然'公共性'是现代诸社会的共性，但是，由于现代社会的高度分化，不同利益和价值的群体在'公共性'的认知和作用方面必然存在一些争论。"[①] 对于公共性的认知错位以及东亚传统文化中的"大公共性"思想，导致契合现代街区治理的"自主型公共性"发展缓慢。其三，公共生活的衰落。桑内特指出随着城市异质性特征的加强，人们天生的保护意识会使他们自觉地裹藏于自己构筑的"蜗壳"之中，也就是说由生产方式变革带来"市场经济"，促使城市由"熟人社会"转向"个体化"，生活之中的公私界限变得模糊，导致个人生活逐渐向私人化靠拢。循上而言，城市更新背景下街区公共性的培育与建设正面临着多方面的难题。

三 技术治理与街区公共性建构

在我国迅速工业化和城市化的发展进程当中，一方面不合理的发展模式导致城市空间呈现碎片化格局，另一方面现代生活中原子化个体的产生和陌生人社会的发育使得城市社会公共生活出现危机，如何对碎片化城市空间格局进行修补并为其培育公共内涵，便成为城市建设必须面对的发展命题。应该指出，这种伴随现代性发展而产生的"城市病"，早在20世纪60年代便在西方社会引发了广泛的关注。其中意大利建筑师阿尔多·罗西（Aldo Rossi）提出应将时间维度引入城市建设之中，认为城市是群体记忆的场所，城市建筑的人文价值应该受到关注。20世纪80年代在美

[①] 李友梅、肖瑛、黄晓春：《当代中国社会建设的公共性困境及其超越》，《中国社会科学》2012年第4期。

国也兴起了"新城市主义"（New Urbanism），其在充分肯定传统邻里关联的社区形式基础上，提倡应推进城市土地的混合利用、发展以公共交通为主导的多元交通模式、建设步行友好邻里生活圈，从而与机能主义城市建设的理念相区别。由此可见，虽然传统的理性规划将城市分裂为彼此相互独立的空间，扼杀了城市空间的多样性与复杂性，但是新的城市更新思潮在对其反思批判中，为解决城市问题提供了新的思路与有效路径。"如何通过持续性、常态化的更新举措，修正大尺度、大手笔规划建设的错误，恢复城市品格和属性，还给市民一个舒适惬意并充满活力的生活环境，是城市设计者当前应积极面对和思考的重要问题。"[1]

进入 21 世纪以来，信息技术逐渐被运用到街区治理与服务实践过程中。2008 年 IBM 公司首次提出"智慧城市"理念，旨在尝试运用科技的力量重塑城市之中各个系统，在智能化改造的基础上连接人与人之间的距离，进而让人类更加便捷、高效地生活。随后不久，世界各地便掀起了"智慧城市"建设浪潮。在 2015 年《政府工作报告》中，我国首次提出要发展"智慧城市"，紧接着在 2016 年召开的"中央城市工作会议"中进一步提出"要创新规划理念，改进规划方法，把以人为本、尊重自然、传承历史、绿色低碳等理念融入城市规划全程，优化城市空间布局和形态……同时创新城市治理方式，加强城市管理和服务体系建设，促进大数据、物联网、云计算等现代信息技术与城市管理服务融合，提升城市治理水平，将'街区制'作为中央着力解决'城市病'的重大举措"[2]。

基于此，有学者指出，"面对现代科技和西方规划思潮掌握话语的今天，街区作为城市文化的物质承载系统，诠释本土文化，演绎营造智慧，在碰撞中实现中国历史文化在空间上的转译，进而塑造更有活力、更具有东方特色和鲜明时代特征的街区模式是当前的发展路径"[3]。从技术赋能与街区公共性建构的关系出发，在未来街区规划逐渐转向以提升居民公共

---

[1] 耿跃：《激发城市活力的街道人性化转型探索——以墨尔本为例》，《建筑与文化》2020 年第 3 期。
[2] 新华社：《中共中央国务院关于进一步加强城市规划建设管理工作的若干意见》，2016 年 2 月 21 日，http://www.gov.cn/zhengce/2016-02/21/content_5044367.htm。
[3] 徐苏宁、刘羿伯、李国杰、刘妍：《城市社会变迁条件下的中国街区模式演进及变革动因探析》，《城市发展研究》2019 年第 10 期。

生活品质为目的的交互式规划的背景下，以大数据、人工智能、5G 为表征的现代技术正在为城市最具潜力的公共空间——街区注入新的活力。但我们不应忽视的是，"智慧城市"和"智慧街区"建设如果仅仅关注硬件技术的发展而忽视"人的主体"，就没有触及技术治理的本质。同时，街区的智慧化建设同样不等于将信息技术单纯功用性嵌入街区空间治理之中，而应是在以人为中心的前提下实现技术的"增权赋能"，规避"技术异化"对人的消解。因此，如何选择有效的治理工具，并综合运用互联网、大数据、人工智能等信息技术推动街区公共空间与公共性建构，从而实现街区技术治理形式与人文价值导向的统一，这便成为提升街区善治的重中之重。

第二节　技术嵌入与街区公共性多维结构的展开

不同于作为居民最基本生活单元的社区，街区包含了更为复杂多样的行动主体、结构要素与交往关系。因而，从空间变迁与公共性结构转型的关系视角来看，我们不难发现在街区的空间形态转型的过程中，其公共性结构也随之发生着相应的变化。技术赋能的街区转型不是以技术思维主导的独立智能领域，而是一个协同运作的有机生态系统，在这个系统中，街区以信息技术创新为触媒，一方面借由智慧化平台和手段积极破解街区治理难题，提升街区的专业化服务水平，实现治理和服务的重心下移；另一方面则通过街区公共空间的营造和街区居民互动方式的塑造，推动街区公共性的转型与重构。

一　街区空间演变与公共性结构变迁

衢州素有"帝王之陈迹，圣贤之芳躅"之美誉，1994 年被评选为古迹型"中国历史文化名城"，水亭门街区位于衢州老城区西北隅，是衢州古城内现存的两处历史古街之一，街区内文化遗产丰富，共有文物保护单位 13 处，历史建筑近 40 处，重点保护范围 7.7 公顷。水亭门街区"因古城门外水坪建有捲雪亭,衢江水从亭下流过"[①] 而得名。民间还流传一个版本:水亭街时常积水,如果赶上衢江涨水,则会漫过大埠,流入大街,所以有"水亭街,街停水,街亭水不停"。在衢州古城形成之前,汉代就有守军在峥嵘山口驻军,峥嵘山西隅的衢江东岸就有古埠存在,江渡口临水筑亭,供过河渡客待渡,江边渡亭被习惯性称为水亭,经年累月遂被习惯性指代水亭门区域。[②] 从长时段历史进程来看,伴随水亭门街区空间结构和社会功能的演变,其公共性类型与结构也经历了多阶段的变化,大致可分为以下三个阶段。

第一个阶段,是伴随码头商贸物流而兴起的区域公共性。衢州古城周围水系发达,衢江三条支流于古城城下汇合,水量丰富,水亭门既是出城要道也是钱塘江上重要的航运枢纽。南宋以来,边界贸易十分活跃,民间经济往来频率增加。当时,福州的丝绸、漳州的纱绢、泉州进口的青花料、福延的铁、福兴的荔枝、顺昌的纸,经由分水岭和浦城小关,输入到吴越地区,足见水亭之繁盛。因沿海倭寇时常入侵,明代自洪武十六年起实行闭关锁国政策,至隆庆六年才解禁。此时的丝绸、瓷器、棉麻茶叶等大宗商品经由钱塘江到常山登陆,经草坪转入江西、下信江到福州、广州等通商口岸,相对的海外物资货品也由这条线路运输至中原地区。从宋朝一直到清朝末年,在公路铁路兴盛之前,繁忙的水运使这里成为衢州古城最繁华的街道之一,为水亭码头赢得"天下三十六码头之一"的称谓。码头运输的兴盛,一方面,使得衢州获得了极好的经济发展条件,为市井文化的繁荣奠定了基础;另一方面,来自五湖四海、各个阶层人群的集散转输更是促进了区域之间的文化交流传播,使得水亭门街区的公共性内涵早已超出单纯的在地空间,而形成了一种区域公共性类型。应该指出,在这个阶段,码头运输是受到官方严格的规划与管控的,而因码头转输贸易生发的区域公共性更具有"公"的主导色彩,但不应忽视的是其仍与街区居民日常生活交往形成的公共性相交织混合。

---

① 邓颖迪、孙以栋:《历史文化街区活力营造研究——以衢州水亭门历史文化街区为例》,《建筑与文化》2020年第6期。
② 筱联:《街谭巷议:水亭门的记忆(9)》,2011年8月14日,http://blog.sina.com.cn/s/blog_8961dc960100vsnz.html。

第二个阶段，是在码头衰落后形成以街区居民日常生活交往为中心的街区公共性。近代以来，长时间的战争使得商贸物流和倚之发展的内陆航运都受到严重的影响，在此时期，传统水亭门街区码头航运中心的经济社会功能都遭受了冲击与破坏。不仅如此，战争还使水亭古街的围墙、房屋等建筑遭到不同程度的毁坏，而政权的长期不稳定又难以为其提供修缮的资源保障。由此，脱离了商贸转输功能的水亭门街区其区域公共性逐渐衰退，以街区居民日常生活交往为中心的在地化街区公共性的生长凸显出其重要性。作为当地一个重要的文化传承载体与公共活动场域，水亭门街区虽无往日码头时期商贾云集、人声鼎沸的繁华，但其也延续了街区居民的寄望与乡愁。这一时期的水亭门建筑肌理以砖混结构、砖木结构为主，多为三开间的二到三层建筑，保留了明、清时期的建筑风格，其中商业的业态以中医药、百货零售、小饭店和早点、南北杂货等为主，基本为小投资低端零售商业，以服务周边居民日常生活为主。由此，水亭门成为本地居民公共交往的重要场所，其公共性内涵更体现出生活性和在地性。值得强调的是，此阶段水亭门街区公共性属于一个自然生长的缓慢发展过程，由于战乱导致其公共性形成过程中缺乏现代意义上官方行政力量的介入，作为市井之中的生活区域，它是在地居民共同体生活的重要组成空间。

第三个阶段，是现代城市更新时期政府力量介入以文化空间重建为中心而形成的一种展示性公共性。在经历现代化城市建设的浪潮后，古城街区的空间进入"失序"状态，不仅水亭街区的文化特色逐渐消失，建筑肌理也持续衰败。曾经商贾云集的繁华之地成为建筑物年久失修、基础设施落后、消防安全隐患最大、违章搭建最多的"城市死角"。2013年初，衢州启动"水亭门历史文化街区保护利用项目"，衢州市委主要领导亲自挂帅，成立"工作领导小组"，邀请国家级、省级专家、学者多次召开"保护工作专家咨询会"，由专家深度把脉并听取专业意见。通过三年的规划打造，水亭门历史街区功能得到了全面优化提升，彻底改变了原街区商、住混杂、功能布局混乱的局面，居民住宅区、生活休闲区、商业区等功能区块得到科学、合理划分；通过复建修缮，彻底解决了原街区建筑失修破败、风格杂乱、乱搭乱建等问题，风格统一规范、古朴素雅；通过配套改造，污、水、电、讯管线全部下地，景观、绿化、亮化全面提升，街区跃然新生。更新之后的水亭门历史街区，更加丰富了衢州的城市内涵，突显了历史文化名城的独特魅力。应该指出的是，此阶段政府力量介入街区的更新重建过程虽然为街区破除不合理城市化所带来的弊病提供了系列可靠的资源保障，但同时，政府的强势介入并没有激活街区本地居民的公共交往，反而其以市场化改造和展示性景点打造为目的的街区更新规划进一步将街区与居民生活世界相隔离，由此而形成的展示性公共性失去了生活与交往的本意。

基于此，2016 年，水亭门历史文化街区在一期改造完成顺利开街之后，为进一步凸显和回归街区的生活性和交往性，衢州紧扣"大湾区战略节点、大花园核心景区、大通道的浙西门户、大都市区的绿色卫城"四大战略定位，积极抓住互联网时代、高铁时代、消费升级时代机遇，提出"1433"发展战略体系。在这样的契机之中，水亭门历史文化街区又进入二期项目改造进程之中，并与古城双修建设同步实施，共同助力水亭门 5A 级景区创建和街区营造工作。正是在此背景下，数字技术被引入到街区更新升级的实践之中。

二 作为街区公共性更新触媒的数字技术

为避免重复过往历史街区改造之中大拆大建模式，水亭门历史文化街区在改造修复项目中坚持地域性保护和科学规划设计的原则，在引入现代数字技术的过程中，因地制宜地开展古城修复工作，推进街区更新与居民现代化生活相融合。水亭门历史文化街区更新中的技术嵌入从以下方面展开。

（一）以智慧理念优化街区空间布局

首先，在空间布局上寻求技术性与街区历史人文性的契洽。作为衢州城市文化的品牌，水亭门街区具有悠久的历史传承和文化底蕴，因而在其改造更新的过程中，必须处理好传统与现代、技术与人文的关系。一般认为，人性化的空间配置、多功能的空间设置、可达性的空间安排是促进城市街区公共性发育的重要路径。水亭门街区在吸取先进经验的基础上，也走上了"以人为本"的更新路径。一方面，水亭门街区在改造之初便既强调大范围历史遗迹保护，又注重小尺度的街区风貌修复，对街区内未改造的传统古建筑进行修缮、立面整治提升，在复原街区肌理风貌的同时引入数字技术，试图以适宜的街巷设计提升场所内使用者的参与感，进而营造传统与现代相结合的文化街区。另一方面，街区古城墙遗址公园修建任务除了选择先进的街区设计理念之外，还着重考量区域内空间适宜度：不仅将小西门景观纳入景区范围，并设置亲子乐园、音乐喷泉、沿江码头等休闲娱乐场所，进而丰富了公共空间的内涵；同时还对盲道、无障碍通道、导览标示标牌、警示牌、休息区座椅等人性化设施进行全面配套，进一步还原古城道路原有的步行交通功能，把机动交通疏散到老城区以外，从而满足居民日常休闲需求。

其次，在生态营造上强调可持续性和发展整体性的协调。为贯彻落实《国务院办公厅关于推进海绵城市建设的指导意见》和《浙江省人民政府办公厅关于推进全省海绵城市建设的实施意见》，衢州积极推进浙江省海绵城市建设试点工作，在水亭门街区更新项目中引入海绵城市建设技术，在街区西侧修建"滨水休闲带"。修建后的滨水休闲观光带提升了街区整体生态环境，对气候环境调节、卫生环境改善、雨洪灾害防治有较大作用。不仅如此，根据住建部《关于加强生态修复城市修补工作的指导意见》中强调的"以生态修复、城市修补为目标"的内容，2018年11月，衢州市公布了《衢州市区古城双修十大工程实施方案》，方案指出衢州将围绕古城文化复兴，以5A景区创建为指引，在古城范围内谋划实施十大工程。自此，衢州市一方面通过"内修"重振古城活力、重铸古城文化、重释古城生活；另一方面依靠"外修"重整古城生态、重织古城交通、重构古城设施，最终达到留形、留人、留灵魂，见人、见物、见生活的目标。

最后，在发展导向上注重街区业态的未来性与丰富性的结合。在水亭门街区改造更新总体规划中，计划修建古城水亭街—北门街—孔庙游览线路，通过空中休闲景观廊道形式，形成一条东西向相对独立的小街区，与密集车流相对隔离。未来水亭门街区格局将会是：水亭街沿线，业态主要为传统老衢州零售、休闲娱乐、综合商业等业态的商业休闲街；小天王巷及其延伸，业态主要为文创产品、礼品、甜品等的民国风情街；上下营街沿线，业态主要为文化体验、休闲娱乐、餐饮美食、酒店客栈等的礼乐文化街；天王巷，业态包括文化体验、文化创意等的国学文化街；柴家巷，业态主要为文化体验等的市井生活街；宁绍巷、小柴家巷，业态主要为会馆文化体验、文创产业众创空间的聚贤商会街。① 通过街区空间更新，水亭门历史文化街区先后获得了"中国人居环境范例奖""国家级知识产权规范化市场""浙江省文化创意街区""国家4A级景区"等称号。

（二）以智能平台提升治理服务水平

旧城改造之前，水亭门街区的治理服务一直饱受诟病，"粗放式"的街区管理模式仅以满足街区人居基本需求为目的，旧巷内部杂乱的空间布局和居住环境更是使得其无法适应城市现代化发展需求。随着现代技术的成熟运用，数字技术为街区公共服务与治理创新提供了全新的手段与支撑。水亭门历史文化街区在坚持文化、社会、经济平衡发展的人本主义更新思路下，借助数字技术平台的创造性运用，从服务周边社区居民、街区商户和外来游客等方面着手，推动了街区治理服务进一步精细化和高效化。

第一，创新搭建信息智能管理平台。作为"南孔有礼"的重要展示窗口，水亭门是衢州的"城市会客厅"。在"全球免费游"的带动下，特别是在庆典节日之中，水亭门街区面临着巨大的人流管理压力。2017年，在衢州第59个免费游期间，其接待国内外游客便高达230.7万人次。为了缓解人流压力和消除人流聚集带来的治理风险，水亭门街区与中国移动公司进行合作，引入了人流智能监测系统。通过数字化的手段对街区人流量进行采集、量化、处理、抓取，以此实时感知客流方向，实现对街区内游客人数在线统计分析，进而有效避免人流量超出街区承载力；同时，依托城市"雪亮工程"建设，在街区安装高清监控探头，对维护街区治安起到了极好的促动作用。在人流系统监控平台的基础上，衢州进一步对其进行开发创造，针对个性化、信息化、全球化的消费模式革新，融入消费行为模式智能分析等新兴系统模块，从而率先在全国实现省、市、县、乡的企业旅游数据融合共享，起到积极的示范带头作用。

第二，系统整合街区智慧商圈。为更好地服务街区商户，2018年，市大数据局牵头并与市商务局以及省商贸业联合会、阿里巴巴对接，积极帮助街区商户拓宽线上、线下营销模式，通过技术革新助力水亭门文商旅

---

① 腾讯网：《古城双修，还你不一样的衢州！"十大工程"内修气质，外修面貌》，2019年2月1日，https://new.qq.com/omn/20190201/20190201B0MYGN.html。

融合，打造出全市首个数字化营销的智慧商圈以及衢州市首条移动支付示范街。不仅如此，为了进一步激活和发挥街区商圈的社会性功能，2018年6月，衢州市城投、街道社区和商铺共同努力，组建了水亭门商铺志愿者联盟。"商圈联盟"以志愿、文明、诚信为宗旨，在街区骨干带领下开展自治，通过商圈志愿资源的整合，进一步推动"景区社区化，社区景区化"。正是通过线上与线下、商业性与社会性的系统性整合，水亭门商圈得以持续性发展。

第三，着力打造"15分钟生活圈"。水亭门历史文化街区是周边社区居民重要的休闲活动场所，为创造更加舒适的活动场所，延续街巷生活气息，衢州市营商办在水亭门主街"南孔爷爷的书房"内设置"政务服务自助一体机"。通过"自助一体机"，社区居民在水亭街内就可查询公积金、不动产、社保等9个方面的民生事项信息，更可实现社保、公积金、住建等30个事项的在线申请和办理。不仅如此，南孔书屋作为街区最具标志性的公共空间，其还通过智慧借阅系统和人流管理系统满足了社区居民24小时全时阅读的需要，从而提供了更为优越、便捷的公共服务。由此，信息技术的运用为街区更新提供了全新的实验与探索模式，由交互式设计引导数据技术由"封闭"管理走向"开放式"社会参与，打破了传统基层治理服务体系中的"信息孤岛"局面，为打造"15分钟幸福生活圈"奠定基础。

由上可知，水亭门历史文化街区正是借助于智慧化管理平台的搭建，通过推动智能技术在街区生活场景中的嵌入，促进了街区内信息与资源的流动整合及优化配置，从而营造出了交互共享的城市公共空间，有效推动了街区治理服务方式的变革，释放出基层治理服务的效能。

三 技术赋能与街区公共性结构多维展开

（一）公共空间拓展公共交往

在迅速城市化过程中，城市功用导向的扩张使得空间划分为居住区、工业区、休闲区等彼此隔离的功能区域。这种理性主义的规划使得街道、小区成为一种封闭型空间，空间的单一性取代了混合性。从空间社会学的角度出发，一般认为空间形态与社会关系是同塑的关系，单一化与区隔化的街区日常生活逐渐出现"荒漠化"倾向。为此，公共空间的营造便成为街区人文化更新的重中之重。一般而言，公共空间是凝聚人们公共生活的关键，在公共空间中人们就公共事务或共同事业进行相互的交往、表达、协商和参与，并就共同活动中的权利和责任进行界定和认知，由此凝结的公共意识便成为共同体的联结纽带。因而，有学者提倡"以公共性为价值目标的城市公共空间应为公众进行安全、舒适的交往活动提供适宜的空间环境，在社会互信的基础上增强社会凝聚力，扩大民主基础，促进公民社会的培育，促进公众不断追求自身全面而自由的发展"[1]。

后工业社会中，人们对交流、休闲、交往的需求会更加旺盛，这对于国内外城市街区发展都是全新的内容和巨大的挑战。在公共性价值引导下，城市公共空间建构更需要考虑"人"的回归，改变"独自打保龄"的社会现象。质言之，在街区的更新实践中既要看到街区的生产和消费功能，也要注意街区的公共交往价值。水亭门街区公共空间发展呈现出两个维度：第一，在街区内由北向南设有众多公共广场，包括：歌颂孝子周雄、弘扬礼孝文化的"孝文化广场"；烘托水亭门主城楼，位于公园中轴线尽端的"水亭门广场"；担纲儒学文化区重要端点景观，赞颂南孔文化，位于道前街西端的"礼乐广场"；体现水运文化，映衬国宝单位小西门，融合地景喷泉的"小西门广场"。这四处公共广场各有特点，其设置布局不仅起到美化城市、延续城市文脉记忆的作用，其更为衢州市居民提供了公共聚集和公共活动的场地。在这些公共广场上，每天清晨和傍晚时分都有热闹非凡的广场舞活动，午后休息时间也会有老年群体、工作人员在江滨绿化带的树下纳凉、喝茶和聊天，在其他时间还可以发现零零散散的垂钓群体。不同人群在此聚集，促使参与者展开有效的公共活动并增加相互交往。第二，在数字技术赋能的背景下，街区公共空间和公共交往出现了拓展和转域。一方面，数字信息终端的普及和街区公共平台的开发改变了街区居民的参与方式，原先需要线下聚集展开活动的社群可以直接在网络公共平台上进行，网络的公开性、迅捷性和交互性改变了居民传统的交往与联结方式，推动了更为开放、更具参与性的公共群体的形成。另一方面，伴随实体公共空间向网络公共空间的转域，街区的各种公共活动和

---

[1] 曹现强、王超：《公共性视角下的城市公共空间发展路径探究》，《城市发展研究》2018年第3期。

公共展示也都随之转换呈现形式，以街区事项为纽带而形塑的网络公共空间为不在场的参与提供可能，从而极大延展了交往的时空界域。

（二）公共艺术重塑公共精神

"古时候水亭门外就是码头，作为浙闽赣皖四省商贸的重要通岸口，水面上千帆竞渡，商贾如流。脚夫人抬肩扛，码头人来人往，熙熙攘攘；清波绿水之中，白鹭青鸟的江南水乡恬美之色，跃然于眼前，而舟楫争渡、渔舟唱晚的美景正是当年水亭门码头风光的所在。"① 为延续古街风貌，激活衢州老城记忆，2017 年，水亭门开始上演极具观感的"灯光秀"。2017 年除夕之际，水亭门历史文化街区举办了"迎新春·闹元宵"大型庙会、灯会系列活动，17 天时间里，共吸引市民、游客120 余万人次；2018 年除夕，"灯光秀"再次升级，以新安湖为背景，以衢州古城墙为幕布，借由 3D 技术点亮了城市夜空，使得文化与现代科技的融合完美呈现；2019 年，"灯光秀"加入画舫元素，在水亭门正前方湖面上摆上三艘帆船，船身长超过 20 米，每艘船上有两块 LED 柔性大屏幕，既满足视觉享受，又载入衢州文化，衬托出地方年味。毋庸置疑，水亭门"灯光秀"为衢州打造出一张别样的城市"新名片"，成为衢州年味代表。

除了极具现代化的数字艺术，以街巷之中的微小景观为代表的公共艺术作品也是街区风貌的重要组成部分。"水亭门改造二期规划项目中增添了小桥流水、亭台水榭、水池假山等元素，给人一种江南园林秀气温婉的感觉，同时在街巷里还展现诸多具有衢州元素的 3D 墙绘。例如，'一座衢州城，半城烤饼香'的墙绘展现的是衢州的烤饼文化，墙绘中还有行走在消逝中的民间手工艺人——小炉匠，这些都让游客在游玩中进一步了解衢州文化。"② 更为重要的是，水亭门作为衢州具有地方特色的历史古街，其长期传承积淀的"里仁"文化成为街巷的精神核心。日本学者芦原义信曾指出街道是当地居民在漫长的历史中建造起来的，其建造方式同自然条件和人有关。因此，世界上现有的街道都与当地人们对时间、空间

---

① 衢报传媒：《水亭门灯光秀升级版来了!》，2019 年 1 月 15 日，https：//www.sohu.com/a/289097054_757104。

② 《水亭门历史文化街区二期开放》，2019 年 3 月 5 日，http：//www.qz.gov.cn/art/2019/3/5/art_1525334_30634475.html。

的理解方式有着密切联系。老旧街区和历史建筑、民居院落存在的最重要意义,在于其保存了自古以来的居民生活场景、体现了居民对他们生活的世界的整体感知,生活在这里的人们沿袭着世代传承的文化习俗和社会生活,从而形成了一座城市重要的无形遗产,相比于作为物质载体的建筑、胡同等有形遗产,其传承价值更为突出。

在数字艺术、街巷小品等公共艺术形式之外,为了打响"南孔圣地·衢州有礼"的城市名片,水亭门继续融入现代化的城市 IP。衢州将城市品牌标识——作揖礼、城市吉祥物——快乐小鹿、城市卡通形象——南孔爷爷等城市 IP 融入水亭门的建造中,充分展现出"衢州有礼、知书达礼"的城市精神。不仅如此,衢州同时借助城市 IP 等联名文创产品,将衢州故事传播到日常之中,与大众生活形成情感共振。正是通过这些标志性的景观,衢州活跃了城市文化氛围,摆脱了"千城一面"的水泥森林印象,创造出本地居民共同的空间记忆。

不可否认,媒介技术是随着社会生产力的提升而不断进步的,每一次媒介革命都会引入一种新的技术尺度,进而使社会关系发生深刻变化。衢州数字公共艺术的运用,使得社会互动和由之形塑的公共性呈现一种新的形式,这主要表现为:第一,以灯影秀、街巷文化为代表的公共艺术增添了街区体验的趣味性,给群众带来"沉浸式"文化体验,人们在光影互动中感受到历史积淀与传承;第二,通过新兴数字技术展现的公共艺术更易于在微信、微博等社交媒体进行二次传播,进而扩大街区的影响力,提升街区知名度,赋予街区文化精神以新的内涵;第三,媒介技术正在渗透到传统文化肌理之中,赋予传统文化新的传播动能,通过媒介技术营造的在地故事,激活集体记忆,营造出衢州精神。正是借由公共艺术之媒介,水亭门成为衢州城市的"视觉符号"与"记忆纽带"。

(三)公共活动培育公共意识

公共意识是融汇于居民生活实践过程中的一种对公共事务的整体性认知、态度和价值,通常而言,公共意识需要在公共活动中才能得到培育和发展。

为全面贯彻落实习近平总书记在浙江工作时提出的"让南孔文化重

重落地"的重要指示精神，打响"南孔圣地·衢州有礼"的城市品牌①，浙江省衢州市柯城区因地制宜地探索出公共文化服务供给创新模式。其中，"南孔书屋"最为典型。从运营效果而言，传统由政府部门主管运营的图书馆受制于场地监管、设备维护、阅读安全等因素，使得城市书房全时运营的目标无法实现。在大数据监控技术的赋能支持下，"南孔书屋"不仅实现了自助式阅读服务，更破解了 24 小时监管的难题。通过自主监控和智慧警示系统，"南孔书屋"真正实现了"全天候，无人值守"，解决了传统公共图书馆开放时间不足的问题，将文化供给延伸至基层群众生活的每个角落。不仅如此，"南孔书屋"更成为街区居民的"第二居室"，书屋内不仅有保障安静阅读的个人读书角，还有适合集体讨论交流的多人座，考虑到许多读者会带孩子前来，书屋内还专门开辟儿童阅读专区，进而为使用者打造出多功能、多样化的使用场景。"南孔书屋"以其人性化的场所设计迅速成为极具吸引力的街区公共活动场所，将越来越多的人带入其中，融入本地的文化活动之中。借由"南孔书屋"的空间与平台，其运营组织会定期举办各种公益活动，不仅包括每周固定在场馆内举办的图书与课程分享，还包含各种特色展览，这些都进一步丰富了居民的文化生活。

除此之外，街区也会定期有计划、有重点、有特色地开展各类线下主题活动，实现"每月一主题，每周有活动"。这其中就包括水亭门历史文化街区研学游基地，其通过开展研学活动，促进学生感受光荣革命历史、熏陶中华优秀传统文化、形成创新思维，进而全面激发学生对南孔文化、生态文明、历史人文的热爱之情。不仅如此，还通过开展陶瓷艺术鉴赏、创作等活动，促进游客形成对陶瓷艺术美的认识，感受陶瓷艺术的悠久历史，全面激发游客对人文艺术的探索与热爱。②

街区广泛的公共文化活动，不仅为居民提供了高质量的文化服务内容，也进一步激发了居民公共参与的兴致，提升了街区公共活力。这些新

---

① 浙江省衢州市域社会治理现代化研究课题组：《党建统领 + 基层治理：市域社会治理现代化的衢州样本》，《社会治理》2020 年第 5 期。

② 衢州新闻网：《水亭门历史文化街区又有新项目了》，2020 年 6 月 27 日，http://news.qz828.com/system/2020/06/27/011528859.shtml。

形态的文化让空荡荡的街区成为真正充满记忆和归属感的场所，使参与者和使用者能真正获取空间生产和使用的权利。正是在公共文化活动的实践中，街区居民公共意识得以培育和发展，成为街区公共性形塑之重要维度。

第三节 技术赋能街区公共性建构的反思与进路

技术赋能公共性建构的基本逻辑在于空间结构与交往方式的重塑，作为街区公共性更新的触媒，信息技术促进了街区公共性从多个维度展开与重构。但不应忽视的是，在此过程中，技术治理背景下街区公共性建构也面临诸多问题与局限。如何处理街区传统性、现代性与未来性的关系，成为我们进一步推进街区公共性建构的关键。

一 街区公共性建构的技术逻辑

第一，信息技术推动空间结构的重组。受到政治形态、生产模式和社会文化的影响，中国的古镇、古街在历史进程中展现出不同的空间形态与组织方式，有学者将这种演变概括为"从'强权政治'到'商业社会'、从'控制'到'脱离'、从'封闭的墙'到'开放的街道'"[1]。随着知识经济和科技创新在推动城市发展与转型中的作用愈加凸显，城市规划者日渐注重对创新空间的打造，通过顺应创意人才和创新企业的空间聚集特征，改建旧城区中衰落的物质空间，植入新的业态，激发街巷活力。这种改造过程往往伴随着文化资本的介入，街区空间在此推动下生成可被感知、挖掘、运作的复兴增长点。例如，成都的"宽窄巷子"、上海的"田子坊"、北京的"南锣鼓巷"和福州的"三坊七巷"等历史遗迹风貌街区，在更新改造之后迅速成为极具知名度的"网红"打卡地，带来巨大的经济与社会效益。不应忽视的是，当前文化资本的累聚往往是与技术赋能的过程紧密交织。一方面，信息技术的运用使得街区公共空间得以进一步拓展，网络空间中的信息交往成为公共性培育的重要内容；另一方面，

---

[1] 杨震、徐苗：《西方视角的中国城市公共空间研究》，《国际城市规划》2008年第4期。

依托信息技术的时效性和便捷性，街区宏观空间被进一步压缩，各种公共活动和文化服务被不断创新，进而丰富了居民的日常公共生活。

第二，信息技术促进公与共关系结构的转型。哈维（David Harvey）揭示出在空间生产的过程中，群体分化与空间冲突的逻辑是同塑的关系。[①] 这一冲突同样也反映在历史街区空间更新和公共性再造的过程之中。政府将历史古街作为城市文化地标，认为是提升城市竞争力的"文化品牌"；市场经营者视历史街区为优良的盈利场所；历史文化专家和规划学家将历史古街视作重要的文化遗产，是城市变迁重要的见证者；街区居民则认为历史古街是日常生活的一部分，是共享的城市公共服务资源；游客认为古街是休闲娱乐之所，是文化旅游体验当地特色的地方。在不同的主体之间，往往存在不同的价值竞争与利益博弈。不难发现，衢州水亭门街区在更新改造之初是以政府的"公"角色作为主导，随着信息技术被嵌入到街区更新的过程之中，社会组织、志愿者、商户、居民等"共"的主体也参与其中，他们既作为信息平台的运营者和使用者，同时也作为信息技术成果的享用者和意见反馈者，由此导致街区公共性结构由"公权力"主导向社会多元主体"共协同"的转换。

二　技术赋能街区公共性建构的局限

第一，街区的商业化运营引发的"文化失真"。历史街区公共性的本质在于由居住者长期生活交往共同创造和共享的公共资源、规则和价值，其内部空间治理应当遵循公共的原则。毫无疑问，为了进一步维持街区的可持续发展，引入市场运作是无可厚非的举措。但不应忽视的是，在实际的开发过程中，为考虑街区的经济效益，资本运营逐渐偏离了对普通居民日常生活交往的考量，丧失了维护历史街区公共性的初衷，过度的展示与消费使得街区更新引发了街区公共性异化的问题。"那些创造了精彩而令人振奋的街区日常生活的人们，输给了房地产经营者、金融家和上流阶层消费者"[②]，在此过程中，街区文化的异质性被商业同质性取代，附着于

[①] ［美］戴维·哈维：《正义、自然和差异地理学》，上海人民出版社2015年版，第255页。

[②] ［美］戴维·哈维：《叛逆的城市：从城市权力到城市革命》，商务印书馆2014年版，第79页。

坊巷之间的社会关系无处安存，居民被动或主动地离开了自己的生活街区。公共性的流失使得街区变为或喧嚣或冷清的商业街区，从而遗失了隐藏在物质形态背后的"里仁"文化。

第二，技术化对公共性构建主体参与的冲击。公共性理念的实现总是以特定的人群为载体来完成的，一个社会的公共性构建不是抽象的，而是具体的，其构建需要真实而具体的"承载者"。[①] 在街区更新过程中，信息技术的创新固然提升街区治理服务的科学性、精准性，从而为创建宜居的街区空间、构建合理的街区公共性结构提供了条件。但同时应该指出，技术赋能的街区公共性建构，不是以技术思维主导的独立智能领域，它更需要多元主体的共同参与。一方面，信息技术为公共空间拓展和居民公共参与提供条件，但是转域和扩散的参与仍然具有一定的结构性风险，而且参与的程度仍需要进一步勘定与商榷。另一方面，信息技术也具有一定的区隔作用，在街区之中，老年群体是最有可能成为"公共人"的人群，但现有的"技术支持"中却缺乏对老年群体的关照，进而使得公共参与难以完整。

第三，公共性建构脱离日常生活秩序。在水亭门历史文化街区空间生产策略的背后，地方政府有着重要的政治经济发展诉求，即承接更加现代化的商业业态，重构围绕传统街区形成的空间秩序，推动实现绿色、可持续发展的城市更新模式，以提升城市的竞争力与吸引力。这一过程实践背后交织着复杂的社会关系，行政权力、市场资本和社会力量相互交织杂糅，通过互动和博弈，推动着水亭门历史街区公共性转换。这种资本和权力运作引发的街区空间变革，也造成街区居民社会关系的变革。在历史街区更新的过程中，存在政府行政力量和市场资本力量合谋而进行的不合理干预，这导致街区更新更多成为政府的政绩点和资本的盈利点，而作为居民生活空间的街区之社会与公共意涵却遭受侵蚀，居民的生活方式被迫发生改变。芒福德（Lewis Mumford）对此种模式表示出强烈的不满，他指出，城市无目的的扩张，切断了一切本土存在的联系、糟蹋自己的家园，犹如水中捞月；纸面上利润越来越多，生活越来越被间接的代用品所替

[①] 田毅鹏：《老年群体与都市公共性建构》，《福建论坛》（人文社会科学版）2011年第10期。

换。在这种制度下，越来越多的权力集中到越来越少的人手中，离真实越来越远①。

可以预见的是，如果不扭转日常生活场景的减少、社会区隔的加深、公共性承载者缺位的情况，那么"活态"历史街区将转换为真实性困乏的商业区，发展徘徊停滞。在水亭门历史文化街区的更新建设中，应当抛弃开发—保护的二元对立思维，从建构日常生活的角度，踏上水亭门街区公共性建构的复归之路。

三 街区公共性建构进路

对历史街区的保护和改造是一个持久的命题，目前"智慧城市"的发展尚处于探索阶段，"智慧化"的发展方式也是历史文化街区更新的全新理念，以"智慧化"作为街区持续发展的驱动，需要从街区的实际问题出发。

第一，坚持"人本主义"更新策略。芒福德指出，社会应该采用有机的原则作为城市和技术发展的基础，数字化街区建设如果仅仅注重硬件技术的发展而忽视"人的主体"，就没有触及本质。应该清醒地认识到，街区的数字化建构不等于将"智能技术"嵌入街区空间治理全过程，因为技术的嵌入仅仅是空间治理的外在表现。要合理建构街区公共空间，仍需要技术的使用主体寻找合适的转型路径，始终在以人为中心的前提下，寻求"技术理性"与"价值理性"的平衡。水亭门街区在更新改造中需要进一步平衡传统—现代关系，以技术为手段，追求"以人为本"的街区人文关怀，谋求"智慧"发展。

第二，深度挖掘街区传统文化。在全球化进程中，国家间的竞争主体已经从企业转向了城市，显而易见的是，差异化、地域性和特色的城市文化正在"被"全球化所消亡，城市地域文化危机正在加剧。街区建筑肌理修复只是重现街区传统韵味的措施之一，历史街区的传统还体现在"在地文化"中的风土人情、民风民俗。历史文化街区公共性建构如果缺失独特的本土文化，就难以打造成为成功的城市品牌。水亭门街区不能停

---

① 参见［美］刘易斯·芒福德《城市文化》，宋俊岭等译，中国建筑工业出版社2009年版。

止对优秀传统文化的挖掘与弘扬，根植于传统文化土壤的街区公共性建构才是具有生命力的。

第三，进一步提升街区现代化水平。对于传统街区重建问题不能仅仅只关注历史情感的表达，还要立足当下，在创新中焕发传统街区活力。在关注地方历史文化传统的基础上，还应面向街区构划的现代性和未来性，既要立足当代城市生活，为市民开拓出生活便捷、配套完善、邻里和谐的生活街区，同时也应积极探索街区更新中人文表达和治理技术的双重创新。只有兼顾传统、现代与未来的街区公共性建构理念，才能适应城市发展模式的转变。

第 六 章

邻礼通：城市社区智治升级与共同体重塑

现代信息技术的广泛运用推动城市社区治理朝着智慧化方向转型。在汹涌澎湃的技术浪潮面前，寻求真正惠及于民的智慧路径是当前基层治理的核心所在。衢州市自主研发的微信小程序"邻礼通"，正是在基层治理智慧化趋势下用于服务居民的社区治理微平台，其依托城市数据大脑的网络化逻辑而展开，并与手机、电脑等移动终端相结合，通过电商经济、线上办公、网络舆论等新形式深刻改变着社区居民的生活方式、行为习惯和互动结构。在"邻礼通"的推广应用过程中，社区内部逐渐呈现线上和线下、虚拟与现实的双重互动空间，不仅改变了基层治理结构，也使社区内部邻里关系和共同体精神得以重塑。技术的嵌入能否提高社区治理水平、提升人民生活幸福感，成为城市社区智慧化治理中亟待验证的问题，衢州"邻礼通"作为当下社区建设中的新技术手段，其实践应用对于基层"智治"的深化具有重要的参考价值和借鉴意义。

第一节 新时代城市社区智慧治理新格局

社区是城市基层治理的"最后一公里"，社区治理是作为城市基层治理的重要内容，亦为实现国家治理体系和治理能力现代化的关键环节。改革开放以来，我国城市基层社区治理经历了多阶段的演变，在以"互联网+"、人工智能、数据大脑等为主要代表的新技术时代来临之际，新时代下基层治理的智慧转型面临新的契机。

一 社区智慧治理的演进及内涵

（一）社区智慧治理的提出

智慧治理的理念最早可追溯于智慧地球，2008年11月，"智慧地球"作为新兴概念在 IBM 公司被首次提出，引发世界广泛关注。次年，IBM 商业价值研究院发布《智慧地球赢在中国》计划书，将智慧地球理念与中国实际情况相结合，揭开了中国智慧地球战略的序幕。在此基础上，IBM 进一步明确"智慧城市"理念，即"有意识地、主动地驾驭城市化这一趋势，运用先进的信息和通信技术，将城市运行的各个核心系统整合起来，从而使整个城市作为一个宏大的'系统之系统'，以一种更智慧的方式运行"[1]。随着基层治理智慧化的不断推进，作为城市基本构成单元的智慧社区逐渐发展起来，试图对上述智慧化建设的宏大蓝图做进一步细化设计与操作落实。"智慧地球—智慧城市—智慧社区"这一建设路径，体现出智慧治理理念逐渐在基层领域的传递和渗透。

在我国，城市基层社区治理智慧化最初基于"互联网＋"行动计划而展开。2015年3月5日，十二届全国人大三次会议上，国务院总理李克强在政府工作报告中首次提出制定"互联网＋"行动计划。[2] 随后，国务院便出台《关于积极推进"互联网＋"行动的指导意见》，指出要"积极探索公众参与的网络化社会管理服务新模式，充分利用互联网、移动互联网应用平台等，加快推进政务新媒体发展建设"[3]。这一举措有助于提升政府科学决策能力和社会治理水平，加强政府与公众的沟通交流，体现了新时代我国数字化政府与服务型政府建设的基本路向。次年，国务院印发并实施《"十三五"国家信息化规划》，针对基层领域，又明确提出了"推进智慧社区建设，完善城乡社区公共服务综合信息平台，建立网上社区居委会，发展线上线下结合的社区服务新模式，提高社区治理

---

[1] 《IBM 世博会上实践"智慧的城市"》，《上海证券报》2011年3月1日。

[2] 参见国务院总理李克强在第十二届全国人民代表大会第三次会议上的政府工作报告，2015年3月5日。

[3] 国务院：《关于积极推进"互联网＋"行动的指导意见》（国发〔2015〕40号），2015年7月4日。

和服务水平"①的要求,由此推进我国城市基层社区治理智慧化的转型升级。党的十九大报告则进一步指出,要"提高社会治理智能化、专业化水平"②,加强社区智慧化建设将是今后我国基层社会治理深入推进的基本趋向。

浙江省作为我国首个国家信息经济示范区,在智慧城市和智慧社区的建设过程中始终以智慧化为基本导向,力将衢州打造成为"全国数字经济第一城副中心城市"和"四省边际数字经济发展高地"。2019年浙江省两会,"未来社区"首次被写入《政府工作报告》,"未来社区"建设强调围绕社区全生活链服务需求,以人本化、生态化、数字化为价值导向,以和睦共治、绿色集约、智慧共享为基本内涵,进而构建一个具有归属感、舒适感和未来感的新型城市功能单元。③在其整体规划中,信息技术赋能是未来社区营造的重要环节,也成为智慧化基层治理服务创新的生动体现。

(二)社区智慧治理的基本内涵

从上述智慧治理的演进过程来看,"信息技术""互联网+""移动平台"等关键词频频出现。目前学界对于城市社区治理的智慧化虽然尚未形成一个统一的概念界定,但普遍认为智能技术是智慧治理的核心要素,这也是其区别于传统社区治理模式的显著特点。然而,智慧化不能简单地与智能化、技术化、信息化等概念混为一谈,几者之间并非是等同关系,智慧化包括信息技术和智能应用,但除此之外也涉及相应制度更新、治理理念转变、互动方式创新等等。从这一层面而言,智能技术是智慧治理的一个子集,而非唯一决定因素。因此,智慧社区与智能社区、技术社区有着本质的区别,"所谓社区管理信息化,主要是从工具意义上将信息技术应用于社区管理和服务。而智慧社区则是运用信息技术从根本上改变社区

---

① 国务院:《关于印发"十三五"国家信息化规划的通知》(国发〔2016〕73号),2016年12月27日。

② 参见习近平在中国共产党第十九次全国代表大会上的报告《决胜全面建成小康社会 夺取新时代中国特色社会主义伟大胜利》,2017年10月18日。

③ 参见《浙江省未来社区建设试点工作方案》(浙政发〔2019〕8号),2019年3月20日。

居民的社会关系和生活世界，实现新的社会治理和服务模式"[1]。从人本主义的观点出发，城市基层社区智慧治理是指利用信息技术来推动治理空间的转域及融合，在促进组织结构和治理方式转型的同时，进一步实现居民社区认同感和共同体归属感的提升。

二 技术赋能与社区治理结构革新

（一）城市社区治理的局限与困境

历经近20年实践探索，我国城市社区在基础设施建设和治理服务能力等方面都获得了长足发展，但从基层治理智慧化转型升级的现实背景而言，当前我国城市社区治理仍存在诸多局限与困境。

从治理理念上看，社区基层治理缺乏自主性与创造力。新中国成立以来，我国社区治理长期被裹挟于单位制的总体性框架之中，20世纪末社区组织逐渐从单位结构中剥离，使得长期由"单位办社区"的模式为"街—居"模式所取代。单位的退出虽然在一定程度上推动了基层治理模式朝向更加多元化的方向发展，但缺少单位资源注入的社区却也同样难以获得治理的独立性和自主性。21世纪初社区建制的系列改革虽然使得"街—居"这条基层治理的主线更为明确，但同时也造成了治理实践形式化、社区组织行政化等意外性后果，社区成为基层行政部门的末梢延伸。在我国政府对社区治理服务仍占主导地位的情境下，社区名义上是群众自治组织，但实际上是政府职能部门工作的承接者，日常工作中，社区管理人员产生依赖惯性，依旧把政府作为推动社区治理服务转型的主要动力，缺乏自身创新驱动力。即使智慧社区、未来社区等新型社区建设模式不断推陈出新，落实到基层工作中却仍延续以往的体制逻辑，形成对传统社区固有工作模式的巩固和强化。对政府的习惯性依赖，导致社区工作中"等、靠、要"心理严重，基层治理理念滞后于当前基层社会发展的现实需求。

从治理结构来看，社区基层共建共治结构不够健全。目前，街道办、居委会、业主委员会、物业公司、社区居民及社区社会组织等构成了新型社区治理的多元主体，但各自的行为边界及相互之间的关系未有明确的制

---

[1] 田毅鹏：《"未来社区"建设的几个理论问题》，《社会科学研究》2020年第2期。

度规定①，出现权责不清、职能混乱、沟通不畅等问题。此外，社区工作自身的烦琐复杂性也阻碍着智慧治理的转型，除了需要处理与居民日常生活相关的治理服务事项，承接各种下沉的行政任务也成为社区工作中的重要内容。社区单一的身影和薄弱的力量使得其难以应对基层社会治理服务中复杂的治理境况，在此背景下，如何进一步提高治理服务之效率，重塑共建共治共享之格局，便成为推动治理转型的基本出发点。

从治理现状来看，社区内部矛盾复杂多样，当前城市社区尤以物业管理纠纷问题最为突出。物业问题涉及社区居民的切身利益，解决物业纠纷是营造良好、有序的社会环境难以回避的难题。当前，业主与物业公司矛盾丛生，物业服务监管无抓手的问题成为基层社区治理的痛点和难点。特别是一些老旧社区，物业服务水平与居民服务需求不匹配，导致居民满意度较低，物业费上缴率较差，而物业费上缴不足进一步降低了物业服务水平，由此产生恶性循环。这成为当前社区治理最为棘手的问题。

（二）数字技术赋能社区治理创新之效能

智慧社区为破解城市社区治理的困境提出了新的思路与方案。技术嵌入社区治理，降低了信息沟通成本，提升了社区工作效率，促进了公众决策的参与度和理性化，对于我国社区治理的现代化转型发展具有重要意义。

德国社会学家滕尼斯最先提出"社区"概念，用两分法区别社区与社会，其中社区的一个显著特征是具有强烈的情感精神。可以说，社区是以"生死相关、守望相助、患难相惜、有无相通"的共同体形式而存在。以简单社会为基础的、成员间高度熟识并且有着共同的价值取向、信仰和风俗习惯的传统社区是一种较为理想的社区形态。②然而，我国经济社会的迅速发展使人与人之间的关系日渐多元化，利益矛盾也更为复杂，呈现出人际关系冷漠、社会信任感降低、邻里之间疏离的局面。因此，人们把仅作为居住歇息之用的物理层面的社区称作"水泥森林"，以此表达"熟人社会"中街坊邻居间互帮互助的温情状态不复存在的慨叹。

---

① 付诚、王一：《公民参与社区治理的现实困境及对策》，《社会科学战线》2014年第11期。

② ［德］滕尼斯：《共同体与社会》，张巍卓译，商务印书馆2019年版，第54页。

网络信息时代的来临使基层社区的治理结构得以重塑。美国社会学者卡斯特认为："信息技术革命和资本主义的重构，已经诱发了一种新的社会形势——网络社会。"① 技术的引入冲破了单一的面对面交流方式，让远距离、多主体、双空间的互动模式成为可能。对于我国而言，互联网技术的大规模应用使中国迅速进入网络化时代。截至 2020 年 3 月，中国网民规模达 9.04 亿人，普及率达 64.5%，网民规模保持平稳增速。② 庞大的网民群体结构，营造出新型的社会交往空间，即主要的社会交往形式从传统的实地场所进入到网络空间之中，形成"不在特定场所的缺场交往"③。尤其是近年来微信、微博、抖音、QQ 等社交媒介的兴起，为居民提供了分享日常生活、获取各方信息、表达个人观点的多渠道线上空间，促进了公共领域的形成和公民话语权的提高。"通过线上参与有助于形成线下自发性的居民团体，弥补真实社会关系网络的缺陷及原子化状态下个人的生活焦虑问题。"④

然而，面对基层社会复杂的治理境况，技术的应用与嵌入也存在诸多缺陷。当我们过分夸大技术对社区治理的有效作用时，也容易陷入技术决定论的陷阱，甚至背离以人为本观念下建设智慧社区的初衷。

第一，形式化作风导致平台僵化。自全国推行智慧社区的建设后，各城市社区纷纷加大对技术平台和硬件设施的资金投入，如搭建数字可视化平台、铺装监控警备系统、开启门禁刷脸功能等等，用海量数据和一系列信息符号将社区空间内的人、事、物整合到所谓"智慧"体系中。在此系统中，理想化状态是多元主体各司其职并相互配合，共同参与基层社区的智慧建设。政府是政策的制定者和技术的购买者，为智慧社区提供方向引领和资金支持；企业是技术的提供者，负责软件硬件的开发、更新、维修等工作；物业和社区工作者是智慧治理的最直接践行者，承接上级单位

---

① [美]曼纽尔·卡斯特：《认同的力量》，夏铸九等译，社会科学文献出版社 2006 年版，第 1 页。
② 中国互联网络信息中心（CNNIC）：《第 45 次中国互联网络发展状况统计报告》，2020 年 4 月 28 日。
③ 刘少杰：《中国网络社会的集体表象与空间区隔》，《社会学研究》2018 年第 1 期。
④ 李洁：《"互联网 +"背景下城市社区社会关系网络的重构》，《重庆第二师范学院学报》2019 年第 5 期。

部门要求的同时，需根据所在社区居民的实际需求调整治理方案；而居民既是数据的提供者又是享受智慧成果的体验者，对于智慧治理是否有效最具话语权。然而现实情况往往是缺少居民体验和参与这一环节，导致难以实现技术成果与居民共享。究其原因，社区投入大量资金和人力所建设的技术平台许多是"面子工程"，硬件的设置罗列是为了达到形式意义上的技术标准，而距离居民实际生活需求相差甚远，实用性不强；更有甚者为了完成工作任务，仅在社区原有架构中增设个别网络元素，如建立各类型微信群、开发多种微信小程序、注册各类社区网站门户等等，却鲜有居民知道其真正用途何在。唯技术论的形式化工作作风使技术平台"悬浮"于治理实践之上，脱离日常治理服务过程的平台成为僵化与闲置的技术。

第二，唯技术主义倾向严重。诚然，技术是理性、中立的，人们可以借助其精密的数据分析对事物进行客观描述与方案选择。但在社区治理中，复杂多样的社会事实难以用统一、简单的符号形式表现出来，如技术可以快速排查漏缴物业费的居民，却无法知晓其行为选择的真实动机（是错过缴费时间还是对物业服务不满）。"当城市治理全身心投入信息化的潮流中去，通过信息技术来回答城市治理的问题，技术的身份及其理念就变得越来越重要，技术的发言权就越来越大，技术的逻辑也成为支配性的逻辑。"[1] 对技术的盲目崇拜将导致城市社区中的唯技术主义倾向严重，从而把技术治理中的社会关联问题转换为单纯技术应用问题。"试图以数据和信息平台对各系统进行整合，归根结底仍是一种以技术和系统为核心，而非以居民的日常生活为核心、以人为本。"[2] 在实际操作中，我们应当审视技术的双重性，发挥技术对社区治理的有效性而尽可能回避其阻碍性，且认识到"技术并非是智慧化建设的绝对保证，技术治理效果需与人文制度环境开展良性互动，否则不能称之为实质意义上的治理革新"[3]。

第三，技术应用风险的不确定性。由于信息技术在我国基层社区治理

---

[1] 韩志明：《技术治理的四重幻象》，《探索与争鸣》2019年第6期。
[2] 申悦、柴彦威、马修军：《人本导向的智慧社区的概念、模式与架构》，《现代城市研究》2014年第10期。
[3] 吴海琳：《找回"社会"赋能的智慧社区建设》，《社会科学战线》2020年第8期。

中尚处于初步应用阶段，且基层专业人才相对匮乏，导致社区对技术的使用和监管不够成熟，易出现技术对社会生活秩序的破坏与侵蚀。如信息安全问题、个人隐私或数据资料泄露、流言传播、伦理问题等等。特别是疫情期间社区采集的大量个人数据，原用于社区防疫和安全需要，却面临在传播过程中被泄露的风险，由此给居民造成不可估量的生活困扰和财产损失。技术是把双刃剑，如何尽量回避其弊端而发挥其效益，是基层治理走向智慧化过程中需要考虑的问题。

第二节 邻礼通：智慧治理的实践创新与逻辑展开

一 社区智治平台建设与目标更新

（一）作为社区微脑的"邻礼通"

在城市社区智慧治理的发展路径中，城市大脑依托网络化逻辑，采取大数据、人工智能、区块链等技术建立了数字化可感平台，从而实现了共享数据信息、调配公共资源、完善治理决策、提升服务效能。2016年4月，杭州城市大脑从解决市区交通拥堵问题入手，开启了利用大数据助力城市建设的道路。2020年3月31日，习近平总书记于杭州城市大脑运营指挥中心就杭州运用城市大脑推进城市治理体系和治理能力现代化进行考察调研，指出从信息化到智能化再到智慧化，是建设智慧城市的必由之路，前景广阔。[1]

杭州城市数据大脑建设带动了浙江省"社区微脑"的落地实施，衢州市以全省政府数字化转型"四横三纵"顶层设计为指导[2]，依托省市公共数据平台和衢州城市数据大脑，孵化出了多业务协同场景应用小程序——"邻礼通"。"邻礼通"嵌入在以"三通一智（治）"为主体架构的智慧衢州线上服务体系之中，此体系还包含"村情通"和"政企通"

---

[1] 参见习近平在杭州城市大脑运营指挥中心的讲话《运用信息化让城市变得更"聪明"》。

[2] 浙江省人民政府2018年12月颁发的《浙江省深化"最多跑一次"改革推进政府数字化转型工作总体方案》指出，"四横三纵"是浙江政府数字化转型的总体框架，总共包括七大体系。"四横"分别是全面覆盖政府职能的数字化业务应用体系、全省共建共享的应用支撑体系、数据资源体系、基础设施体系；"三纵"分别是政策制度体系、标准规范体系、组织保障体系。

两大治理服务智慧平台①，是衢州市按照打造"整体智治、惟实惟先"的现代政府要求，积极推动政府数字化转型向公共服务和社会治理领域延伸，加快智慧政务向智慧治理拓展的重要成果。

"邻礼通"由"未来社区"小程序演变而来，其设立的最初目的是破解城市社区"物业病"的治理服务难题。柯城区是衢州市的主城区，辖有6个街道、41个社区、276个网格，居住人口约41.2万。辖区共有小区195个，其中有物管小区97个，房龄20年以上的129个。老旧物管小区物业收费难与服务跟不上的问题突出，为解决"物业病"问题，衢州政府在"未来社区"总体规划蓝图框架之下，聚焦未来治理、未来服务、未来邻里三大场景，在信安街道先行先试，自下而上、自主研发了一款微信小程序——"未来社区"，为物业费用的线上缴存以及服务质量的双向评价提供了平台。②试点工作顺利完成后，小程序正式更名为"邻礼通"，并初步拥有一批固定使用群体。

2020年初，受疫情影响，线下诸多公共活动被迫暂停，但复杂艰巨的社区工作仍要进行，诸如外来人口排查、每日体温测量、生活必需品的购买传送等都亟待解决。在非常态化时期，衢州市借助"邻礼通"，迅速打造服务于疫情防控的特殊化服务：如"健康码"用于个人信息查询；"空中超市"便于隔离在家的居民线上选购生活用品，由社区工作者上门配送；"包区清楼"板块可一键联系各楼栋长和党支部书记、业委会主任、物业负责人等社区骨干力量。社区内部以智能手机为媒介，以"邻礼通"为联系纽带，在线上空间形成防疫合力。至2020年6月底，"邻礼通"已经覆盖全市300多个小区，后台登记入驻16.2万户、涉及约40万人，入驻率95%；其中激活使用11.9万户、28万人，激活率达70%。③

（二）多重治理目标的拓展与实践展开

作为一款应用城市社区治理服务的微信小程序，"邻礼通"上与公共数据平台对接，从需求侧推动数据迭代更新；下与业主、社工、物业、社

---

① 衢州市"三通一智（治）"主体架构，包括服务于企业和项目的"政企通"、服务于农村基层的"村情通"和服务于城市社区的"邻礼通"。
② 引自衢州市柯城区政府资料《"邻礼通"——打造城市治理现代化"示范窗口"》。
③ 数据引自浙江省衢州市人民政府《"邻礼通"数字化社会治理多业务协同应用情况汇报》，2020年7月30日。

会组织等多主体用户联结，将信息化融入社区治理服务体系，成为政府数字化转型升级和基层治理智慧化的重要窗口。"邻礼通"以物业缴费为切入点，将社区治理服务的多维度内容纳入到统一的线上智慧平台之中，为居民提供了自我管理、自我教育、自我监督、自我服务的社区自治及服务平台，实现了功能的拓展与治理的升级，是衢州市未来社区、智慧社区建设的关键。

1. 数据赋能，功能便捷。在省市公共数据平台的支撑下，通过数据共享、流程再造、业务协同，"邻礼通"目前共享了房屋、住户、物业公司等 20 个数据集、160 多个数据项。[①] 特别是通过与基层治理四平台的打通融合，把网格员队伍从几百人拓展到十几万人，形成了收集社情民意、精准服务民生的大平台。通过"民意调查""共商共建"等功能模块，在全省率先开展数字化人口普查试点，向用户终端智能推送"普查问卷"，用户填报信息实时反馈，准确性和时效性超过 90%，大幅减轻基层网格员"多次跑"负担。

2. 以人为本，服务为先。开发"邻礼通"的初衷，就是通过智慧治理来解决老百姓反映的现实诉求。衢州市聚焦于"物业缴费难""事务表决难""报修服务难"等社区管理的难点痛点，开发了"物业助手""邻礼生活"等 20 多项具体模块，整合融入业主、物业公司、网格员、街道、社区、业委会六大角色，构建起"线上+线下"的社区治理共同体。如在居民报事报修处置上，构建了"上报—交办—办结—反馈"的闭环，大幅提升了问题处理效果。至 2020 年 7 月底，"邻礼通"接收的 2612 件报事报修事项全部处理完毕，其中 96.9% 在社区内部解决，做到了"小事不出网格，大事不出社区"。[②]

3. 党建引领，多方联动。"邻礼通"通过"党员线上报到""党员亮身份""党员联户"等功能设置，实现了党员干部在社区党组织和机关党组织中的双向打通，同步接受小区网格支部管理，推动党员干部在社区治

---

① 数据引自浙江省衢州市人民政府《"邻礼通"数字化社会治理多业务协同应用情况汇报》，2020 年 7 月 30 日。

② 数据引自浙江省衢州市人民政府《"邻礼通"数字化社会治理多业务协同应用情况汇报》，2020 年 7 月 30 日。

理和服务中发挥先锋模范作用。比如，要求每个党组织每年牵头认领 1 个以上的社区治理任务，每周进社区服务，每月在线展示成果，推进"有礼小区"建设，实现从"陌邻"到"睦邻"的转变。不仅如此，街道还通过设立"邻礼中心"，整合吸纳企事业单位、老娘舅、律师等各类组织的党员入驻，形成组织化的红色力量，就近就便提供服务。仅在柯城区信安街道，老娘舅调解队就帮助调解物业"疙瘩事"120 多件，党员律师提供物业法律咨询 60 多次，实现了社区内外组织的联动合作。①

4. 植根社区，内生自发。"邻礼通"是基于破解衢州市柯城区物业病而产生的，具有较强的内生性和自发性。在物业问题得到有效解决后，柯城区收到来自居民、社区工作人员、物业服务人员等多方良好反馈，决定将"邻礼通"打造为功能更加齐全、服务更加精准、使用更加便捷的社区服务治理小程序。在广泛征求意见之后，"邻礼通"设置了除缴物业费之外的多模块应用，如"报事报修""左邻右礼""请你来协商"等，更大范围地拓展了服务种类。

5. 辐射周边，重社会性。作为一款线上小程序，"邻礼通"因与社区居民的日常生活更为贴近，故其功能实现不仅仅停留于虚拟空间领域，它更对"附近"社区的真实互动关系产生重要影响。"邻礼通"的用户来源于各个社区所管辖的居民，本社区人员能在小程序上看到自己所在社区的相关事务，形成共同的话语体系、共同的社区文化和公共话题。依托于真实社区的用户群，居民在"邻礼通"的使用过程中更易产生熟悉感，有利于打通线上线下的空间壁垒，推动构建社区关系网络，丰富社区社会资本。

二 复合治理体系创构及其生活性嵌合

"邻礼通"的主界面显示居民信息、网格信息和小区信息，不同于原先"邻礼通"1.0 版本的"物业助手""信息查询""网上议事""便民广场"四个模块，2.0 版本的"邻礼通"平台进一步细致优化，更新设置"我的有礼小区""物业助手""共商共建""社区通知""邻礼生活""联盟驿站"六大功能模块，围绕党建、治理和服务等主题，以小区为单元进行精细化营造，打造出可开放模块化的"线上"生态平台。在页面

---

① 引自衢州市柯城区政府资料《"邻礼通"——打造城市治理现代化"示范窗口"》。

选择上，除上述六模块构成的"首页"之外，"邻礼通"还设有"通知""积分兑换"和"个人中心"，其中"通知"和"积分兑换"页面实时更新，以便居民掌握社区动态、了解社区事务、参与社区建设。

"邻礼通"主页面模块构成

模块	主要服务
物业助手	物业缴费
	报事报修
	物业评价
	通行证
邻礼生活	左邻右礼
	温暖邻里
	家政服务
	小区超市
	便民热线
	有礼兑换
共商共建	选举投票
	事项表决
	民意调查
	邻礼志愿
	维修基金公示
	请你来协商
联盟驿站	网格支部
	力量分布
	党员亮身份
	党员报到

来源于"邻礼通"微信小程序主界面。

"邻礼通"小程序体现了信息技术嵌入社会治理实践而生成的基层"智治"新模式，其成为衢州市寻求科技赋能市域社会治理的生动实践及驱动社会治理体系和治理能力现代化的重要引擎。整体而言，"邻礼通"围绕"制度+技术"的运作逻辑，打造形成了共生组织式、淘宝缴费式、滴滴评价式、口碑激励式四种功能模式，这四种运作模式正是对应了社区居民日常生活的基本场景与主要内容。

（一）共生组织模式

共生理论的核心思想是通过合作互补、平等公正、共同发展的基本思路，最终实现对称互惠共生和一体化共生的共生格局。[①] 在城市社区的建设过程中，政府、社区工作者、物业、业主委员会、社会组织等充当着重要的角色，如何在社区这个共生环境中将多方主体有机结合起来，推动基层治理体系和治理能力的现代化，是当前社区治理转型升级的关键问题。

浙江省衢州市柯城区荷花街道地处衢州市区南侧，是主城区的中心街道，地域面积5.6平方公里，下辖9个社区1个行政村，总户数2.9万户，人口约8.2万人，辖区内房龄20年以上的小区就有17个，占总数的35%，加上6个拆迁安置小区和经济适用房小区，老旧小区楼幢数及居住人口数占比接近50%。[②] 因基础设施老旧、配套设施缺乏、物业管理不善等问题，这些老旧小区矛盾不断，而社区、居民、物业、业委会彼此分散，四者之间缺乏能够将其联系整合的纽带力量，松散的组织力量导致小区难以形成治理服务之合力，给城市基层治理带来了新的难题。为了改变上述治理乏力之困境，荷花街道以"党建+"为引领，率先尝试构建了以"网格党支部+业主委员会+物业服务企业+业主+各类社会组织"为基本组织架构的基层治理服务品牌——"红色物业联盟"，将党建元素充分融合进社区日常治理服务实践中，进而有效扭转了多元主体各自为政的格局。在积累总结形成系统性经验模式之后，"邻礼通"的上线及推广应用为"红色物业联盟"打通了智慧化数字治理渠道，使多方主体汇聚于统一的数字平台，规避多方主体职能分散、信息闭塞、沟通受阻的现实矛盾，从而提升信息共享水平，拓宽治理服务界域。

（二）淘宝缴费模式

阿里巴巴集团旗下网购零售平台"淘宝网"以第三方支付工具"支付宝"为担保平台，解决了"买家对于先付钱而得不到所购买的产品或

[①] 赵国强：《共生理论视域下推进城乡融合发展路径研究》，《河北企业》2019年第2期。

[②] 数据引自浙江省衢州市地方政府资料《城市老旧小区"红色物业联盟"治理模式的"柯城样本"》。

得到的是与卖家在网上的声明不一致的劣质产品的担忧;同时也解决了卖家对于先发货而得不到钱的担忧。这种三方支付理念破解了传统 C2C 网站支付的难题,促进消费者与商家间的交易信任"[1]。面对同样具有"缴费难"的物业费用问题,衢州市转变发展思路,借鉴淘宝三方支付理念,重构物业管理流程。即通过由街道推动设置的"邻礼中心",与加盟的小区业委会、物业公司签订三方协议,由"邻礼中心"代收代付物业费,将三方的角色职责在信息平台上进行统筹调适。通过"邻礼通"小程序,物业公司既可有效破解物业费收费难题,又极大提升服务业主的精准化和实效性,为物业公司减负增效。不仅如此,业主也可通过全天候的即时缴费、报事报修等便捷服务功能,实现信息零距离、需求快对接、隐患早排解,从而提高业主的获得感、满意度。

以衢州市信安街道紫荆花苑小区为例,该小区一年中经历两次撤换物业公司,并且物业公司撤走后带走所有信息致使公共账目混乱无序。特别是小高层水电费问题,欠费金额从几块到六千多不等,临时物业收费得不到居民的信任,业委会临时架构又不健全。为解决此类问题,社区依托"邻礼通"开设"小高楼水电费代收通道"功能,短短十来天收到 120 户的物业缴费,收缴率达 85.33%。由于缴费流程简洁,操作方法便利,信息公开透明,线上功能得到居民的一致好评。截至 2019 年 11 月底,紫荆花苑小区物业费仅收取 55%,自"邻礼通"应用推广后,同年 12 月份物业费收缴率就增至 93%,2020 年度第一季度已收取 43%,效果显著。[2]

以往居民通过拒缴物业费表达对物业服务的不满,资金的缺乏又进一步导致物业服务水平降低,由此产生恶性循环。"邻礼通"所构建的网络空间第三方缴费平台,在一定程度上缓解了居民与物业之间的矛盾,居民将物业费交付到"邻礼中心"第三方平台,平台以居民的线上评分为主要依据,根据物业服务表现制定拨付额度规定,增强了居民对物业的信任度,提升了物业服务费用收缴率。此外,"邻礼通"的线上付费功能打破了时间和空间的限制,让远距离、多时段交费成为可能,即使居民在收费

---

[1] 俞立平、李建忠、何玉华:《电子商务概论(第 3 版)》,清华大学出版社 2012 年版,第 55 页。

[2] 引自浙江省衢州市地方政府资料《巧用"邻礼通"破解"收费"难题》。

期间不在所居住社区的地理范围内，也可以动动手指完成缴费。不仅如此，"邻礼通"网上缴费功能上线后，便捷的收费功能也减轻了社区工作人员的负担，并节省大量的人力资本。可以说，"淘宝缴费模式"突破物业公司与业委会直接协商的传统做法，引入第三方主体使得物业公司真正被纳入到社区的治理场域中来，使得单纯市场关系向混合型社会关系转变。

（三）滴滴评价模式

"邻礼通"借鉴滴滴出行线上评价模式，实行"线上+线下"综合评价模式，即业主、联盟成员、物业公司、监管部门分别按照各自权重进行综合评价。其中，业主通过"邻礼通"小程序对"三保两报"（保洁保绿保安、报事报修）的服务质量进行线上星级评价。"红色物业联盟"召开议事会，按照"两率两度"（物业人员到岗率、事件处理率，网格配合度、重大事项配合度）进行线下打分。① 分数综合后，按照评星晋级规则，对绩效优秀的物业公司和业委会进行经费或项目奖励，形成监管单位抓大纲、联盟单位抓质量、业主抓细节的三环紧扣的评价管理模式。

"滴滴评价模式"借助"邻礼通"实现网络空间评价对现实活动的督促作用，此功能在上线以来取得了明显成效。以往居民报修总是苦于找不到直接负责人，自"邻礼通"开通此类功能后，在大数据平台就能将居民的诉求按照轻重缓急分为实时动态信息，并第一时间反馈到物业管理员手上。"滴滴评价模式"有助于疏通社区常年累积的物业症结，以破解"物业病"为出发点构建的"线上+线下"公共空间，不仅通过线上空间来进一步精准定位居民需求，还与线下针对性服务提供相结合，在提升社区服务效能的同时，进一步通过评价机制建立起居民与物业管理人员、社区工作者的信任与合作基础。

（四）口碑激励模式

"邻礼通"制定了"声望+贡献"双积分制度。一方面，居民通过按时缴纳物业费、评价物业、参加问卷、献言献策等，便可在小程序里获得相应的声望积分；另一方面，参与小区志愿服务、参加社区、小区组织的活动等，便可获得相应的贡献积分。② 街道不仅会定期对热心社区公益性

---

① 《数字化基层治理　信安街道有"未来"》，《衢州日报》2019年12月8日。
② 蓝晨：《"邻礼通"智治社区》，《衢州日报》2020年3月27日。

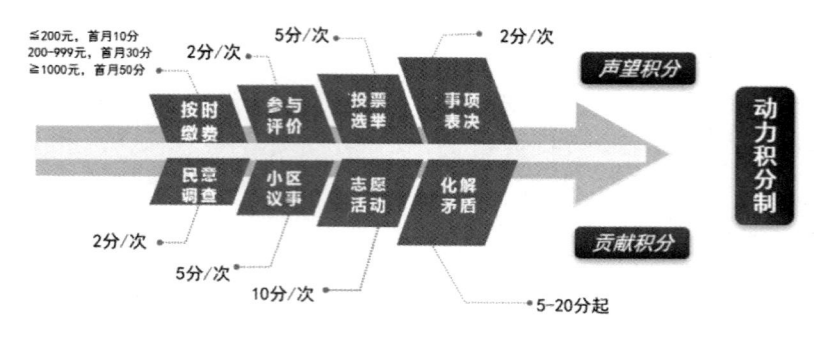

"邻礼通"动力积分制

来源于衢州市民政局汇报资料《衢州市基层治理工作情况汇报》，2020年6月。

服务的居民进行表彰，同时还为居民提供积分实物兑换，进一步激发居民参与社区公益性服务的积极性和获得感，营造人人参与服务、人人获得服务、人人提供服务的新格局。应该指出，"声望+贡献"积分制度使得服务"有积分"、积分"有荣誉"、荣誉"有实惠"，从而有效破解了基层激励和动员的难题。

如疫情防控常态化后学校陆续开学，紫荆花苑小区很多家长反映想开放东小门以方便学生早出晚归上下学。社区得知情况后，立即策划在"邻礼通"上开启以"护学路上，你我同行"为主题的紫荆花苑小区小东门护学志愿者招募活动，并在"邻礼通"上实现不同时间段的报名，居民可根据自己的时间计划进行自由选择。居民在完成志愿活动后会有相应的积分奖励，所获积分可用于兑换家政服务。这样一来，既实现了技防和人防的双保障，也促成了小区便民、防疫两不误。[①]

"口碑激励模式"本质上是网络空间营造的一种新型互惠模式，居民依据自身实际情况选择志愿服务活动，在帮助他人的同时也因服务邻里而产生自我效能感；此外，志愿时长积分在现实世界中能够兑换相应的服务和商品，这一行为本身带有交换色彩，但究其根本，兑换积分不以营利为目的，而是为了促进邻里间的互帮互助、友好往来。通过双重激励与志愿互惠，居民被进一步动员、参与到社区治理与服务过程当中，以此激活社区的社会性。

---

① 引自对衢州市地方政府工作人员的访谈记录。

三 "微治理"智慧平台运行逻辑

(一) 线上打通+线下汇聚

不同于传统社区治理模式,以往用于服务居民的资源是自上而下分配的,有困难的居民将情况反映给网格长后,再由网格长层层向上传递。同样,基层行政机关用于扶助困难家庭的社会资源,也是通过社区负责人、网格长层层下达。信息的层级递进一定程度上延误了需求的时效性,甚至不能清晰准确地传递居民实际需求和政策的真实意图,从而造成居委会、物业和居民间的信息断层,进一步导致社区矛盾滋生。衢州市引入"邻礼通"小程序之后,依托技术在社区社会关系网络中的多方联动与嵌入,社区逐渐形成了守望互助的线上公共空间。居民一旦发现什么问题,第一时间在"邻礼通"里发布需求,很快便会有相应的居民、物业管理人员、社区工作人员等在24小时之内回复解决。一家有难多家帮,许多小事在居民互助关系内部就可解决,从而不仅在网络空间中营造出互帮互助、邻里和谐的温情场面,也进一步延伸了邻里交往空间。

与此同时,衢州市积极开辟"邻礼通"的线下活动渠道,寻求技术与社会深度融合的实践创新。以衢州市恬静苑社区为例,自2020年4月以来,该社区依托"南孔圣地,衢州有礼"城市品牌,不断探索礼治社区的规范标准,通过组建礼事阁、礼驿站、礼讲堂等载体,培育出"邻礼汇"社区品牌,打造了15分钟"有礼社区"治理服务圈。其中,恬静苑社区的宫宝小区作为老旧企业改制小区,因为需要时常施工维修,经常会有居民和施工队伍的冲突发生。今年,社区"邻礼汇"在制定居民公约时广泛征集居民意见,制定出实践有效的"邻礼公约",逐步形成以"家园意识"为主导的社区文化纽带。不仅如此,社区还通过专家、草根轮流"课堂讲礼"促德治,从而提升了居民的道德素质与公共意识。退休音乐老师程才翔还发挥特长,主动将《邻礼公约》谱写成曲,在社区内广泛传唱,引起广泛好评。[1] 不少居民表示,"邻礼通"让本来陌生的邻居得以认识彼此,而社区工作人员推动开展的一次次线下活动,则进一

---

[1] 凌鑫:《以礼促治衢州幸福"邻礼汇"释放基层活力》,浙江在线,2018年11月6日,http://cs.zjol.com.cn/ycll_16501/201811/t20181106_8673774.shtml.

步加深了街坊邻居间的情谊。如今居民能够按照自己的需求和意愿自发联结，在社区形成较为稳定、密集的社区关系网，从而体现出居民公共生活参与的自发性、自主性与志愿性。

一般而言，社区实体空间往往受经济发展、基础设施、政策规划等因素影响，无法在所有方面满足不同居民群体的生活需求。在线上了解需求的前提下，嵌入在微信社交网络中的"邻礼通"所营造出的网络虚拟空间，有效弥补了现实世界中无法跨越时空的客观局限，为社区居民带来更加舒适便捷的生活服务。不仅如此，现实世界也为虚拟网络提供了实体场域，线下的"邻礼汇"使得居民能亲身参与到在地化的公共活动中来。正是通过"邻礼通"与"邻礼汇"的有效结合，基层社区营造了线上打通、线下汇聚的双重互动空间，从而进一步增添了治理服务内涵的丰富性。

（二）共享价值下的社区参与式治理创新

改革开放以来，中国社会的剧烈转型使得城市社会原来最重要的生活及工作共同体——"单位"逐渐走向功能性终结，城市的社会治理模式也随之由原来的"国家—单位—个人"转变为"国家—社区—个人"。从单位到社区的转变使人们的个体自主性显著提高，不再受限于以单位为圈子的"小公共性"。然而，在很长一段时间内，"单位"作为我国公共文化服务体系的主要承担体，不仅为公民提供了物质文化场所，更是成为社群共同的精神归属所在。"当传统意义上的单位制开始走向消解之时，人们虽然可以通过市场获取有形的物质资源，但在社会成员日趋原子化、新的公共生活空间尚未确立的背景下，公共精神生活资源却难以获得，由此引发严重的公共精神生活的危机。"[1] "邻礼通"的实践应用带来一种"生活方式的政治"，为社区用户提供了社区生活的多种选择渠道，其将社区生活进行重新地组织编排并嵌入进全新的结构之中，通过生活性的回归进一步重塑了居民的公共意识。

以世通华庭小区为例，其建筑总面积29万平方米，共有高层住宅26幢，住宅1927套，是一个体量大、人员结构复杂、流动性强的小区。按

---

[1] 田毅鹏、吕方：《单位社会的终结及其社会风险》，《吉林大学社会科学学报》2009年第6期。

照以往纸质投票方式，2000户的小区以书面征求意见的形式召开业主大会，会期至少要20天。社区工作人员在与筹备组、邻礼中心商讨后，经中心技术组研讨开发，最终实现了"邻礼通"线上平台民主投票。通过平台展示出业委会委员候选人简介、议事规则、管理规约等内容，从而进行公开透明的线上投票，短短9天，后台共收集到1434票，线上票数1005票，占总票数70%左右。从效率上来看，投票时间从原来的20天缩减为现在的9天；从人力成本上来看，原本需要30人的工作量现在减少至10人；从信息透明度上来看，"邻礼通"后台直接截图，实现全员公开；从成效上来看，突破区域限制，社区收集到更多的新思想、好意见，从而能够直接应用到社区实地建设中去。①

由此可见，当基层建构起符合居民个体利益及社区公共利益的协调系统并使其合理有效运转后，能够最大限度地调动居民对所在社区事务的积极性，提升社区认同感。"邻礼通"小程序是科技赋能"治理"升级的成功案例。一方面，"邻礼通"为社区业主、物业公司、政府（街道、社区）搭建了一个线上互动平台，为多元共治打通了有效渠道；另一方面，"邻礼通"小程序以科技赋能的形式，为更多居民参与社区自治打开通道，让社区居民能够突破时间与空间限制，参与到小区业委会选举、重大事项表决、民意民情调查等社区自治实践中去，最大程度激发起居民参与社区治理的热情。在这种共享价值、共同利益的驱动下，居民自觉地投入到社区公共生活中，与其他社区成员分担集体责任，体现了新时代下社区转型过程中公共力量的发育。

（三）邻里变"邻礼"：激活多元主体力量

作为与"邻礼通"线上平台相匹配的实体空间，"邻礼中心"在社区网格、业委会和物业公司的关系雏形基础上，进一步整合吸纳了各类组织和人才入驻，从而形成"共生型"组织，为居民服务提供了更为坚实的后盾基础和现实保障。

追溯"邻礼中心"的发展足迹，其最早在新加坡已有实践。新加坡的"邻里中心"又称街坊中心，其实质是集合了多种生活服务设施的综合性市场。作为集商业、文化、体育、卫生、教育等于一体的"居住区

---

① 引自衢州市地方政府相关报道《"邻礼通"让一票权益不再难》。

商业中心","邻里中心"围绕从"油盐酱醋茶"到"衣食住行闲"的12项居住配套功能,为百姓提供"一站式"的服务。① 新加坡"邻里中心"的概念源自于政府1965年推行并长期实施的组屋计划,作为新加坡城市规划的重要环节,"邻里中心"现已成为"智慧国"建设的成功经验之一。不同于新加坡的社区商业模式,衢州模式的"邻礼中心"将新加坡"邻里中心"中的"里"字改为"礼",意为通过线上线下双平台构建,邻里之间不仅得以交流互动,且能礼尚外来、以礼相待,形成良性发展的睦邻友好关系。"邻礼通"的主要功能是基于虚拟网络开展的,如若不能落地到实际生活中,极易造成线上线下双重空间的脱轨。为了真正落实"邻礼通"的社区服务功能,作为线下补充环节的"邻礼中心",链接了96811公众服务、教育培训、人力资源、老娘舅、律师团队等N类组织上线,形成"1+1+N>2+N"的"共生型"组织,从而为社区居民提供了更为便捷和多元的服务。

在我国城市社区的基层实践中,条块分割、资源错配是社区智慧化治理面临的共性难题。一方面,为社区提供治理服务资源的部门分属不同条块,相互之间缺少有效沟通与协调;另一方面,社区日常治理主体在整合高层级政府部门资源时往往力不从心,受限颇多。② 这样的组织形式往往造成部门间各自为政,形成"信息孤岛",从而造成社会资源的浪费和服务效能的低下。"邻礼中心"的设置极大促进了各部门的职能整合,其将分散的各个功能板块集中到一个大模块之中,形成的新型"共生型"组织,不仅解决了居民"办事难"的问题,也缓解了基层组织内部信息不畅、联络无效的工作困境。

第三节　社区治理结构重塑与智慧转型

一　发挥基层社区党群力量

作为社区治理和服务的主心骨,基层党组织在社区治理中发挥着

---

① 百度百科"邻里中心":https://baike.baidu.com/item/%E9%82%BB%E9%87%8C%E4%B8%AD%E5%BF%83/1768722.

② 沈广和、王梦珂:《基层智慧社区治理的现状、问题与对策思考——基于江苏省的调查研究》,《中国市场》2018年第4期。

"一核多元"与"一核多能"的治理核心作用和多重服务功能。① 如何有效发挥基层党建和党组织的核心作用,联动多方力量参与社区建设,最大限度调动社区活力和创造力,是当前城市社区智慧建设过程中面临的重要任务。衢州市根据自身社区发展现状,以"党建+"为引领,率先尝试构建"网格党支部+业主委员会+物业服务企业+业主+各类社会组织"的"红色物业联盟",并以"邻礼通"为使用媒介,开创具有可推广性的城市智慧治理新模式。

其一,建立组织架构。为解决多方主体职能分散、信息闭塞、沟通受阻的现实矛盾,衢州市各社区积极吸纳融合辖区业委会、物业公司中的党员红色力量,推动成立街道"红色物业联盟"联合党委和社区"红色物业联盟"联合党支部,建立起"1+N"党建融合共建机制。截至2019年12月底,已有105个小区完成共建机制,形成社区党委牵头,"社区+网格党支部+业主委员会+物业服务企业+社会组织+党建指导员"为主架构的组织形态。② 其中,建立了明确的主体职责:社区发挥主体责任作用,结合街道"功能模块化"改革,整合市、区、街道以及辖区内单位党组织的协同力量;网格党支部发挥支部领导力和执行力,加强人员、阵地、经费、制度、活动五大保障,做实"组团联社""两委联格""党员联户"等工作;"红色业委会"把好候选人环节,优先推荐社区党委成员、网格党员骨干等对象通过法定程序进入业委会,壮大红色力量;物业服务企业、社会组织通过物业联席会议、工作清单等做法,明确自身职能,切实保障居民权益;党建指导员发挥先锋模范带头作用,对"红色物业联盟"进行针对性地指导协理,并在居民中间广泛宣传党的路线方针政策,以营造社区党建工作的良好氛围。

其二,创新党建形式。"邻礼通"小程序是一次将政治引领融入社会治理,把党建优势转化为治理优势的生动实践。它打破了原有的条块分割的局面。让资源下沉重心下移,有力推进了体制上下打通、条块打通,让"党建统领+基层治理"治理体系真正"联"起来、"动"起来、高效起

---

① 曹海军:《党建引领下的社区治理和服务创新》,《政治学研究》2018年第1期。
② 引自衢州市委直属机关工委资料《深化党建统领社区治理,打造"红色物业联盟"升级版》。

来。"邻礼通"借鉴"红色物业联盟"的线下实践经验，配套出台"代收物业费三方协议""物业服务企业考评及物业费支付办法""积分管理办法"等六项试行制度，从组织形式、物业缴费模式、物业评价机制和积分参与形式上调动居民自治的积极性和参与度，让居民在线上轻松了解社区事务的同时，更促进其线下参与社区建设的实践活动。形成了"线上+线下""制度+技术"的小区治理服务的闭环，实现社区精细化治理、精准化服务，打通社区治理服务的"最后一公里"。[1]

其三，强化红色引领。"红色物业联盟"通过机关党组织、党员力量与城市小区"一对一"的有效整合，充分发挥出党的先进引领作用，为实现居民共治做好示范工作。机关党员通过"邻礼通"小程序中"党员线上报到""党员亮身份""党员联户"等功能模块主动亮明身份、联系到户，发挥党员先锋模范作用，带动广大群众参与城市基层治理。如在2020年2月初疫情防控"包区清楼"行动中，衢州市区两级113个部门党支部2500多名党员，运用"邻礼通"小程序在41个社区、195个小区进行线上报到，开展线下服务。通过他们的带动，2000多名党员群众志愿者自愿参与到各类疫情防控、文明劝导、支援社区等工作当中，累计服务达10万余小时，从而迅速完成了全区3300幢6.2万户住户基本情况的摸排工作，纠正了3000余户住户信息，进一步壮大了红色物业联盟的"朋友圈"。[2]

二 技术赋能社区智慧治理

当前，信息技术已然深刻改变着城市居民的生活方式、思维模式和互动行为，特别是智能手机、计算机、GPS导航仪等移动设备的出现，使居民日常生活涉及的交通、购物、休闲、医疗等方方面面均可以通过网络移动终端实现服务的个性化。[3] 如采集司机在道路行驶过程中的GPS数据，可以判断一段时间内交通流量的变化，避免更多车辆进入到拥挤路段，实

---

[1] 引自衢州市柯城区政府资料《"邻礼通"——打造城市治理现代化"示范窗口"》。
[2] 引自衢州市柯城区政府资料《"邻礼通"——打造城市治理现代化"示范窗口"》。
[3] 申悦、柴彦威、马修军：《人本导向的智慧社区的概念、模式与架构》，《现代城市研究》2014年第10期。

现出行的智慧化;搜索引擎出现的高频率词汇以数据比例形式体现人们对公共事件和热点话题的关注,体现社会互动的智慧化。换言之,只要居民进入到网络空间领域就会在虚拟互动中留下数据痕迹,这些痕迹可以用来判断使用者的行为偏好、消费习惯、社会需求等等,为社区治理提供具有参考价值的重要信息。

"邻礼通"的数据来源主要有三个途径:其一是社区存档的原有居民档案,即来源于在地化的家庭内部数据;其二是疫情防控期间以"包区清楼"等主要行动收集而来的数据;其三是依托省、市大数据局提供的基础数据。基于对这些数据资源的分析,可以形成更加精准高效的社区智慧治理方案,实现针对不同居民生活需求的智慧化服务。信息技术嵌入社会治理往往面临线上单循环而与线下脱离的问题,"邻礼通"的推广应用过程则体现出了促进"线上""线下"治理与服务有效耦合对接的理念创新。作为网络资源信息共享的平台,"邻礼通"衔接起技术与组织的双重功效,社区居民通过平台寻找所需的各种团体,社区管理人员在此基础上了解各团体间的活动需求,及时开展线下活动,不断激活邻里间的交流互动。这一过程本质上是一种"线上""线下"的双重互动,对于基层社区治理的智慧化建设来说这两者缺一不可。"线上"互动是迎合"互联网+"时代对于社区服务的智能化需求,而"线下"互动则是将社区建设真正落实到社区居民现实生活之中,进而培育社区建设的主体力量。[1]

三　重构社区多元主体参与

我国政府在社区管理中长期处于指导角色,导致社区建设具有依赖政府的传统,从而导致中间组织环节的缺失,当个人直接面对组织化的权力,社会原子化危机由此产生,主要表现为精神上的孤独无助和思想行为上的混乱,以及个体之间缺乏积极的、建设性的集体行动的资源和能力。[2] 因而,城市基层社区治理智慧化的一个重要指标,就在于能否利用

---

[1] 林娇琼:《"互联网+"背景下的智慧社区建设研究——对万科"睿服务"的个案分析》,吉林大学硕士学位论文,2017年。

[2] 田毅鹏、吕方:《社会原子化:理论谱系及其问题表达》,《天津社会科学》2010年第5期。

技术手段调动居民参与公共事务的热情，形成组织力与整合力，以克服原子化危机。

迈克尔·沃尔泽（Michael Walzer）指出："公民美德的关键标志是对公共事务的兴趣和投身于公共事业。"① 居民参与社区公共事务的热情有助于促进可信赖的合作行为。"邻礼通"通过积分制的形式对居民进行网络激励，即通过社区成员之间重复的合作性互动，提高成员的互动频率，增强成员间的信任，从而推动建立持续性、主动性的合作行为。不仅如此，通过"邻礼通"而形塑的治理空间，促进了社区内部的业主、业委会、物业公司、社会组织等多元主体占据独特的场域位置和互动角色，便于形成多边交互、共商共议的治理氛围，从而有效实现社区内外的循环流通。② 应该指出，"邻礼通"基于网络化逻辑而构建的"人—机—物"一体化的智慧系统，不仅提高了社群内部的互动频率与整合程度，还促进了政府、企业、社会组织和公众之间的协同共治，从而形塑了智慧社区协同治理新格局。

---

① Michael Walzer, *Radical Principles: Reflections of an Unreconstructed Democrat*, New York: Basic Books, 1980, p. 64.

② 引自对衢州市地方政府工作人员的访谈记录。

第 七 章

村情通:数字乡村治理模式的展开

"村情通"是生发于衢州市龙游县张王村的一种依托数字技术以改变传统乡村治理结构的基层治理行动模式,该模式通过信息化、现代化手段,利用网络信息技术赋能乡村治理,着力解决原有由村情阻塞带来的乡村治理难点、痛点,重点围绕农村党建、民情沟通、民情档案、服务基站、精准扶贫、基层网格等方面展开行动实践,后经多次迭代更新与推广,在畅通信息传输渠道、拓宽村民自治参与路径、完善政社联结协动机制、重建乡土社会结构等方面做出了积极探索并取得了突出成效。相比于一般性的技术治理平台,"村情通"具有运行领先、整体性强、公开透明化高和服务范围广等突出特点,有利于技术赋能乡村振兴与城乡统筹,实现乡村治理的"去塞求通"以及乡村社会的再组织、乡村生活共同体的重构。

第一节 乡村社会重建中的挑战

一 乡村社会变迁中的"通"与"塞"

传统的农耕时代的中国是以自然经济为基础的农业社会,传统乡村的封闭性和稳定性,决定了乡村人际关系具有熟人社会的性质[①],对于熟人社会的研究,是我们认知传统乡土社会的重要基础。"熟人社会"作为一个社会学概念,最早是由费孝通先生在其《乡土中国》中提出的,并以

---

① 夏支平:《熟人社会还是半熟人社会?——乡村人际关系变迁的思考》,《西北农林科技大学学报》(社会科学版)2010年第11期。

此概念来论述我国传统乡土社会的人际关系结构等问题。所谓熟人社会，是"乡土社会在地方性的限制下成了生于斯、死于斯的社会。常态的生活是终老是乡。这是一个'熟悉'的社会，没有陌生的社会"①。在此基础上，费老进一步指出，熟人社会的社会结构是"差序格局"，在这种人们没有具体目的只因在一起生产生活而发生的礼俗社会中，村民之间彼此了解熟悉，地缘血缘的高度一致使人们行事无须法理约束而是依靠自然而然"习"出来的规矩。在熟人社会中，人们生产、生活高度重叠，交往互动十分密切，信息的传播是广泛且快速的，因此，这一阶段乡村社会无论是人际关系，还是信息传递，抑或是规则约定都是"通"的，是通畅无阻的。

有别于传统的"皇权不下县，县下皆自治"的传统农村社会，中华人民共和国成立后，新政治在农村大体形成了完整的新的政治结构：行政村、村民委员会、村支部②，行政力的强势介入给乡村社会带来了重要转变。1953—1956年间，我国在短时间内基本完成了农业的社会主义改造，绝大部分农民参与到农业生产合作体制内，强有力的合作经济组织形式基本实现了中央对地方的纵向贯通，但政社合一模式下的"贯通"更多是管理而非服务，在此模式下，社队关系取代了原有自然村落时期的血缘、地缘关系，村落的实体意义开始弱化，乡村熟人社会的横向联结虽未被完全打乱，但也因生活空间和生产规模的扩大而开始出现松动。因此，人民公社时期的乡村社会在总体上呈现为"通"，但这个"通"以国家到地方的纵向管理畅通为主，辅之以被弱化了的熟人社会横向链接。

真正使乡村社会关系产生实质变化的是家庭联产承包责任制的实施，家庭联产承包责任制作为我国推行的一项重要改革，是我国农村土地制度的重要转折，也是促使乡村熟人社会变迁的重要一环，分户经营、包产到户的经营模式彻底冲击了人民公社时期生产队的实体意义。伴随家庭联产承包责任制的实行，1983年农村恢复了乡镇政权建制，1987年全国人民代表大会通过《村民委员会组织法（试行）》，逐步在全国建立村民委员会，自此，"乡政村治"完全取代了政社合一的人民公社模式，行政村开

---

① 费孝通：《乡土中国·乡土重建》，北京联合出版公司2018年版，第6页。
② 王沪宁：《当代中国村落家族文化》，上海人民出版社1991年版，第147—159页。

始替代自然村成为村民生活的重要单元。如此一来，村民的生产活动更少依赖村委会和生产大队组织，村民之间的横向链接因为生产的独立开始逐渐减弱，"规划的社会变迁"和真正现代因素的输入，导致现在的乡土社会越来越不同于传统的乡土社会了。① 贺雪峰用"半熟人社会"概念对行政村内的人际关系加以描述，"在半熟人社会中，村民之间已由熟识变为认识，由意见总是一致变为总有少数反对派存在（或有存在的可能性），由自然生出规矩和信用到相互商议达成契约或规章，由舆论压力到制度压力，由自然村的公认转变到行政村的选任（或委任），由礼治变为法治，由无讼变为契约，由无为变为有为（做出政绩才能显出能人本色），由长老政治变为能人政治"②。这一阶段，国家到个人的纵向链接随着人民公社的解体而失去了强劲的整合力与动员力，村民之间横向的链接也随着熟人社会向半熟人社会的转变而产生断裂，乡村社会开始出现了由"通"转"塞"的迹象。

随着改革的深入，我国乡村社会变迁日渐剧烈。客观上看，我国城市化进程不断加快，乡村人口流动性大大提高，大量农村劳动力外出打工，同时，土地流转、村集体经济等利益因素也日趋复杂化。除了工业化和城市化对乡村社会的冲击和破坏之外，土地制度的变革、农业技术的进步以及农业经营规模的大型化，也导致大量农业人口的离农化，从事农业经营和生产的农家的户数逐渐减少，进而引发农业地域的衰落。③ 主观上看，现代传媒的普及使乡村居民的文化观念、消费习惯、个人兴趣等都产生了差异分化，人们家庭生活的私密性和隐私观念不断提升，传统文化和地方信仰被挤压，传统的地方性共识越来越边缘化④，乡村熟人社会难以避免地走向瓦解。由此，农民组织化程度大大降低，乡村社会呈现出原子化倾向，依赖于熟人社会形成的信息传递模式式微，基层政府与农村社区关系、村委会与村民关系、村民内部关系间呈现出区隔的样态，以往声气相

---

① 贺雪峰：《论半熟人社会——理解村委会选举的一个视角》，《政治学研究》2000 年第 3 期。
② 贺雪峰：《论半熟人社会——理解村委会选举的一个视角》，《政治学研究》2000 年第 3 期。
③ 田毅鹏：《村落过疏化与乡土公共性的重建》，《社会科学战线》2014 年第 6 期。
④ 陈柏峰：《从乡村社会变迁反观熟人社会的性质》，《江海学刊》2014 年第 4 期。

通的乡村社会逐渐分化为以家庭为单位的孤岛，村落共同体与公共性遭遇消解的危机。如何以一种创造性的治理机制链接起乡村横纵交错的关系结构与信息网络，重构乡土联结，实现村民的再组织化，成为新时代乡村基层治理必须破解的现实问题。

针对于此，我国政策理论界与基层实践部门均展开了积极探索，形成了一系列颇具成效的创新模式，其中极富现代化逻辑的"网络信息技术赋能乡村基层治理模式"在推进乡村社会"去塞求通"的实践中收获卓越成效，乡村基层治理创新框架下的"数字乡村建设"成为理顺基层政府与乡村组织关系、破解村务公开问题困境、精准衔接公共服务与村民需求、打通基层治理最后一公里、重构乡村生活共同体的核心机制，值得我们对此加以深刻体认。

二 "去塞求通"的数字乡村建设意涵

"去塞求通"概念最早来源于戊戌变法时期，是梁启超基于创办报刊以开启民智这一重要认识而提出的。梁启超认为，国家积贫积弱的根本在于中国"壅塞"不通，这种"壅塞"表现在两个方面：一是"上下不同，故无宣德达情之效，而舞文之吏因缘为奸"，清王朝上层和臣民隔膜，不了解民隐民情，抱缺守残，不知维新[1]；二是中国"内外不通，故无知己知彼之能，而守旧之儒，反鼓其舌，中国受辱数十年，坐此焉耳"，政府故步自封，妄自尊大，对世界缺乏认识与了解。想要改变这种"壅塞"状态和国家的落后面貌，梁启超主张必须要"通塞去弊，变法自强"，这是他提出"去塞求通"思想理论及创办《时务报》的最重要思想来源和目的所在。在《时务报》第一册《论报馆有益于国事》中，梁启超对创办报刊及"去塞求通"理念加以明确说明："去塞求通，厥道非一，而报馆其导端也。其有助耳目喉舌之用，而起天下之废疾者则报馆之为也"[2]，即利用报刊"耳目喉舌"之效，以信息传播作为"去塞"的关键纽带，实现通上下、通内外。

---

[1] 王瑛琦、刘宾声：《从"去塞求通"主张的提出到"言论独立"思想的破产——试论梁启超新闻思想的三个阶段》，《学术交流》1996年第5期。

[2] 梁启超：《论报馆有益于国事》，《时务报》第1册。

本文借用梁启超"去塞求通"概念,并赋予其在数字乡村建设中的全新意涵,旨在说明乡村基层治理创新框架下,通过信息化、现代化手段,利用网络信息技术赋能乡村基层治理、疏通信息传输渠道、乡土社会关系、村民自治参与路径、政社联结协动机制,重构乡村社会,以实现原子化的乡村社会的再组织、公共服务与村民需求的精准衔接、基层治理"最后一公里"的有效打通、乡村生活共同体核心机制的重构。

第二节 乡村治理现代化与数字乡村建设

伴随网络信息技术的不断进步与发展,其愈发深度嵌入到经济社会生活的方方面面,特别是作为现代化的空间表征,城市地域成为网络信息技术发展与应用的前沿地带。在大数据、物联网、5G、区块链等高新信息技术迅猛发展的背景下,将网络信息技术嵌入和应用于城市治理体系,以提升城市治理能力,促进城市社会的理性化运行,成为我国新时代社会治理创新的必然趋势。由此,一系列诸如智慧城市、电子政务、"雪亮工程"等信息技术治理的模式创新,均在城市领域生发并获得快速发展。

相对而言,乡村世界则处于网络信息技术发展的边缘地带,其薄弱的经济社会基础成为技术治理模式展开的制约。新时期,伴随快速城镇化进程的推进和城乡一体化的中心战略任务的深度实践,农村的经济社会得到快速发展,组织关系结构发生剧烈变迁,我国城乡关系发生空前变动。在乡村振兴的宏观战略下,乡村治理现代化与数字乡村建设战略作为时代性议题,成为弥合城乡差距、推进城乡均衡发展与乡村振兴的核心机制。

一 乡村信息化建设的政策演进

党的十八大以来,我国在乡村信息化建设方面颁发了一系列政策文件,如农业部于 2012 年 12 月印发的《全国农村经营管理信息化发展规划(2013—2020 年)》,提出"加快推进农经工作信息化,提升农经工作科学化、规范化、制度化水平,进一步夯实稳定完善农村基本经营制度的工作基础,促进农村生产力发展和农村社会和谐稳定"。再如 2013 年中央一号文件《关于加快发展现代农业进一步增强农村发展活力的若干意见》、农业部 2013 年 1 月印发的《关于做好 2013 年农业农村经济工作的意见》、农业部等 2014 年 9 月印发的《关于引导和促进农民合作社规范发展的意见》等，均多次强调了"三资"管理的信息化、土地承包管理信息化、农业信息化服务建设的相关内容，可见在政策层面，网络信息技术是首先被纳入和引进农业经济领域的，这个阶段乡村世界的信息技术主要服务于经济建设方面。

2015 年 5 月中共中央办公厅、国务院办公厅印发的《关于深入推进农村社区建设试点工作的指导意见》，首次在基层治理与服务层面提出了乡村的信息化建设要求。特别是中共中央办公厅、国务院办公厅于 2017 年 2 月印发的《关于加强乡镇政府服务能力建设的意见》，将"提高公共服务信息化水平"作为一个重要部分单独提出，并作了具体要求，即"依托统一的政府公共服务平台，推动县乡（镇）之间、县级职能部门之间信息共享、互联互通和业务协同，构建面向公众的一体化在线公共服务体系，并为贫困乡镇建立线上线下互动的信息化综合服务点，推动医疗、教育、就业、社会救助、社会保险等政策落地"[1]。2017 年 6 月中共中央、国务院印发《关于加强和完善城乡社区治理的意见》（以下简称《意见》），《意见》以坚持城乡统筹、协调发展为基本原则，打破了城乡分途的传统论证模式，试图在更为广阔的范围内，对城乡基层治理的问题展开一个全新的叙述。[2] 特别是《意见》在"不断提升城乡社区治理水平"的版块提出加强城乡社区六大能力建设，对城乡社区提出一致性目标和要求，其中在"增强社区信息化应用能力"部分，《意见》指出，"实施'互联网+社区'行动计划，加快互联网与社区治理和服务体系的深度融合，运用社区论坛、微博、微信、移动客户端等新媒体，引导社区居民密切日常交往、参与公共事务、开展协商活动、组织邻里互助，探索网络化社区治理和服务新模式"[3]。以上述政策文件为牵引，网络信息技术逐步由农业经济领域延展至乡村治理与服务的综合性领域，网络信息技术赋能，一方面成为推动乡村治理与服务现代化的重要凭借，另一方面，网络

---

[1] 中共中央办公厅、国务院办公厅：《关于加强乡镇政府服务能力建设的意见》，2017 年 2 月。

[2] 田毅鹏：《农村社区治理能力现代化的新取向》，《政治学研究》2018 年第 1 期。

[3] 中共中央、国务院：《关于加强和完善城乡社区治理的意见》，2017 年 6 月 12 日。

信息技术应用更成为统筹城乡治理水平与推进公共服务均等化的重要载体。

二 数字乡村建设战略的提出

伴随乡村治理信息化政策的不断深化与实践的持续推进，凭借网络信息技术赋能的乡村治理与服务的体系不断健全，水平大幅提升，依托于网络信息技术的乡村技术治理模式初见端倪。在"乡村振兴战略"的宏观统摄下，党的十九大以来，我国提出了"数字乡村建设战略"，并将其作为"数字中国建设"不可或缺的一部分。围绕此战略，中共中央、国务院、国家各部委先后印发了一系列文件，以推进和保障其顺利实施。

2019年5月，中共中央、国务院印发了《数字乡村发展战略纲要》，对数字乡村进行了官方界定，即"数字乡村是伴随网络化、信息化和数字化在农业农村经济社会发展中的应用，以及农民现代信息技能的提高而内生的农业农村现代化发展和转型进程，既是乡村振兴的战略方向，也是建设数字中国的重要内容"[1]，同时针对"互联网+"、网络平台、大数据等技术嵌入乡村治理格局布置了具体任务。2020年5月9日，中央网信办等四部门联合印发《2020年数字乡村发展工作要点》，《2020年数字乡村发展工作要点》明确了2020年数字乡村发展的工作目标，并特别提出了"推进乡村治理能力现代化"的主要任务，其中重点包括：提升乡村治理信息化水平，推动"互联网+"乡村治理；推进"互联网+村级公共服务"，加快村级公共服务综合信息平台建设；完善民生保障信息化服务，依托"金民工程"项目，推进社会救助系统在全国的应用推广等方面工作。2020年7月18日，中央网信办等七部门联合印发《关于开展国家数字乡村试点工作的通知》，指出"数字乡村既是乡村振兴的战略方向，也是建设数字中国的重要内容。开展数字乡村试点是深入实施乡村振兴战略的具体行动，是推动农业农村现代化的有力抓手，也是释放数字红利催生乡村发展内生动力的重要举措"[2]。

综上所述，伴随"数字乡村建设战略"的提出，相关政策文件以非

---

[1] 中共中央、国务院：《数字乡村发展战略纲要》，2019年5月16日。
[2] 中央网信办等：《关于开展国家数字乡村试点工作的通知》，2020年7月18日。

常密集的频率颁发，旨在按照实施乡村振兴战略的总体部署，以解放和发展数字化生产力、激发乡村振兴内生动力为主攻方向，以弥合城乡数字鸿沟、促进农业农村经济社会数字化转型为重点，积极探索数字乡村发展新模式，加快推进农业农村现代化建设，促进农业全面升级、农村全面进步、农民全面发展。鉴此，依托于网络信息技术发展与应用的乡村治理现代化和数字乡村建设，业已成为推进乡村治理体系与治理能力现代化的重要支撑。

概括而言，网络信息技术赋能乡村治理与服务产生了诸多重要的效益，其中特别值得关注的便是其有助于实现乡村社会"去塞求通"的社会良性运行目标。前文提到，我国的乡村社会关系与治理结构经历了由"通"到"塞"的转换与变动。在此背景下，乡村治理现代化与数字乡村建设相关政策的颁发及其实践，为破除乡村内部关系壁垒，重新构建起联结通畅的乡村社会治理结构提供了可能。其中浙江省衢州市龙游县所探索打造的"村情通"平台，在乡村社会"去塞求通"的治理与服务实践中，极具示范性和可复制性。

第三节　村情通：乡村数字化治理的龙游实践

随着城乡一体化与数字下乡进程的不断推进，数字技术愈发成为乡村治理升级的重要凭借。当前，我国基层在数字乡村建设方面已经进行了一系列积极尝试与探索，并形成了一批极具典型示范性与可复制推广意义的案例模式。作为乡村建设与基层治理现代化的先行者，浙江省衢州市龙游县创造性地将数字信息技术嵌入传统网格化管理体系之中，打造了具有龙游特色的"村情通"智（治）理平台，在乡村治理精细化、公共服务精准化等方面取得了突出成效，是以数字技术助力基层社会共建共治共享的鲜活实践。

龙游县隶属于衢州市，位于浙江省西部，县域面积1143平方公里，辖6镇7乡2街道，总人口40.4万，其中农村人口27.7万，是传统农业县。2017年以来，龙游县将诞生于张王村的"村情通"综合信息服务平台推广覆盖于全县行政村，并按照"党建统领、群众路线、智慧治理"的思路，以打造"枫桥经验"升级版、"三民工程"智慧版为愿景，在全县262个行政村、10个社区和工业园区推广"村情通+全民网格"模式,有效破解基层组织作用发挥难、村情民意掌握难、群众办事诉求难、参与治理难、脱贫致富难等现实问题,走出了一条以数字技术为支撑的智慧化、可复制的乡村基层共建共治共享治理之路,成为乡村数字治理的典型经验与优秀样板。龙游县相关经验做法陆续被《人民日报》《半月谈》《浙江日报》等媒体关注和报道,连续多年被省委、省政府授予"平安县"荣誉称号,并获评2017年度全国平安建设先进县;2018年12月,"村情通"获评"第五届浙江省公共管理创新案例十佳创新奖"和"浙江省民生获得感示范工程";2019年3月,"村情通+全民网络"模式获评全省20个"最多跑一次"改革地方最佳实践案例之一。①

一 村治困境与平台构建

(一)张王村基层治理困境

张王村地属平原,海拔44米,以祖姓张、王之姓得名。旧名里王,村呈块状,主姓张、王。据《民国县志氏族芎》载,王氏始祖名广志,于元大德六年由县北上王迁东乡里五,即今张王。张氏始祖系彦机之后,明宣德间,有徙居县两大都麻坪者,其后又分居县东今里。后张氏族繁多,改里王为张王。张王村位于龙游县城绕城公路旁,距46省道0.5公里、杭金衢高速龙游入口2.5公里,处城市规划区内,地理区域优势明显,有600多亩农田土地,30多亩连田湖泊,土地肥沃,适合种植、养殖等农田式休闲开发。目前,张王村常住人口760人,有3个自然村,7个村民小组,33名党员,38名村民代表。② 如前文所述,随着工业化、城市化进程的加快,乡土社会正在发生着剧烈且深刻的变化。张王村作为经济发展速度快、工业化城市化速率高的浙江乡村地区,其乡村社会结构面临更为严峻的冲击与挑战:

首先,乡村熟人社会的解体与原子化倾向的产生,使得张王村农民组织化程度极大降低,依赖于熟人社会形成的信息传递模式面临着解体,直接导致基层政府与农村社区关系、村委会与村民关系、村民内部关系间呈

---

① 内部资料:《"龙游通+全民网格"模式情况汇报》,2019年6月25日。
② 内部资料:《衢州市龙游县张王村村志》。

现出区隔的样态，以往声气相通的乡村社会逐渐分化为以家庭为单位的孤岛，村落共同体与公共性遭遇消解的危机，给张王村的治理带来前所未有的难度与挑战；其次，浙江省作为我国经济强省，城市化率高、农业技术进步速度迅猛、农业经营规模大型化等，使得张王村从事农业经营和生产的农家户数不断减少，大量年轻村民去往城市打工，同时，村民的家庭生活的私密性和隐私观念不断提升，文化观念、群体意识、地方信仰等分化明显，这些都导致了村民与村干部之间的沟通急剧减少，村干部走访农户、了解村情民情频次不断降低，"干群"关系日渐疏离；最后，村务公开是村民实现知情权，保障村民充分了解村务管理信息，进一步行使决策权、管理权、监督权的前置性条件①，随着土地流转、取消农业税等政策的落地，村集体经济利益因素日趋复杂化，村务公开意义更为重大。但在实际运行过程中，由于多数村民参与乡村公共事务的意识、能力存在局限，部分村干部对乡村治理重视程度低，张王村在村务公开方面始终存在着监督不到位、公开效度低等问题。如此一来，"干群"信息不对称、村务信息不透明必然导致村民对村委信任度急速下降。近年来，张王村在推进村民参与治理、掌握村情民情、实现村务公开、破解群众办事难等重点工作过程中，面临着信息阻塞、关系区隔、渠道不畅等多重挑战，其实质便是"干群"信息不对称、村务信息不透明等乡村"塞而不通"问题带来的多重后果。

在此背景下，张王村"村情通"的设计与运行是极具现实意义的一次尝试与挑战，其成功经验在推进乡村社会"去塞求通"、提升乡村治理现代化能力、利用数字化赋能乡村建设，以及破解村务公开问题、重构乡村生活共同体等方面取得了卓越成效。

（二）"村情通"平台的发展演进

张王村"村情通"起源于2016年村支书袁平华的一张手绘草稿。2013年袁平华在担任张王村村书记之初，村里工作开展面临重重困境，村里除了会计账本，其余有价值的资料很少，村干部与村民之间信息沟通不畅、村民诉求上报无平台、村民投诉上访不断、组织动员村民群众难度

---

① 程同顺、赵学强：《村务公开的路径障碍与制度改进——兼评新〈村民委员会组织法〉的修改》，《学习与实践》2013年第4期。

高等问题亟待解决。由于村务信息公开度低,村民对村委不信任,村情民情了解难度大,为改变现状,袁书记发挥自己多年农村工作经验,带领新一届村两委班子坚持问题导向,理清思路,深入村民家中查找问题、聆听村民心声与需求。通过调研,村委会发现村内问题最关键症结在于村务公开不到位,村干部与村民之间信息不对称,村民无法了解村委工作,村委对村民的诉求也掌握不到位。针对以上症结,袁书记想到利用现代化数字技术,设计一款智能手机软件,把村里大大小小的事情通过软件发布出来,这样村民时时刻刻都可以掌握村内动态,从而解决村内信息不对称、不公开的问题。循着这一思路,袁书记手绘了一张思维草图,找到了自己从事软件研发设计的朋友,在朋友的帮助和指导下,软件初具雏形。2016年6月5日,张王村率先通过"村情通"手机应用软件发布了"办理低保"的第一条村情动态信息,一日之内浏览量高达280余次,最初,符合低保申报条件的村民抱着试试看的心态,带着身份证、户口本到了村委会,没想到真的办下来了,"村情通"一下子就在张王村火了起来。该软件初期设置了"党员先锋""村情通知""三务公开""亲情网格""村民信箱""红黑榜"等11个板块,并对支部党建、村务公开、村务管理等实行移动信息化管理,村民可以在线与村委会进行互动沟通,随时浏览软件上发布的各个信息,干群之间"信息不对称"的困局也迎刃而解。

然而,"村情通"在张王村的推行也不是一帆风顺的,比如,因自家院落卫生差而在"红黑榜"中"黑榜"上榜的居民就对"村情通"表示了强烈不满,到村委会抗议:"就是因为这个'村情通',我们家在全村人面前丢了面子,全村都知道我家卫生差!"[①] 后来,村干部向大姐展示了"红榜"上村民院落的照片,带着她挨家挨户地走了一圈,让她自己作比较、找差距,并告诉大姐只要她把庭院卫生做好就会把她家从"黑榜"上撤下来。正是这样一件件小事的不断解决,"村情通"在村民中逐渐被广泛应用。

在解决了最基本的信息公开需求后,袁书记又为"村情通"增加了"美丽乡村""平安服务""全科网格""计划生育办理"等全新模块,其中"美丽乡村"板块设有"随手拍"和"评分"功能,村民们可以通过

---

① 资料来源:2019年9月在衢州市龙游县张王村对袁书记的访谈资料。

智能手机的拍照和二维码扫描功能对村内大小事项及时反映、及时评价。通过这一功能，村民们对村务参与热情明显提升，原本呈现出原子化的村落因为共同事务的讨论与参与，激活了乡土文明本身具有的超强黏合性，促进了村落的内聚与整合。通过"村情通"平台的搭建，张王村发生了翻天覆地的变化，从"后进村"一跃成为"标杆村"。

二 县域推广与平台优化

2017年4月，张王村的成功经验做法引起龙游县委、县政府高度重视，龙游县"美丽乡村现场会"在张王村召开，来自15个乡镇、17个试点村的干部、工作者参加了这次现场会，在会上，袁书记详细介绍了"村情通"的起源、发展契机、具体模块、工作成效等方面，并展示了"村情通"的应用与操作。听完袁书记的介绍，县委领导对"村情通"在乡村治理现代化方面所取得的成绩给予了高度肯定，认为"村情通"是构建与完善乡村数字治理新体系的有力支点，是实现打通基层治理"最后一公里"向乡村延伸的重要突破口，值得全县学习推广。

2017年6月，县委在经过对"村情通"展开认真充分的调研论证的基础上，制定了"'培训＋竞赛'推进全县快速学习"的模式。首先，全县分4批先后开展了"村情通"推广工作培训会，由张王村介绍工作经验，各行政村学习借鉴张王村的成功经验，并结合各村实际情况，依样设计符合本村实际的"村情通"平台。其次，为了加快推进速度，形成良好的学习氛围，全县开展了轰轰烈烈的"村情通"推广竞赛活动。县里对各行政村"村情通"的村民参与度、互动数量、在线活跃人数等维度指标进行排名，并参考张王村"红黑榜"的做法，对排名前20的行政村计入"红榜"加以表扬，对排名倒数10位的行政村计入"黑榜"提出批评。通过竞赛助推，2017年7月底，龙游县在不到两个月的时间内就实现了"村情通"县域范围全覆盖以及"一户一人"的参与关注比例。经过四轮的竞赛大比拼，2018年5月，全县"村情通"关注用户达22.14万人，占全县总人口（40.4万人）的54.80%，实名认证13.21万人，日均登录人数1.5万人左右。其间，全县"村情通"累计处理事件约为2.4

万件，群众 90% 以上的诉求能够在村内得到及时、满意的解决。① 至此，张王村的成功经验做法从村里走向全县，在全县域得到普遍应用。

随后，县委以系统整合优化为抓手，以群众需求和基层难点为导向，对这一"草根创新"平台边推广边迭代创新，考虑到 1.0 版本"村情通"需要安装手机应用程序，可能会对部分年长的村民带来安装上的不便，县委带领各行政村注册了"村情通"微信公众号，将原有手机应用程序的内容迁移到公众号中并加以完善与更新，形成了"村情通" 2.0 版本。2.0 版本在 1.0 版本的基础上，整合了"最多跑一次"改革办事模块，接入农商银行普惠金融、不动产申办、出租房申报等业务，同时，2.0 版本还新增了"网上约办""精准帮扶"功能，为村民带来便利的同时，也大大提升了工作效率。另外，通过无缝对接"全科网格"，量身定制网格的"操作系统"，形成了以微信公众号为前端，手机钉钉和电脑 PC 为后端的"一号两端"构架，通过收集与发布信息、在线客服、电子办公智能化、后台推送等流程，实现前端与后端交互处理村务信息，探索形成党建、平安、管理、服务、信用等五大体系，在龙游全县域推广应用"村情通"网格化服务管理平台。2018 年 5 月，随着"村情通"的不断成熟，龙游县又相继推出"社情通"与"企情通"，将服务对象延伸至社区居民和园区企业，以点带面推动全县数字化治理服务能力不断升级。

三 运行框架与做法成效

（一）基本运行框架

经过不断升级与完善，目前"村情通"有微信、钉钉和 PC 三个端口，微信端主要面向广大村民；钉钉端主要面向"一长三员"和村两委成员；PC 端主要面向龙游县综合信息指挥中心和乡镇综合信息指挥室。这三个端口面向不同群体，前端（微信）和后端（钉钉、PC）动态交互式管理，做到为民服务全方位、立体化。

微信端作为直接面向广大群众的前端端口，其信息与服务板块最为丰富，微信端通过扫描二维码或在微信搜索公众号即可进入"村情通"页

---

① 康晓强主编：《"村情通"——新时代乡村治理新模式》，人民出版社 2018 年版，第 34 页。

面。主页面主要包括"首页""两委成员""组团联村""概况村规"和"个人中心"五大板块：

"首页"板块，展示用户定位村以及"村情通"最主要的办事模块、影音媒体链接、新闻动态。首页最上方，为用户展示了当前所浏览的是哪一村，并配有该村图片，用户可根据需求任意切换所要浏览的村；办事模块，包括以"党员教育""乡村振兴""基层治理""我要办事"构成的全县通用模块和以"村情动态""三务公开""讲堂在线""村民信箱""宣传学习"等构成的各村特色模块，村民们可以根据自己需要把最常用的办事模块移动到首页，方便使用与操作，并可以随时查阅村情动态、在线办理业务、浏览招聘信息等；影音媒体链接，包括"电视""广播""报纸""文旅"和"购物"，用户可以在线观看电视直播、收听龙游电台、浏览龙游新闻网、了解龙游文化旅游信息，并在线购买商品；新闻动态一栏，会实时发布龙游县、乡镇、村社三级新闻动态，并增添搜索栏，用户可随时浏览并查找县内各级新闻公告，疫情期间还增设了疫情防控信息。

"两委成员"板块，内设"两委成员""一日一值班""一周一集中""每月沟通"四个模块。"两委成员"展示用户当前浏览村的村两委成员姓名、职务并配有照片；"一日一值班"公布每日值班人员的姓名、电话与职务，用户可以在该页面直接拨打值班人员电话；"一周一集中"记录了每周村两委例会的会议记录并配有会议照片；"每月沟通"记录了每月村两委例会的会议记录、会议照片以及村内公共事项的村两委决议。

"组团联村"板块，包括"联村团员""联村日志"两个模块。"联村团员"展示用户当前浏览村的联村团员姓名、职务并配有照片；"联村日志"记录了联村团员每周的工作日志及工作照片。

"概况村规"，包括"村情概况"和"村规民约"两个模块，对村情村规进行了详细描述与展示。

"个人中心"板块，可以查看用户活跃指数以及"个人设置""我的发布""村通讯录""扫一扫""积分兑换"等模块，用于设置并查看用户本人相关信息。

另外，钉钉和 PC 两大端口主要面向工作人员及县乡指挥中心，用以发布信息、回复村民信箱留言、处理网上预约办事和实时掌握在线人数、

第七章 村情通：数字乡村治理模式的展开 / 173

"村情通"主界面

统计后台数据等等，极大提升了办事效率和数据精准程度，为前端运行提供了有力支持和大数据保障。

（二）具体做法与成效

伴随"村情通"系统的不断升级与实践应用的不断成熟，龙游县进一步依托"村情通"，在基层治理环节充分发动街乡干部、社区工作者、各类社会组织、驻区单位以及村民等多元治理主体，创新推出"村情通+全民网格"模式，通过"互联网+网格"赋能乡村治理并在全县域推广应用。

第一，创新"村情通+农村党建"，强化基层党组织核心作用。依托

"村情通"平台,龙游县将"党支部建在平台上,党小组建在网格上,群团建在群众'指尖'上"。党员可在"村情通"及时接收上级精神、时代先锋学习课件,随时通过线上学习获得学分,并可随时在"村情通"发布各类实事并上传活动图片,如做好事、联户走访、清理卫生、参与"五四三"工作,等等,并按"零基积分"考评办法获得相应得分。同时,"村情通"公开"积分排行"和"实事排行",让群众进行监督与评议,引导党员主动参与重点工作,村民则可以第一时间在"村情通"平台上知晓和了解基层党组织和党员所做的工作,看到全村党员的积分排行,并可以为某个党员点赞,促进党员带头干。在"村情通"上,村两委晒工作,党员晒实事,动员村民监督党员干部,使党员干部形成比学赶超的良好氛围。截至 2019 年 6 月,全县 2.5 万余名党员、1800 余名村两委干部以及村民代表均被纳入"村情通"平台管理,覆盖率 98.6%,实现"离家不离党、流动不流失"。"村情通"日均发布党员干部学习、办实事动态 500 余条,获点赞 3000 余次,党员干部累计参与学习 102.87 万次,发布实事活动 4.48 万次,获得群众点赞 31.69 万次,群众对党员干部认可度明显提高,基层组织凝聚力、战斗力明显增强。[①]

第二,开拓"村情通+民情沟通",公开乡村治理全过程。"村情通"平台的运行突破了传统民主决策参与度低的问题,为村民参与和民情沟通架设了一条新路。一是"村情通"将"三务"公开模式加以创新,及时在线上将涉及广大群众的普遍性、重点性问题进行发布,村民可以通过手机实时查看,并参与到村务决策与监督环节。二是"村情通"将"全民网格"制度纳入其中,即调动全村村民通过"随手拍""村民信箱"等在线功能,对身边庭院脏乱差、邻里矛盾等问题拍照上传,并设立评比"红黑榜"。对于曝光的问题,村两委要限时办理、反馈,真正起到助推乡村的村容村貌焕新与平安建设的作用。三是"村情通"推出了"民主协商"版块,让广大村民对村落重要事项、热点问题进行民主协商、意见表达,有效解决群众参与村务决策和监督难的问题。通过"村情通+民情沟通"的开拓,龙游县各村村民的自我管理、自我服务、自我教育、自我监督得到有效加强,真正激活了乡村治理的"自治"。四是联动高效

---

① 内部资料:《"龙游通+全民网格"模式情况汇报》,2019 年 6 月 25 日。

化，破解群众参与社会治理难，打造共建共享的"治理样板"。"村情通"利用实时、公开、留痕的特点，保障落实群众的知情权、参与权和监督权。例如"民主协商"版块，村委通过"村情通"召集村民对重大村级事项、村内热议问题进行投票表决，对于解决村民参与村务决策难、监督难等问题有极大帮助。到 2019 年 12 月，累计发布信息 28.7 万条，办事 54.1 万项，办理群众举报、反映、建议、求助等事项 3.8 万余件（其中"村民信箱"1.5 万件，"随手拍"2.3 万件），办结率 100%[①]，"村民信箱"和"随手拍"自成立以来，就受到村民的广泛关注，并在逐步运行中取得了村民们极高的信任与赞赏。

第三，用活"村情通 + 民情档案"，精准掌握农村民情信息。破解村情民情掌握难的困局，打通联系乡村的"神经末梢"始终是"村情通"平台运行的重中之重。龙游县针对于此，创建起"民情档案库"，将户籍、土地、住房等 40 余项信息通过电子化方式登记在册，并建立留守儿童、低保户、空巢老人等特殊（困难）群体专项档案库。利用网格员走访巡查，实时动态更新，并对有无违建、污水排放、平安消防、食品安全、矛盾纠纷等情况进行反馈。有效解决以往农村"干部调整、档案消失"的问题。目前，张王村数据库有各类信息上万余条，极大地提高了工作效率。以村委会换届选举工作为例，以往整理选民名册需 3 天，现在运用"村情通"数据库，3 分钟就能完成。

第四，建好"村情通 + 服务基站"，方便村民办事解困。"村情通"与浙江省"最多跑一次"改革无缝衔接，升级为覆盖性极强的基层服务站。一是打通"村情通"服务模块与浙江政务服务网、龙游公安、计生平台等办事数据接口，整合"政务公开""网上办事""网上查询"三大功能，推出"跑一次""全代跑""零审批""零跑腿"清单，户籍、计生、残疾证、合作医疗等 879 个事项实现"指尖办"。[②] 二是开设"网上约办"业务，村村建设网上代办服务点，村民可通过语音和文字约办，

---

① 内部资料：《龙游县"村情通 + 全民网格"开启农村社区共建共治共享新模式》，2019 年 12 月 27 日。

② 内部资料：《龙游县"村情通 + 全民网格"开启农村社区共建共治共享新模式》，2019 年 12 月 27 日。

网格长和网格员同时收到讯息，形成了网格员上门代办，网格长督办。以干部跑、数据跑、快递跑代替群众跑，解决农村群众办事跑路远、环节多、手续烦等问题，实现"最多跑一次，跑也不出村"。三是设立"信息广场"版块，整合家政服务、求职招聘、房产信息等民生服务进入在线平台，让"掌上生活"切实服务每一位村民群众。目前，"村情通"更进一步整合"网上约办""移动办事""网上信访""龙游人保"等在线服务功能模块，开发上线"我要办事"版块，方便群众"指尖办事"。其中，"网上约办"为远居异地的村民们带来了实实在在的便利：

> 蒲山村一对远在西安工作的夫妇喜忧参半，喜的是家里有小生命即将降临，忧的是夫妇俩知道以往办理准生证手续复杂，需要本人拿材料才能办理，可是两人远在千里之外，为办理准生证的事西安、衢州两地跑来跑去，不仅没办法向工作单位频繁请假，也不利于孕期身体健康。左思右想之后，夫妇俩联系了村妇联主席，村妇联主席告诉夫妇俩，如今有了"村情通"，办理准生证不再需要两地奔波，外地村民把身份证、结婚证等资料拍照上传，即使远在千里之外，也能轻松办好准生证，交给"村情通"就行了。原来，用户只需要在"村情通"平台上上传证件照片及相关资料，收到信息后，乡镇计生办工作人员就会第一时间对上传资料进行审核，通过后就立即下发准生证给办理人。证件办理结束后，办理人只需要在"村情通"上下载准生证文件，自行打印即可。在平台上看到准生证的夫妻俩对"村情通"赞不绝口："'村情通'真的是帮了我们家大忙，照片上传后当天就有证了！"[①]

第五，开发"村情通+精准扶贫"，带领村民增收致富。"村情通"开设"精准帮扶"版块，将工会、团委、妇联、残联等群团组织和扶贫办、民政等部门的扶贫项目上网公开，便于村民了解和一键申请，并引入"龙游飞鸡"等社会创业项目，在"信息广场"版块开设"农家土货"专栏，农副产品可在"村情通"平台出售，为村民搭建了农产品等资源

---

① 资料来源：2019年9月在衢州市龙游县张王村对袁书记的访谈资料。

的流通平台,增加村民增收致富渠道。同时,进一步优化精准帮扶项目申请的流程,更新精准帮扶项目,方便群众在线申请。下一步将设置益农信息,提供农业政务、商务信息浏览,开设农民信箱,提供农业咨询、互动交流服务。2019年,共收到圆梦助学、残疾人证办理、养老服务补贴等20余项精准帮扶申请200余条,村民在"农家土货"专栏发布农副产品出售信息100余条。①

有了"龙游飞鸡"扶贫基地帮忙,71岁的Z大爷一改愁眉苦脸,他家养殖场每天鸡蛋总数可达200个以上,如今是喜上眉梢。Z大爷的养鸡场就在龙游县龙南山区渡贤头村。这里拥有茶林、竹林、松树林,满眼碧绿绵延不绝,再加上池塘、山泉、小溪沟,自然条件得天独厚,利用良好的生态环境,养起了"龙游飞鸡",他也因此走上了脱贫之路。9年前,Z大爷的大儿子在外地打工突然病倒,为了治好儿子的病,他带着儿子跑遍省内外许多医院,花了近10万元钱,遗憾的是未能治愈,儿子落下一级残疾,生活不能自理。为了照顾瘫痪的儿子,夫妻二人只能在家门口附近打打零工,随着年龄增大,打工也没人录用,生活十分困难。2017年7月,Z大爷在"村情通"牵线下,申请加入了由两位回乡创业青年创办的"龙游飞鸡"精准扶贫基地。公司根据他家情况帮他,从山上搭建鸡圈围栏到安装监控再到打疫苗,并免费供应鸡苗,指导他科学饲养。"我完全没有后顾之忧,在家每天平均有五六十元收入了。"为了表示感谢公司,Z大爷十分讲究信誉,不少顾客听说他的鸡好、鸡蛋好,上门来买,但他都一一谢绝,"之前说好的,鸡和鸡蛋都由公司回收,统一售卖。"Z大爷一家的生活条件也渐渐好转。今年他计划养600只鸡,预计每天平均收入可以达到百元。"好日子终于来了,不瞒你说,我笑得都比以前多了!"②

第六,构造"村情通+基层网格",实现疫情有效防控。在全面抗击

---

① 内部资料:《"龙游通+全民网格"模式情况汇报》,2019年6月25日。
② 鲍卫东:《龙游七旬老农喜养"扶贫飞鸡"》,《衢州日报》2019年5月24日。

疫情的关键时期，衢州全市上下高效联动，运用大数据思维，形成"政企通""村情通""邻礼通"为主体架构的"三通一智（治）"智慧衢州线上服务体系。其中作为服务农村基层信息载体的"村情通"在乡村基层疫情防控领域发挥了重要作用。一是"村情通"平台专门增设"疫情专报"栏目，疫情期间累计发布1510条，提供线上咨询1.7万次，村情动态累计14528条，宣传学习信息累计26783条。其中，单条信息阅读量在10万+的信息253条。"疫情专报"有效避免了疫情期间群众获取信息渠道多、信息质量参差不一等问题，破除网络谣言，减少群众恐慌心理。二是针对开展疫情防控工作基础数据不完善的问题，通过线上"村情通"呼吁和网格员线下排查相结合，指导群众在平台进行实名认证，"村情通"累计实名认证超过20万户，实现了"网络+网格"有效同步推进。并在此基础上开发出扫码通行、居家隔离配送、天眼预警等功能应用，在"信息多跑路、互相少接触"的治理服务实践过程中，有效实现了乡村疫情的"云防控"。[①]

目前，"村情通"已逐步成为乡村基层治理的重要抓手，成为村民美好生活的重要载体。不仅破解了一系列治理的痛点难点问题，同时，能够及时接收村民诉求和意见并快速处理、为村民提供高效便捷的服务、工作人员转变工作作风与提高工作效率，满足了村民的获得感、提升了村民的幸福感、增强了村民的安全感，实现了乡村治理信息化与治理体系现代化。不仅如此，"村情通"还有利于提高村民对乡村建设、乡村自治的参与度和积极性，为村落治理共同体的构建拓宽了渠道，真正构建起以数字技术为支撑的智慧化、可复制的乡村基层共建共治共享的社会治理新格局，使龙游县成为技术赋能乡村治理的典型经验与优秀模板。特别是龙游县以"村情通+全民网格"打通了公共服务的"最后一公里"，实现了"最多跑一次"改革向村的延伸，真正创出了数字化背景下基层治理的龙游特色、龙游亮点、龙游模式。为深化"最多跑一次"改革建立了一套可推广、可复制的"村情通"基层治理模式，是"为了群众、依靠群众、发动群众"在龙游的生动实践。

---

① 内部资料：《衢州市运用"三通一智（治）"数字化平台实现社区疫情"云防控"》，2020年7月31日。

第四节　村情通赋能乡村基层善治

"村情通"相比于一般性的技术治理平台，具有运行领先、整体性强、公开透明化高和服务范围广等特色亮点。第一，运行领先。党的十八大以来，党和国家积极推进乡村信息化、数字化改革，"村情通"作为自下而上生成于乡村治理实践过程中的信息化服务平台，最早于2016年便初具雏形并在张王村率先使用运行，率先在农村地区深入推进"最多跑一次"改革，这不仅是对国家农村社区信息化建设等相关政策的一种积极、及时的领先性回应，也是对"数字乡村"建设的一种前期探索，更为其他乡村地区事项信息化数字化治理做出了优秀示范。第二，整体性强。随着城市化发展进程的不断加速，城乡差距始终是我们无法避免的问题，城市与乡村间不同的运行逻辑也使得治理方式难以统一。但衢州市"村情通"以点带面，不仅面向乡土社会，同时积极覆盖城市社区和企业园区，经过不断迭代升级，基于"村情通"模式，推出"邻礼通"和"政企通"，将服务对象延伸至社区居民和园区企业，并以此为基础形成"三通一智（治）"的数字化治理框架，推动城乡一体化进程与全市数字化治理服务能力不断提升。第三，公开透明化程度高。与城市社区相比，农村社区村委会"不仅是一个村级政务管理主体，而且还是村集体资产的管理主体。在集体土地的流转、村办企业的经营、国家各种支农惠农款项的发放等涉及农民利益的村级事务处理中，村委会掌控了大量资源"[1]，因此，村务公开的透明化程度是村委会开展工作的重要原则。"村情通"作为村务公开，特别是财务公开的重要平台，始终坚持透明化原则，每月在"三务公开"—"财务"模块下对该月财务情况以表格形式加以展示，对村里每一笔财务收入（支出）的经办人、用款事项、付款方式等进行详细说明，让村民明确掌握村财务情况。第四，服务范围广。"村情通"创新开展并积极链接了能为村民带来便利的服务项目，在很大程度上覆盖和满足了村民的切实需求。另外，"村情通"目前已经成为衢州市统一的

---

[1]　程同顺、赵学强：《村务公开的路径障碍与制度改进——兼评新〈村民委员会组织法〉的修改》，《学习与实践》2013年第4期。

乡村治理服务智能化平台，在服务范围、服务效能上都具有明显优势。

一 技术依托的"自下而上"村治模式

一般而言，基层社会治理中，技术具有外部输入性特征，即依托于网络信息技术而打造的治理方案往往由政府部门自上而下推行，各类技术资源以外部输入的方式伴随此路径向基层下沉，特别是数字化治理与服务平台中，各种服务模块的设计、服务清单项的罗列、服务数据的汇集都由政府部门主导，诚然，以政府为发起点向基层下沉的网络信息技术治理模式具有明显的优势，如信息技术的先进性、治理资源的丰富性、治理推进有行政力保障等。但实际上，自上而下推进的数字乡村建设与乡村现代化治理机制创新存在明显短板，其一，村落间经济、社会、文化等方面的差异十分明显，不同村落村民的现实需求亦各有侧重，由此造成政府从供给侧提供的公共服务与村民在需求端的真实诉求难以精准匹配，即网络信息技术治理与服务的覆盖范围虽然极大，却还是容易造成对村民最为迫切需求的遗漏。其二，自上而下推进的数字治理所运用的新兴技术，虽然在城市领域已有所铺开并收获了显著效果，但乡村的经济社会基础与城市间还是存在比较明显的实质性差距，这导致许多在城市领域奏效的数字技术无法在乡村展开，或效果相当有限。特别是许多村民在使用一些新兴信息技术时存在困难，而导致技术悬浮无法落地。其三，自上而下推进的网络信息化技术治理，往往倾向于将基层治理的诸多要素进行化简，以数字的形态呈现，虽降低了治理成本，提高了治理效率，但却忽视了基层事务的多面性与复杂性。并且，自上而下推进的信息化治理技术往往受到"压力型体制"的影响，而带有较强的展示性与政绩取向，以至于技术治理落地基层在目标取向上便与以人为本的善治目标产生偏离。

而浙江省衢州市所创造运行的"村情通"智能治理与服务平台，作为张王村自下而上探索生成的技术治理创新，恰好破解了技术治理自上而下推进运行而面临的诸多困境。首先，"村情通"具有源于乡土实践的"内生性"，着力于破解村落治理与服务方面遭遇的现实问题，因而极具治理的恰切性与服务的精准性。其次，自下而上生成和运行的"村情通"小程序之所以能够在村落实现极高的普及率，很重要的一点还在于其在设计理念上真正以村民群体作为技术的使用者，而充分考虑技术使用的简便性和低门槛，从而使绝大部分村民能够会用、用好"村情通"，并凭此充分链接起丰富的村民自治力量。最后，"村情通"平台之所以能够由张王村生发而向全市域推广，还有赖于政府部门的推动，因而，这也启示我们，既不能忽视自上而下技术治理的短板，也不能盲目崇拜自下而上技术治理路径的优势，而应当以双向推进的路径打造乡村技术治理的新机制，一方面注重乡村社会的自主性探索，并将其作为乡村治理升级的重要内生性资源，另一方面也应强调政府部门自上而下的推动示范与试点建设，使社会性与行政性在乡村技术治理的格局中协动起来。

二 村治中"去塞求通"的技术路径

正如前文所述，当前我国乡村社会治理需破解的核心问题，是乡村社会运行及其信息传递机制由"通"转"塞"所带来的挑战。由于各类信息传递渠道的阻塞、人际互动关系的阻塞、村民与村委关系的阻塞、村落与基层政府连接结构的阻塞，导致村落运行呈现出原子化和孤岛状态，受此影响，村落间以信任和互助为代表的乡土社会资本急剧萎缩，乡土社会联结支离破碎，村落的治理与服务难以有效开展。

以此为背景，全国各地均展开了"去塞求通"的积极探索，其中，龙游县的"村情通"平台正是以技术赋能的形式打通村落壁垒、畅通信息传递、重构村落组织关系的典型实践，对于我们在乡村治理与服务中实现"去塞求通"具有重要启示。其一，"村情通"直接缘起于张王村"村务公开"模式的探索，它以技术赋能的形式将村务公开的系列事项直接展示在信息平台上，极大地扩展了村务公开的项目和范围，并保障了所公开村务情况的精准性与时效性，这启示我们，信息技术可以凭借其极强的"共享性"在畅通村落信息等方面发挥巨大优势，特别是涉及村民切身利益的信息借助网络信息技术平台加以准确呈现和及时传递，构成了推动乡村善治的重要前提。其二，"村情通"以技术赋能的形式赋予了村民参与基层治理与服务的有效渠道，并充分调动起村民自治的热情。这启示我们，巧用技术可以有效激活乡村治理中潜藏的乡土社会资源，需要特别注意的是，线上渠道仅是村民参与共建共治的一个维度，更加重要之处在于以线上联通为契机，激活居民线下参与的活力与热情，这便要求技术不能仅限于在线上发挥"去塞求通"的作用，更需要与线下的治理与服务机制做到有机衔接,以线上线下融合的机制重构声气相通的熟人社会共同体,并依此推进乡村善治。这需要我们着重注意继续将"村情通"打造成综合网络资源信息共享的平台,链接多元主体,收集各种需求,开展线上治理与服务,并以此为依托拓展线下活动,不断激活村民间的交流互动,以此实现"线上""线下"的双重互动。其三,"村情通"作为一项网络技术应用,其覆盖面不仅局限于本村、本县,实际上,只要拥有网络资源,村民无论身处任何地点均可以很方便地与线上各主体建立起关联,这表明网络信息技术的应用不仅表现为将由"通"转"塞"的乡土社会关系再次打通,而且赋予了这个"通"以升级版的意义,打通了村落内部与外界的联结通道,特别是重建起外迁村民与村落的联结,连接起曾经断裂的乡土根脉。

三 技术推动下的城乡"互通"与乡村振兴

迄今,我们倾向于在网络信息技术发展更加迅速、程度更加深化的城市领域讨论信息技术赋能社会治理的相关问题,并展开对"智慧城市""智慧社区""电子政务"等方面的深入探讨,技术治理的问题在很大程度上被我们化约为城市治理问题,而将乡村技术治理的相关问题置于边缘地带。而"村情通"的应用,则率先揭开了网络信息技术嵌入乡村社会治理的帷幕。我们看到,一是数字技术下乡为乡村治理与服务注入了智能性资源,借由"村情通"平台,衢州市乡村社会治理更加高效、便捷与理性化,"村情通"也成为打通乡村基层服务"最后一公里"的技术性载体。二是在政府的统筹推动下,"村情通"与"邻礼通""政企通"构成的"三通一智(治)"成为衢州智慧线上操作的重大平台体系,并成为践行未来社区理念的重要创新,这也表明"村情通"不是独立存在的,而是作为与城市链接的智能化治理与服务平台而存在的。三是借助"村情通"平台,乡村社会也得以被纳入"最多跑一次"改革体系与"未来社区"建设规划,基于此,乡村社区得以与城市社区共享改革成果。

综上所述,"村情通"的创造性实践在乡村领域最大效力地发挥了技术赋能社会治理的诸多优势。"村情通"的实践特点及其产生的治理成效启示我们,在网络信息技术高速发展的当下,乡村亦被深度卷入数字化发展浪潮之中,技术治理并不再由城市治理专属,技术的无差别与均等化是城乡治理服务一体化的重要前提。当下，伴随乡村振兴战略以及数字乡村建设的提出与启动，以技术赋能乡村振兴与统筹城乡社会发展成为时代性议题。在此背景下，在乡村社会的技术治理领域，我们需要在以下方面做出持续性的探索与努力：一是积极探索"数字技术"与"乡村治理"的融合路径，使数字技术真正服务于乡村治理与服务升级的要求，破解其面临的现实问题，并在智能化平台应用的过程中，努力寻找"线上线下"治理服务的衔接点与嵌合点，实现线上线下治理与服务的相互促进。二是以乡村治理与服务的智能化与信息化，助力链接与动员治理主体、转换与更新治理结构、改进与创新治理机制，以此促进乡村治理体系与治理能力的现代化，并在此基础上，以技术治理带动"三农"的整体性提升，从而推进乡村振兴的整体性步伐。三是打通乡村社会与城市社会技术治理体制，并促进其深度融合，将新兴信息技术作为不断提升城乡公共服务均等化、普惠化水平，并统筹城乡发展、实现城乡一体化的技术载体。

第 八 章

超级网格:社区抗疫中的组织重构

2020年新冠疫情的爆发,证实随着现代性的深入,社会风险越发不可感知、不可控制。这些风险一旦转化成灾害,不仅会造成社会成员的伤亡,还会威胁社会系统的正常运转,"使社会结构遭受部分或者完全破坏"①,渐进运行的常态社会便会进入非常态。社会形态的变化往往造成常规治理方式失效,给基层社会治理带来巨大的考验;而在疫情防控的社区一线,组织动员的升级与内部信息治理转型无疑是中国抗击新冠疫情成功的重要经验之一。衢州将传统意义上的网格紧急升级为超级网格,整合社区网格中多种主体,构成主网与辅网的协作结构,形成社区防疫之网。超级网格是应对疫情紧急情况时对传统网格的升级与重构,从而形成主网与辅网协同的紧密连接、高效运转的共治结构,以应对疫情带来的治理有效性考验。与此同时,疫情造成的社会网络化趋势,让信息治理在整体防疫上的作用凸显,"网络+网格"的基层防疫措施通过各种数字信息平台的应用,让多重信息在超级网格中流动,承载起信息治理的功能,进而有效地化解防疫过程中出现的各种问题。

第一节 作为疫情防控一线的社区网格

一 以网格为基础的防疫阵地

"社区作为社会治理的基本单元、国家治理的末梢,是国家治理与居

---

① 刘红旭:《灾害社会学的研究脉络与主要议题》,《重庆大学学报》(社会科学版)2018年第4期。

民需求双向信息传递的桥梁,也是链接不同行为主体的重要载体。"① 社区在治理中的基础性地位以及在基层治理主体间的链接性作用,让社区成为疫情防控的基本单位和关键的行动者。

我国的城市基层社会管理体制,经历了以单位制和街居制主辅结合模式到社区制的变迁,而后社区为推进精细管理,逐渐普及社区网格化建设。作为社区的基本结构,网格是"按一定标准将城市社区划分为若干个单元网格(一般一个网格内常住人口为4000—5000人)"② 作为最小的管理单位,如最初开始网格化实践的北京市东城区"根据10000平方米为网格单位,将整个城区划分成1539个互相联结的网格单元"③。网格作为城市社会管理的新层级,改变了原先"区—街道—社区"的三级管理结构,并通过在基层治理中整合资源、沟通信息、强化服务来解决社区与居民之间治理主体缺位与粗略管理的问题。然而基层社会治理往往需要处理好"政府—社会"这一对关系,社区网格逐渐被动地承接上级下达的任务而成为街道的"脚",由此网格因"行政化倾向"④ 与社会资源整合不够等常被质疑。社区网格有意在社区中联结好行政力量与社会力量,但本质上"网格并没有改变科层结构中的层级设置与权力向度,仅是在'区县—街道—社区'的层级之下增加一个准行政层级"⑤,这是因为网格本就是行政力量下沉而非在政府与社会协同互动中产生。但社区治理是针对社会领域的治理,网格面对的是不同于科层制之运作模式、组织结构的基层社会,若是仍依循科层制的管理模式,必然难以推进治理。近些年在社区网格治理的深入实践中,社会系统的整体性与协调性凸显,多元主体联

---

① 陈友华、夏梦凡:《社区治理现代化:概念、问题与路径选择》,《学习与探索》2020年第6期。

② 田毅鹏、薛文龙:《城市管理"网格化"模式与社区自治关系刍议》,《学海》2012年第3期。

③ 竺乾威:《公共服务的流程再造:从"无缝隙政府"到"网格化管理"》,《公共行政评论》2012年第2期。

④ 何海兵:《我国城市基层社会管理体制的变迁:从单位制、街居制到社区制》,《管理世界》2003年第6期。

⑤ 王雪竹:《基层社会治理:从网格化管理到网络化治理》,《理论探索》2020年第2期。

动越发受到重视,"三社联动"①"整体性治理"② 等相继提出并实践,社会组织、业委会、物业公司等社区内的组织与单位也参与到治理中,塑造着基层治理的新秩序。

在疫情防控中社区网格也发挥出一定优势,其防疫有效性的发挥依赖以下几个方面:

首先,社区网格具备基础性和覆盖性。社区网格处于国家治理体系的末端,因而面对着广阔复杂的整体社会,在治理体系中,社区网格连接起国家治理与社会系统,其基础性地位不言自明。从基础性可以引申出网格的覆盖性,在社区网格化渐次铺开的过程中,城市被划分成大大小小的网格,居民均被纳入到网格中。疫情期间,城市有数量庞大的居民人口,掌握所有居民的信息,管控住他们的行动并向他们传递疫情信息,也只有处于基础性地位的社区网格能够精准有效地实现。

其次,社区网格的日常治理方式以动员为主。除了部分文件整理与数据上报等文件治理工作,社区网格更多是以解决具体问题为工作指向。对于社区工作人员来说,繁重工作的来源有二:一是上级的运动式治理任务,二是居民的日常繁多琐事。前者如创城、环保整治等,虽是间断出现但却是需花费大量时间精力完成的紧急任务,后者作为常态工作,需要处理居民提出的各种具体问题。社区人员力量相对薄弱,因而采取动员的方式调配资源,整合工作人员与居民的力量才能高效完成工作。疫情时期的社区防控任务需要居民配合支持,并且需要运用日常与居民互动形成的动员策略与能力,发动居民参与联防联控。

最后,社区网格承上启下,其治理内容具有行政性与社会性双重属性。社区网格被视为行政力量下沉到基层的一只手,上级传达的行政性工作任务渐趋超过基于社区定位的居民服务。工作内容的社会性则体现在治理方式上,社区需要社会力量的协同治理;还体现在治理目的上,要以解决居民具体生活问题为重点,协调居民间的互动关系来促进社区整合以形成社区生活共同体。疫情防控中社区网格还需要完成上级的表格汇总、信

---

① 叶南客、陈金城:《我国"三社联动"模式选择与策略研究》,《南京社会科学》2010年第12期。

② 竺乾威:《从新公共管理到整体性治理》,《中国行政管理》2008年第10期。

息摸排与防疫指令等行政性任务。同时在解决居民疫情期间多样的问题时，相较于技术化治理与科层化治理，社区网格还需将居民的心理、情感、文化、习性、关系等社会性内容纳入防疫考量内。

社区网格的基础性，使其在国家治理能力与治理体系现代化的整体系统中居于重要位置。然而新冠疫情的高社会危害性，增加了防控的紧迫性与基层治理的压力，这对社区的治理方式与治理机制要求更为严苛。新冠疫情造成的非常态社会给前期准备不足的社区防疫带来许多困难，如社区网格防疫面临着人员不足、资源匮乏和任务繁重等现实问题。在此基础之上突发的疫情给我们的一个治理方面的思考是：社会运行会因为突发的风险进入非常态，常态下的社区治理构建的治理体系如何能够及时准确地应急，将常态运行的社区治理效能转化为非常态社会的治理优势。

二　疫情下社区治理新特征

防控疫情是超级网格出现的现实背景，而在多重因素的叠加之下，疫情期间的社区治理也呈现出一些新特征。

（一）总体性与协同性

习近平总书记称新冠疫情防控是一场人民战争，要打好疫情防控的总体战、阻击战。疫情造成的社会影响是多方面的，从个人心理恐慌到生活保障缺失再到整体经济社会运行中断，每个人都不可避免地被卷入其中。现代化使经济社会活动中的主体依赖性增加，因而疫情防控就不仅限于医疗或卫健领域。就疫情前期全国的态势而言，疫情防控是一项全社会共同参与的系统性工程，需要开展全方位工作。为避免新冠肺炎的社会危害爆炸式扩大，疫情防控成为非常态社会具有总体效应的治理目标，大部分的经济社会活动暂停，国家动员全国的人力物力投入到疫情防控，以形成防疫合力。在社区治理层面，总体性则表现在社区的常规工作暂停，形成以疫情防控为中心的社区全面动员、全面部署的工作局面。另外，总体性的防控单靠社区行政力量还无法完全应对繁重的防疫任务，疫情的应急管理需要区域内的各种组织、各类人群相互配合、协同预防。社会系统本身具有整体性和协调性，社区更需要整合体制外的社会力量，协调统领居民志愿者、社会组织、业委会等各类社区内主体，发挥其机动灵活、广泛参与的特点，协同参与到疫情防控，以有效发挥多元主体的治理协同力。

(二) 覆盖性与精细化

应对疫情的社区治理表现出高度的覆盖性，其表现在两方面：一是社区的防疫工作需要覆盖到社区的全体居民，二是社区的工作任务还要覆盖到居民的大部分生活。社区的常规工作如前文所说分为两类：一是上级的运动式治理任务，二是居民的日常繁多琐事。这两类工作多是在特定时段针对社区中部分人开展，而社区防疫却不能忽略任何人。人员的全覆盖，要求信息摸排、居民需求的满足、防疫信息宣传等工作要落实到社区的全部居民。另外，社区的封闭化管理导致居民的日常生活遇阻，买菜、取快递等居民生活必需，以及居家隔离对象的生活服务、心理疏导等都转交给社区负责。任务的覆盖性使社区负责更多区别于常规治理中的社会事务，其行动不可避免地要注意社会性。这些覆盖面广的任务还需要精细化。传染性疾病要求治理管控精准到人，新冠疫情更是要求社区对居民的身体状况、社会关系和行程等了如指掌，对敏感人员与易感群体进行细致排摸划分，对居民聚集和居家隔离对象还需要运用技术手段对其全天监控提醒。因而精细化治理在要求社区工作者提高个人的精准意识时，还要发挥信息技术的精准识别预警、高效研判调度等优势。如此精细的治理在常规治理中并不常见，这使得在提高防疫全面精准的同时也给社区防疫带来一定压力。

(三) 封闭性与网络化

传染病会通过人员的社会流动与社会交往而扩散，疫情期间就出现人员管控不到位引起多起聚集性感染，切断面对面的交往，采取封闭性的管控措施，减少人员流动尤为重要，因而出现春节期间鼓励"线上拜年"、村庄封路等现象。随着疫情态势持续变化，封闭的管控措施经历了从政府呼吁到民众内化的过程。早期是政府通过多种媒介发布权威声音，建议居民减少不必要的外出活动进行居家防疫。后来随着疫情形势日趋严峻，民众自觉减少外出活动甚至闭门不出。然而，封闭性的管控措施对社区治理造成了阻碍，社区干部与居民面对面的交往缺场使得一些信息收集与防疫宣传工作遇到阻力。为应对这种情况，社区防疫采取"线上+线下"的方式将线下推进受阻的工作转移到线上进行。网络对治理的影响是双面的，首先网络上繁杂且难辨真伪的信息增加治理难度，网络的虚拟化与匿名性造成一些舆论暴力，也使疫情期间的网络安全管理更为必要；另外，技术带来的更多是便利，科技进步推动着治理结构和治理能力的转变。得益于智慧社区建设的深入，网络技术在衢州社区防疫的一开始就发挥了重要作用，通过微信群、小程序和手机 APP 等，社区干部与居民之间的交往得以重新建立，且随着这些方式广泛地使用，治理的相关主体逐渐适应并依赖网络化的交往方式。

对于疫情导致社会非常态运行下的社区治理，统筹协调好社区的基本定位以及风险来临后的治理新特征，是对社区治理的基础性地位与治理韧性的考验。

第二节 组织重构：超级网格的结构与运作

一 超级网格的形成

在网格化应用到城市管理的过程中，其形式与内容在各地本土实践中被不断地丰富与深化。围绕网格化的城市基层管理探索与创新，可以分为两个方向，一是网格化管理自身的内容丰富与形式创新，二是形成以网格化管理为基础的城市整体联动的综合管理体系。对于前者，舟山首先将服务引入网格化管理，开展"网格化管理、组团式服务"工作[1]，而后在完善的过程中提出要强化党的基层组织的核心作用以及发挥社会力量的协同作用[2]。舟山经验为扩充网格化管理结构与内容做出了示范，而后各地在推进网格化管理的过程中也逐渐吸纳社区内多元主体参与协同治理。另一方面，网络信息技术应用到网格后也在潜移默化地改变网格内各主体、各任务环节的联系与交往方式，形成基于技术的"智慧网格"[3]。对于网格化管理的另一方向，上海依托数字化技术拓展城市网格化管理，形成"条块联动、横向到边"，"重心下移、纵向到底"的综合性城市管理。[4]

---

[1] 舟山市委：《关于开展"网格化管理、组团式服务"工作的若干意见》（舟委〔2008〕13 号）。

[2] 舟山市委办公室：《关于深化完善城市社区"网格化管理、组团式服务"工作的若干意见》（舟委办〔2010〕22 号）。

[3] 陆军等：《智慧网格创新与城市公共服务深化》，《南开学报》（哲学社会科学版）2020 年第 2 期。

[4] 上海市政府：《关于深化拓展城市化管理积极探索和推进城市综合管理的若干意见》（沪府发〔2014〕27 号）。

这种趋向后来逐渐演化为"网格化管理升级版的城市大联动"① 和"一网统管"② 的城市网格化综合管理平台,并成为我国智慧城市建设的重要目标。网络技术与城市综合管理实现了更好的契合,治理方式与治理理念向信息化转型,以致在实践中形成一个"天上行云(云计算中心)、地上布格(社会治理网格)、中间联网(互联网)的新型社会服务管理信息化支撑体系"③。以上这些创新显示网格化管理的内容与形式不是一成不变的,它在渐进地得到充实和完善,而这些是在常态运行的社会中的探索。疫情导致的非常态社会对网格化管理提出更严苛的考验,超级网格则是网格化管理应对非常态社会运行时的一次紧急升级。

疫情给基层社会治理的影响是根本性的,从国内前期的疫情防控状况看,疫情比以往自然灾害造成的社会停摆危及面更广、社会性影响更大,防控疫情成为在特定时段社会的中心任务。为有效发挥基层社区在疫情防控中的基础作用,并解决非常态社会对基层治理造成的挑战,衢州将传统意义上的网格紧急升级为超级网格,整合社区网格中多种主体,构成主网与辅网的协作结构,形成社区防疫之网。防疫之网表现为"通过党政机关工作人员绑定性下沉到街居,构建起超级网格的主网;同时还与居民志愿者、社会组织、驻区单位、物业公司建立起密切协动关系,编织起社区超级网格中的辅网"④。超级网格是应对疫情等紧急情况时对传统网格治理的升级与重构,由此形成主网与辅网协同的紧密连接、高效运转的共治结构,这体现出社区治理中的结构韧性。"结构韧性的核心恰是调节科层治理与多中心治理的张力,达成良好的协同互补关系。"⑤

二 超级网格的"主网"与"辅网"

超级网格的形成有紧急动员性质,社区在常规治理中就面临着社区主

---

① 韩福国、胡春华:《"主动式"街区共治:城市治理新路径》,《国家治理》2020 年第 29 期。
② 董幼鸿、叶岚:《技术治理与城市疫情防控:实践逻辑及理论反思——以上海市 X 区"一网统管"运行体系为例》,《东南学术》2020 年第 3 期。
③ 陈荣卓、肖丹丹:《从网格化管理到网络化治理——城市社区网格化管理的实践、发展与走向》,《社会主义研究》2015 年第 4 期。
④ 田毅鹏:《治理视域下城市社区抗击疫情体系构建》,《社会科学辑刊》2020 年第 1 期。
⑤ 蓝煜昕、张雪:《社区韧性及其实现路径:基于治理体系现代化的视角》,《行政管理改革》2020 年第 7 期。

体无法协同参与的难题，衢州为抗击疫情而形成超级网格更需要有效整合纵向下沉与横向联动的众多人员，这给疫情下的基层治理体系提出了挑战。衢州的超级网格有效运转得益于其前期的制度实践探索。（1）网格党支部。党组织在基层治理中居于主导地位，2018年6月15日衢州发布《关于加强网格党支部（党小组）建设的通知》，要求以基层治理全科网格为基本框架建立党支部（党小组），按照"一网格一支部"的原则，实现党组织覆盖与全科网格相融合。网格党支部书记原则上要兼任网格长，网格党组织由跨支部的在职党员单独或与已转组织关系的本支部在册党员组成，在城市社区中这部分党员以楼道红管家的身份联楼包户处理居民问题。网格党支部的建立使党的力量深入基层且有效地整合社区党员，通过党员联户对接群众做好社区服务。（2）组团联社。城市社区治理中，组团联社要求市县两级部门人员下沉，结合街道成员组成服务团对接社区。市县领导干部和部门负责人分别担任街道服务团的总领队和社区服务团的领队；服务团设1名团长，由街道班子成员担任，实行团长负责制；成员由街道驻社区干部、市县联系部门干部、专家人才组成。服务团根据社区制定的需求清单为成员分配任务，结合"周二无会日"制度①入户走访落实上级任务，解决居民具体问题。组团联社的实施，突破科层体制的层级限制并改变基层治理力量，逐步形成常态工作机制。② （3）红色物业联盟。社区治理中的主体不仅有社区干部等行政力量，还有不可小觑的社会力量，协同治理是社区治理的重点。红色物业联盟是由"网格支部+业主委员会+物业公司+业主+各类社会组织"形成的治理共同体，起初为解决物业问题而生，之后逐渐推广为基层共建共治的平台。红色物业联盟虽是社区中各种力量的集合，但其核心是社区党组织和机关党组织双向打通，即通过网格党支部建设以及加快业主委员会、物业公司的党组织建

---

① "周二无会日"制度，是衢州市每周二（工作日）市本级不安排以市委、市政府或市委办公室、市政府办公室及部门名义举行的全市性会议或活动，不安排领导干部到乡村（包括街道、社区）调研，不安排针对乡村两级的视察、检查、考核活动，确保各级干部特别是组团联村（社）干部有更多时间和精力深入基层开展服务。参见衢州市委办公室《关于实行"周二无会日"制度的通知》（衢委办发〔2018〕24号）。

② 衢州市委办公室：《关于全面开展"组团联村（社）"服务工作的通知》（衢委办发〔2018〕20号）。

设来发挥红色力量。①

衢州市虽有针对基层治理的若干制度建设，但在常规治理中各主体力量较为分散且针对性地处理各自领域的事务，多方力量共同参与还涉及主体间的权、责、利分配，协同工作还有待磨合。疫情中超级网格的形成则紧急将社区主体组合起来，通过权力分配与关系调适形成社区防疫的结构性合力。

（一）主网的治理主体

1. 社区网格

在衢州的防疫部署中，社区原有的力量包括社区工作人员与网格人员及"包区清楼"的行政人员在社区内部相互配合形成体制性合力，承担疫情防控的主要任务，构成超级网格的主网。

在现有的治理格局中，社区"两委"与网格依旧是基层治理的核心力量，疫情防控中社区网格也凭借基础性和覆盖性发挥着主导作用。衢州全市共有4215个网格，网格配齐配强"一长三员"达3.8万余人。这里的"一长三员"是网格基本的人员组成，其中"一长"是网格长，负责处理网格整体管理服务事务。"三员"包括专职网格员，从社区两委班子成员、专职社区工作者或优秀党员骨干中选配，负责网格具体的上报、排查、处理等事务；兼职网格员，由其他社区两委班子成员、社会工作者、团组织、妇女组织、治调组织负责人和党员骨干担任，负责协助网格长和专职网格员工作；网格指导员，由街道（乡镇）驻社区（村）干部或其他组团联社（村）服务团成员担任，负责巡查指导网格工作，做好上情下达的纽带和桥梁作用。② 在实际运行中，社区中专职的工作者在10人左右，主要包括社区书记、主任与各网格的网格长，网格长在社区"两委"中也有兼职，部分社区网格长兼任专职网格员。社区常规治理中的主体力量集中在这部分人，兼职网格员与网格指导员作为有效的动员力量促进社区内部协同治理。网格员在社区治理中发挥着移动的探头、哨兵、触角作用，发现并上报社区的情况，通过自己和网格内的其他力量把矛盾

---

① 衢州市党工委：《关于构筑"红色物业联盟"共建共治共享有礼小区的实施意见》（市党工委〔2018〕20号）。

② 衢州市委办公室：《基层治理网格建设规范落地操作标准》，2018年7月13日。

纠纷化解在网格；网格内难以解决的，网格员需及时通过线上流转，推动上级整合力量、资源，予以及时全面化解或有效稳定。

网格长和专职网格员等社区工作者在社区防疫中居于主要地位，是因为他们在基层治理中相较于其他主体更有优势。首先，网格长等社区工作者在基层治理中的权威具有双重合法性来源。其一是通过吸纳社区网格行政权力赋予网格长法理型权威，其二是来源于与基层社会的持续互动产生的认同。双重权威更能协调上下使防疫措施有效执行。其次，网格长等社区工作者掌握社区信息更全面。居民信息调查以及居民的日常问题解决已经为社区工作者积累了一部分疫情所需数据，这部分数据成为防控期间的信息参考。再次，原有的社区治理格局也以社区与网格为主导，并且与社区各主体相互适应配合，形成有效的治理互动关系，使治理格局在疫情期间延续。

2. "包区清楼"干部

"包区清楼"是为解决疫情前期社区人员、资源不足且超负荷运转的情况，将部分市级领导和非一线单位的领导干部、工作人员下沉支援社区防疫的动员措施。其施行的制度基础是衢州基层常规治理中的组团联社制度，疫情下的"包区清楼"下沉人员更多，执行的任务更紧急。结合衢州疫情局势，衢州市委组织部于2020年2月5日出台"包区清楼"行动实施方案，2月7日各部门基本落实到位，部门人员下沉到社区一线进行防疫工作。"包区清楼"按照"市级领导包片负责＋市直部门包干社区＋区直部门包干小区"的组织原则建立服务架构。在街道设立服务总团，总团长由市人大、政协副职领导担任，负责指导帮助街道党工委协调推进社区疫情防控工作，汇总分析联系街道疫情防控整体形势，总结经验、发现问题；服务总团设立1名副团长，副团长由相关副职领导担任。在社区设立服务分团，分团长由市直部门分管领导担任，负责做好本团人员调配、任务分派、物资保障、问题协调，并带领、督促团员按要求落实防控任务；分团副团长由其他参与联社的市直部门、区直部门和所在街道班子成员担任；总团和分团分别设立1名联络员，每天梳理汇总疫情防控情况并上报；团员由市、区两级单位参与组团联社的工作人员组成，团员除了参与小区内的巡查、值守、宣传外，还需要担任楼栋长做好摸排、管控和服务。

"包区清楼"干部在社区中作为独立力量参与疫情防控，其内部有自身的运作机制。首先，"包区清楼"通过科层制路径进行动员，依据原单位组织结构进行分工。"包区清楼"系衢州市委组织部发文后进行市域统筹，具体细化各单位人员下沉到街道、社区、小区，属于体制内动员。体制内动员的优势在于通过将疫情防控上升到政治任务，以指令的形式紧急调动人员力量。下沉干部分配到社区后，服务团按照原单位党支部划分具体小组，保持原有组织结构中的人员关系，依据小组划分情况分配卡点值守、包干楼栋、小区宣传等任务。其次，通过行政包干来落实防疫任务，以突出主体责任。服务团队服务内容为"五到"，即"组团到社、联系到格（小区）、责任到楼、排查到户、服务到人"①。服务分团包干社区，团员包干楼栋，将下沉干部与社区网格楼栋——对应，下沉干部需要对区域内的社区防疫任务落实主体责任。最后，通过长效合作形成服务意识。"包区清楼"是有前期的实践基础，依赖于衢州基层治理长期的制度安排。从"组团联社""周二无会日"到"包区清楼"再到疫情常态化后"包区清楼"经验的推广②，下沉干部与社区其他主体之间在长期合作中形成良好互动关系，干部在一次次联社过程中对社区形成认同并逐渐培养出服务居民的意识，这避免了因应对特殊情况而采取的动员措施昙花一现。

（二）辅网的治理主体

城市社区应急管理面临资源匮乏且任务繁重的现状，仅靠单一主体难以解决现有问题，应当建立多元主体的应急模式，共建城市社区应急协同治理的机制。因而，作为社会力量的居民志愿者、业委会、社会组织、物业公司等参与到防疫，构成超级网格的辅网。

1. 居民志愿者

相较于其他社区主体，居民志愿者防疫行动分散，缺少组织化、系统

---

① 衢州市委组织部：《开展市区两级部门"包区清楼"行动组团支援城市社区疫情防控的实施方案》（衢市组〔2020〕8号）。

② 衢州市在总结"包区清楼"行动经验时，对"包区清楼"行动在疫情期间的作用给予高度认可，同时指出要开展"包区清楼"常态化服务，必须把"包区清楼"行动中形成的动员机制、力量组织、保障体系、基础数据、技术手段以及奖惩时效等"战时"经验，充分应用到城市基层治理中。参见衢州市委组织部《关于总结"包区清楼"行动经验推进党建统领城市基层治理体制机制创新的通知》（衢市委组通〔2020〕14号）。

化,然而其行动分散但并非无序。基层治理中有种种居民组织,但自治的主体还在居民,居民自主参与社区事务是自我管理的前提。出于个人的自主行为,居民以志愿者身份自愿参与疫情防控,在社区统筹安排下参与卡点值守、防疫宣传,自主捐款捐物等等。在社区防控中居民既是需要被管理的对象,也是防控工作的参与者、支持者,度过居家隔离期的居民被社区细致照顾而感动,也投入到疫情防控的志愿工作中。因而,没有组织起来的居民虽然力量分散,但在辅网中他们也能构成一个个节点,形成社区治理中基础性的社会力量,同时这一个个节点也成为信息收集的来源。居民群防群控的方式真正将疫情防控做到细微,有效填补了在防疫中的管控漏洞。出于自身风险与社区整体疫情防控考虑,居民乐意提供周边居民家中人员的行程信息以及在社区中发现的防疫问题,而他们也更擅长以非正式的方式获取这些信息。

2. 业委会

业委会是伴随着商品房小区建成而形成的业主自治组织,其身份获得是以商品房产权获得为前提;不同于居民自治组织形成的、负责居民综合性事务的居委会,业委会的职能更偏向塑造小区内的公共领域,完善社区自治制度,监督物业公司和培养业主意识等。"商品房社区是一种以专有财产为核心,以共有财产为纽带的利益共同体。"[①] 业委会以增进全体业主的利益和公共利益为宗旨,管理处置社区公共事务。随着基层治理的深入,业委会作为业主的自治组织逐渐成为基层治理的重要主体。衢州通过在业委会中成立党支部,以及通过合法合规途径让党员担任业委会主任、委员,以组建红色业委会。在疫情中,业委会代表一部分志愿居民的力量参与到防控。如荷苑小区红色业委会主任向新荷社区送上请战书,请求加入疫情防控工作。业委会成员配合网格支部仅用一天时间就完成小区306户居民户情排查;主动报送小区抗击疫情工作方案,包括对物业的监督、门岗的管理、小区的消毒等措施。业委会内部还制定值班制度,参与门岗执勤、宣传引导等工作。[②] 业委会行政性职能相对更少,但同为业主的业

[①] 陈鹏:《国家—市场—社会三维视野下的业委会研究——以 B 市商品房社区为例》,《公共管理学报》2013 年第 3 期。

[②] 资料来源:2020 年 8 月 8 日在线上钉钉群对新荷社区书记访谈资料。

委会成员作为表率对居民参与更能起到引领作用。

3. 社会组织

社会组织凭借其社会性以及针对特定领域的专业性，能够有效弥补公共服务与社会管理的"市场失灵"与"政府缺位"，成为基层治理"三社联动"的重要主体，各地也在打造社会组织的孵化与发展的平台。疫情期间，社会组织作为社会力量在疫情防控中发挥了不可忽视的作用，中国红十字会、中国慈善总会等向社会募捐物资；各地社会组织参与到地方防疫工作中，补充防疫力量，细化防疫工作等等。在衢州的防疫中，社区内的社会组织主动请缨，增强社会力量在社区防疫中的支持。县学街社区由居民构成的社会组织"妈妈团"，在疫情初期成立流动宣传队，走街串巷宣传防疫措施。[①] 乐淘党群服务中心除中心成员去社区报到参与社区防疫外，其凭借日常党员管理工作的经历，发动企业党支部党员一同参加防疫。[②] 社会组织参与防疫有两种形式，一是不具有应急管理职能的社会组织，其成员多以志愿者身份参与防控，这部分社会组织多是由居民自主结社，社区内生形成的趣缘性组织；二是处置应急事件专业性较强的社会组织，如救援队对居家隔离对象的专业服务、心理咨询组织提供的心理疏导等，均是在相应的专业领域承担任务。正是由于社会组织的多元性使得其在疫情期间提供的社会服务更为多样，不仅能提供基本的人力物力，也能提供专业化的社会服务。

4. 物业公司

物业公司不同于社区内的其他主体，物业公司遵循市场机制且与小区业主之间是委托—代理关系，因而物业公司是作为市场主体参与到基层治理。物业公司其市场主体的身份为业主提供专业化服务的同时，也会出现投机行为，因而如何连接物业公司发挥好小区服务"三驾马车"的协同力量，也是社区治理的关键，衢州对此形成了许多有效的制度性措施。首先在线下借助构建红色物业联盟的契机，加强物业公司党组织建设并将其统辖到社区党组织中；其次在线上，"邻礼通"等微信小程序的初建即是为解决小区物业问题，并逐渐形成系统的评价监督机制。疫情期间，作为

---

① 资料来源：2020年8月8日在线上钉钉群对县学街社区书记访谈资料。
② 资料来源：2020年7月31日在线上钉钉群对乐淘党群服务中心工作人员访谈资料。

与业主有市场关系的物业公司自然有职责继续保证小区内的基本公共服务，但其工作内容又需要纳入整体的社区疫情防控体系。物业公司在其职责范围内承接防控的具体工作，包括坚守门岗并发放出入证，小区内电梯、楼道等公共空间的消杀与垃圾清运。这部分工作既是物业公司的专职工作，也是保证疫情期间小区的基础服务，以缓解主网基础性工作的压力。在社区这一行动场域内，物业公司有市场性、逐利性等特性，但因其职责又承担着为业主服务的工作，这就不可避免地要与其他主体互动，业委会和居委会也要对物业公司的工作进行监督。

三 双网互动结构与整合机制

（一）互动结构

网络社会的深入发展一定程度在改变着社会治理格局，在治理结构上由单一中心向多中心转变，随之而来的是权力从集中走向分散，如何整合协同多方力量形成整体性治理是社会治理需要破解的问题。疫情防控下紧急形成的超级网格可以视为对疫情的整体性治理，其关键不仅仅是需要哪些主体参与到疫情防控或是各主体以何种角色承担何种任务，而是如何整合协调各主体之间关系，实现主网与辅网的协动。从互动结构上看，社区防疫的主网在疫情防控中处于主体地位，统筹社区抗疫行动；辅网则处于附属地位，补充辅助主网的防疫工作。

社区工作者与"包区清楼"的下沉干部构成的主网，以其拥有的人员资源优势和社区中的权威性地位，承担社区总体性防疫的大部分任务。主网的两部分人员并非是混合后一同工作，而是在运行中存在两种组织领导结构，即"社区—网格"组织结构与"服务团"组织结构。二者在负责人层面进行整体统筹。一些社区中社区书记等负责人与服务分团团长等成立临时党支部，指挥人员调动与任务安排；或是社区将具体的防疫任务、范围告知服务分团负责人，由其根据具体任务安排人员。两套组织领导架构并未产生竞争，其之间的力量协调反而减少了因大量支援人员涌入社区而导致的协调成本，同时也适应各自组织内部成员之间的日常互动形成的交往习性与行为模式。

主网中的两股力量在防疫实践中得到有效划分。网格长与兼职网格员是网格的核心力量，社区内参与防控的诸多主体均是在社区的统筹安排下有序进行防疫。在常规治理中他们负责网格中的全部事项,在"包区清楼"干部下沉后,网格任务和职责产生分化。网格原有力量因其治理的"在地性"而坚守网格阵地,他们在其中主要扮演着三种角色,即网格事务的统筹者,进行常规性防疫措施的统筹协调;紧急事件的处置者,在应急管理中灵活机动地处理突发、紧急的事件;防疫信息的传递者,对摸排信息的汇总上报与指挥体系中处置信息的纵向传达。

"包区清楼"干部则依据服务分团内的人员分工开展防疫工作,这些工作往往需要投入大量人员力量,因而"包区清楼"干部的下沉对社区防疫压力的缓解显著。"包区清楼"改变常规治理中的资源与信息流动通道。干部下沉是将上级部门力量直接输送到基层网格,下沉干部在基层中会依赖原有的组织,整合体制内外资源,缓解社区网格执行防疫任务的压力。同时下沉干部也打通一条基层向上反馈信息的通路,除服务团联络员这一制度性安排以汇总上报社区防疫情况外,下沉干部与单位之间或与指挥系统之间还可通过日常交往来交换社区网格防疫信息,以实现基层信息的上达。"包区清楼"的实施使基层治理越发出现整体化倾向,促进基层上下联动,实现基层善治。干部下沉不再是短期将干部动员到基层,而是与基层力量上下联动长期合作,长期互动使下沉干部形成对负责区域的认同,由此改变他们与基层的上下地位关系,这有利于紧急时期防疫工作的开展与基层治理结构的优化。

辅网中的各主体在辅网内部并未形成广泛的联系协作,在常规的社区治理中他们往往是各自负责一个领域。因而,在疫情期间辅网自身并未组织化,而是在主网的统筹之下进行防疫工作,由社区统一安排具体工作事项。虽然疫情的封闭管理使一部分的社会力量无法参与到疫情防控,但辅网的作用仍不可忽视。辅网构成力量多元,包含社会主体与市场主体,他们都在一定范围将社区分散力量进行组织进而在社区中提供多样化、专业化的服务,他们也是以社区主体的身份参与到基层治理。辅网运行包含的社会机制与市场机制,能够有效补充主网行政机制难以覆盖的领域。但相对来说,辅网运行仍存在一些参与问题。如缺少组织性与主体意识,往往以分散的力量参与到疫情防控;社会力量发育不够完善,辅网参与防控的力量相对薄弱。这些问题的解决一方面在于社会力量自身的成长,另一方面也依赖与社区内其他主体互动以形成良好的治理秩序。

(二) 整合机制

超级网格的主网与辅网的协动离不开有效的整合机制，将多元主体动员起来协同参与到疫情防控中，实现主体间的共同行动不单单涉及治理方式，还与治理理念有关。

首先，党的领导在基层疫情防控中贯穿其中并发挥重要作用。李友梅曾分析过社区治理中各组织之间形成的权力秩序，她认为"'行动领域'的领导者是不确定的，其运作是非正规化的，其调节机制是以'竞争''合作'或'冲突'的关系为基础的"①。要想将逐渐具有自主性的各社区主体在治理的行动领域中联结起来，且以社区"两委"为核心，就需要有效的整合机制。在衢州的社区治理中，"红色"力量贯穿其中。除了常规的社区党委建设外，将支部建立在网格上并尝试建立楼栋党支部，推动党员参与到业委会和物业公司管理等措施，也将党的力量向基层延伸扩展。党在社区非行政主体中的力量在提升，这不仅能够使多元治理主体在党的集体统一领导下协调配合，同时也在主体间运用党内的动员与整合机制来发挥基层党组织的引领与主导作用。

其次，另一机制是志愿机制。"志愿体现了社区公共产品供给主体意志的自由性和行为结果的利他性。"② 志愿机制是社区内主体不以盈利为目的的自主行动，以解决问题或满足需求，自愿贡献是其心理基础。突然爆发的新冠疫情让防疫成为社会治理的中心任务，一场人民战争，任何治理主体都无法置身事外。不论是具有明显志愿性质的社会组织或是居民志愿者，还是各级行政干部，均具有志愿精神。志愿机制通过非制度性的方式调动各主体内在的参与意识，这离不开认同机制。主网的各级党政干部投入防疫不仅是上级命令的约束，也源于对自己职责与管理者、服务者身份的认同；而辅网的各类主体其志愿参与的实现，也源于对居民身份或是对社区共同体的认同。

最后，数字信息技术既构成信息治理的整体背景，也作为交往工具将各主体进行连接整合。随着网络技术与基层治理的深入融合，数字信息技术已经内化于超级网格之中成为各主体协调运作的重要支撑。一方面，信

---

① 李友梅：《城市基层社会的深层权力秩序》，《江苏社会科学》2003 年第 6 期。
② 李雪萍：《城市社区公共产品供给机制论析》，《社会科学研究》2009 年第 3 期。

息技术促进超级网格主体之间的联系，满足主网与辅网的交往互动需求。疫情期间网格治理主体之间的现实交流一定程度上也被阻断，网络承载了治理过程中主体之间的大部分交往，这些线上的交流互动促进疫情期间的信息传播并且加强主网与辅网的有机协作。另一方面，各主体线上的交往互动也在改变网格中各主体的关系，社会力量逐步凸显更有利于形成治理的合作网络。在超级网格防疫中，大量的组织和个人借助网络自觉地参与到疫情防控中，表达自己的诉求并且为防疫贡献自己的力量，如居民的志愿参与、社会组织的各种支持，等等，这些都在使网格的主体关系处于变动之中，并且在形成广泛参与的氛围中不断推动社区协同治理的深化。

第三节 "网络+网格"：超级网格与防疫实践

一 信息治理及其界定

信息治理有两方面的内涵：一是对信息本身治理，二是运用信息治理。前者表现为"对社会主体获取信息、传播信息、利用信息等相关活动的手段、渠道和内容等方面的规范和管理"[1]，后者则是"高效利用信息资源实施对组织的领导和控制以实现管理优化"[2]。在实际的社区治理中二者不可分割，"社区信息治理是利用信息工具实体开展技术治理的社区治理信息化与规范社区信息服务社区治理相统一的综合治理范式"[3]。从综合治理范式出发，本文认为社区信息治理是指以信息为治理资源，通过网络信息技术，对与社区治理相关的信息进行科学规范地收集、传递、处理、研判，以指导相应组织社区治理实践的综合治理方式。网络社会信息不停地交换流动，社会个体依赖网络技术进行着信息的快速生产与传播，"这使得每一个人的决策都植根于更宽广的社会信息网络中，使得我

---

[1] 冯卫国、荀震：《基层社会治理的信息治理：以枫桥经验为视角》，《河北法学》2019年第11期。

[2] 何雪松、李佳薇：《数据化时代信息治理体系的重构——基于新冠肺炎疫情社区防控的反思》，《湖北大学学报》（哲学社会科学版）2020年第3期。

[3] 何雪松、李佳薇：《数据化时代信息治理体系的重构——基于新冠肺炎疫情社区防控的反思》，《湖北大学学报》（哲学社会科学版）2020年第3期。

们每个人正在演变成为整个社会决策的一个有机组成部分"[①]。这一转变最根本的原因是"互联网+"、大数据、人工智能等网络信息技术逐渐渗透并支配社会的方方面面，现代信息技术借助大数据的思维模式能够及时将繁多、冗杂的信息收集处理，将社会运行过程数据化以回应复杂的治理环境与多元的治理诉求。

在疫情导致的非常态社会中，封闭性和网络化是治理的显著特征。常规治理方式的失效导致信息在治理中的需求愈发凸显，信息治理能够有效破解疫情造成的治理缺场与防控精细化之间的矛盾，进而确保在疫情防控的紧迫情形下治理的有序进行。在疫情防控的压力之下，社区因为其基础性导致大量信息汇集成为一个信息场，网格化管理与信息治理相结合的"网络+网格"成为基层防疫的普遍模式，2020年2月，中央政法委即提出在疫情防控中"要充分运用'综治中心+网格化+信息化'体系"[②]。衢州的超级网格在疫情防控的信息治理中同样大放异彩。超级网格以其自身的结构优势、互动优势与价值优势有效地推动基层信息治理运转，发挥出"网络+网格"的独特效能。

二 数字化防疫结构

近些年衢州在数字城市、智慧社区等未来城市建设方面成效显著，依托信息技术与大数据发展思维先后推行出一系列的信息治理系统。为协调各信息系统的有效运转以形成社会治理的结构性合力，衢州又推进组织结构改革，针对信息治理形成了衢州的"市县大联动中心—乡镇（街道）综合信息指挥室—村社综治工作站—村社网格—群众'村情通'式移动终端"五级贯通的基层治理联动工作机制。通过纵向打通信息通道，横向联动部门力量，这一联动机制提高了市域风险治理和危机管理的综合效能，在衢州的疫情防控中发挥了不可忽视的作用。

---

① 戴长征、鲍静：《数字政府治理——基于社会形态演变进程的考察》，《中国行政管理》2017年第3期。

② 中国长安网：《中央政法委：进一步发挥基层综治中心和网格员在疫情防控中的作用》，2020年2月19日，http://www.chinapeace.gov.cn/chinapeace/c54219/2020-02/19/content_12325049.shtml。

疫情防控的主阵地在社区,依托"王"字型运行机制①,联动机制中的资源与力量最终指向社区,为社区防控服务。在基层治理联动工作机制中,市县大联动中心以"雪亮工程"和"城市数据大脑2.0"深化提升为牵引,整合部门信息进行分流指派与指挥调度,将问题解决在县域;综合信息指挥室以其在街道的中枢地位统筹指挥综治工作、市场监管、综合执法、便民服务四个功能性平台,承上启下,流转处置;村社综治工作站则是联动多层面的资源与力量,将任务落实。三个层级的治理过程,表现为自上而下的"联动指挥、指令下达"和自下而上的"事件流转、信息上传"。联动机制从社区层级向下延伸,进一步纳入网格与群众两个层级,意在突出行政体制之外网格中的社会主体在治理中联动的必要,超级网格也是基于此而形成。从衢州的疫情状况看,衢州市确诊的14例病例于2020年3月5日已全部出院②,因而衢州的防疫任务主要在"外防输入",在此任务下大联动中心对外部信息的收集研判与社区对具体人员与事务的处置就更为必要。

信息技术系统的建立是联动机制运行的基础。在防控疫情中,衢州主要的信息技术系统通过数据相互打通,形成信息治理技术支持体系。这包括作为"脑"的"城市数据大脑2.0"、作为"眼"的"雪亮工程"、作为"心"的基层治理综合信息平台,以及作为"手"的各市县的"邻礼通""村情通"等手持终端③。"城市数据大脑2.0"采用顶尖的云计算、大数据和人工智能阿里云技术,整合部门资源,构建平台互动、信息共享、全面感知、智能调度、迅捷精准的城市联网应用体系,通过信息系统

---

① "王"字型运行机制包括:做优市县一体"顶线",强化市县统筹协调联动,管理、执法、服务资源整合;做强乡镇(街道)"中线",提升乡镇(街道)统筹协调能力,形成统一指挥、联合执法、联动治理的新模式;做实村(社)网格"底线",配强配好网格力量,明确网格职责,推动党政各项工作资源在网格叠加、力量在网格沉淀、工作在网格联动、任务在网格落实;做畅联动指挥"竖线",完善线上线下联动指挥机制。参见衢州市委《关于打造中国基层治理最优城市推进基层治理战略任务落地的实施意见》(衢委发〔2018〕15号)。

② 衢州市卫健委:《3月6日衢州市新冠肺炎疫情通报》,2020年3月6日,http://wjw.qz.gov.cn/art/2020/3/6/art_1500059_42193389.html。

③ 衢州在疫情防控中使用的微信小程序、手机APP等手持移动终端比较多样,有浙江省推行的手机APP"平安浙江""浙里办",衢州各市县也开发出自己的微信小程序,如"邻礼通""龙游通""村情通""江山一家亲"等。

整合与数据共享强化信息在政务中的指导作用。在疫情期间,"城市数据大脑2.0"构建大数据分析模型形成数据的互联互通,对其中流转的信息进行高效分析研判,从而精准鉴别和跟踪管控对象。"雪亮工程"是一体化视联网的组成部分,衢州市近5.3万个摄像头全方位监控,以"关注目标"为靶向进行视频的分类分区集成,借助"城市数据大脑2.0"的智能识别分析,实现精准布防、预测预警、有效处置。"雪亮工程"在防疫中对人员聚集、居家隔离户外出等情况进行全面盯防稳控。基层治理综合信息平台是"王"字型组织架构"竖线"的组成部分,其"心"的作用体现在基层治理相关的职能部门入驻平台并及时处理综合信息平台交办流转的实际事务。在防疫过程中,基层治理综合信息平台贯通上下信息通路,汇集整合多方信息进行处理研判,将具体问题交办到相应部门。"邻礼通""村情通"等移动手持终端覆盖到近乎全部居民,它们像是基层治理综合信息平台向社区与居民伸出的一只只"手",既通过职能入驻解决居民问题,又能以数据归集的方式将信息传递到综合信息平台。在疫情期间,这些小程序与手机APP近乎覆盖疫情防控与居民生活保障的各方面。

三 信息治理中的超级网格

在大联动机制中,市域防疫的信息治理是涉及各层级的系统性工程,其运转核心即是大联动中心。大联动中心打破部门之间的"信息孤岛",集成与整合来自多方的信息进行处理,分析研判后将问题流转交办;处于社区层级的超级网格是该有机运转系统的重要部分,在疫情期间的信息治理中处于基础性的位置。同时,社区还是行政体系与社会的现实联结点,它既承担上级传递下来的纷繁指令,也需要解决居民的种种问题,超级网格则是解决社区内部防疫的核心运行结构。超级网格这两个面向的治理对象、目标与环境具有差异,信息治理也以社区为内外区分界限形成两种样态。

(一)面向数据的超级网格

大联动机制包含信息治理的全环节,其主要流程是信息收集、信息传递与信息处置。网络信息技术对信息治理的发展起到决定性的作用,"新技术凭借其独特的大数据思维模式、便捷低价的数据资源获取、广泛建立的数据间关联以及高效的数据深度挖掘与智能分析在社会治理中的作用不断深化"①。大联动机制是以大数据信息为治理对象的有机运行系统,其目标即是用大数据思维指导疫情防控。

信息收集是信息治理的基础环节。在疫情防控前期,大联动中心的信息收集重点在中高风险地区返乡人员、确诊病例的密切接触者与社区居民的人员情况与行程等等,疫情信息收集来源按照主体不同可以分为三类。一是上级、各部门信息系统接入指挥中心实现信息的共享。衢州的"城市数据大脑2.0"打通各个部门、各个层级的数据资源,这包括铁路、航空、公路等交通部门提供的返乡人员信息;"雪亮工程"路面监测和高空无人机巡查盯防获得的数据;三大移动通讯运营商的数据。二是居民通过多种平台对发现的问题爆料。居民会对有所怀疑的事项上报,要求社区了解核实,"浙里办""平安浙江"等手机 APP 的"随手拍"功能以及传统的"12345 热线"与村民信箱则为其提供技术平台。三是基层超级网格摸排数据。这一收集方式是借助社区网格全覆盖的优势,对居民进行整体细致的基本信息收集与人员行程情况摸排。超级网格的信息摸排有精细、准确的特点,但随着疫情形势的变化,社区网格需要随着风险地区的改变随时进行反复摸排。

信息处理是实现信息价值,促成信息资源转化为社会治理动能的关键环节。信息处理是一个动态过程,处理机构收集原始数据后对其中有效信息进行发掘、整理、分析、研判,最后反馈给相关部门进行决策或处理。大联动中心作为新设立的技术性组织机构,其职能明确为指挥、参谋、服务②,其目的是用大数据思维指挥基层治理。疫情期间汇集到大联动中心的信息数据来自各个系统,信息采用不同的表示方式,因而这些一手的未经处理的信息呈现出繁多杂乱、重复宽泛等特点。针对疫情构建的数据分析模型,有效地避免信息来源的多样化和复杂性导致的信息管理模式不适应的问题,大联动中心需要对原始数据进行筛选比对、汇总分类,经过大数据碰撞反复比对核查,最终剩下比较准确的信息,层层传达给网格员进

---

① 董幼鸿、叶岚:《技术治理与城市疫情防控:实践逻辑及理论反思——以上海市 X 区"一网统管"运行体系为例》,《东南学术》2020 年第 3 期。

② 据衢州市江山市综合信息指挥中心工作人员介绍,在中心成立之初,江山市政法委为中心定的职能即为指挥、参谋、服务,指挥主要是事件的联动处置,参谋是为市委提供信息决策支持,服务是向下为居民服务。

行审查并给予相应的应对政策。大联动中心依据其最全的数据资源和齐备的线路系统，成为疫情各部门的指挥。

在行政体制内部，信息伴随着指令与反馈进行传递。为应对急迫的疫情防控，大联动机制对科层体制在横向上做出精简，将主要力量通过部门联动的方式集中，但在纵向上防控结构依旧呈现出层级性。从大联动中心到乡镇综合指挥室再到村社综治工作站，防疫的指令与任务要求如常规治理从上至下传达。但在衢州市大数据局的技术支持下，重点地区返乡人员信息不单单依靠基层排查处理，而是出现上层将相关信息通过大联动机制高效快捷地传递到社区网格，即大数据局和综合信息指挥中心对收集的数据对比分析筛选出重点人员信息后，通过基层治理综合信息平台、钉钉群向下分流，最终传递到网格落实。社区网格同样需要对指令与信息做出反馈，这既包括实际问题处理后的回复，也包括日常人员数据变化的上报，后者则是颇有异议的表格治理。街道、卫健部门、公安部门等各类有基层数据需求的部门均问数据于社区，"上面千条线，下面一根针"的信息收集结构使相同数据被重复上报。衢州市在社区面临这一困局后及时转变，将基层数据共享任务上移，社区只与街道对接传递信息。

大联动机制是依托于数字信息技术形成的承载区域范围内信息治理的系统性组织结构，它像一台运转着的"大型计算机"，疫情期间大量信息在其间流动，被收集、处置。超级网格因其基础性地位成为计算机的"输入端"与"输出端"，它被大数据运行逻辑囊括在信息治理内，负责社区居民信息的收集与社区层面问题的解决。

（二）面向居民的超级网格

在大联动机制中，社区中的超级网格是信息治理的末端数据节点，但将视角聚焦于社区层面，多主体协同的超级网格又成为基层防疫的主体力量，统合起防疫工作与居民生活服务，从而使社区"防疫阵地"在各方向都不"失守"。社区中的信息治理的"行政性"治理意涵偏少且无法支撑大数据逻辑运行，其信息治理更多是基于超级网格中的多种主体与居民的信息互动以解决具体问题，表现出生活性与社会性。

针对社区的信息收集其信息来源并不广泛但最为集中，其信息来源有二：一是在大联动机制中，上级的数据信息通过工作钉钉群流转下达，这部分信息多是上级筛选信息后指定社区落实解决。这包括居民信息的收集、外来人员的安置以及需要紧急解决的突发问题等等，而这些信息虽是在大联动机制中传达但是其治理对象最终还是指向居民。二是居民通过电话、微信、"邻礼通"等手持终端提供的问题与信息，这是居民期望社区网格解决的问题，包括对防疫信息的需求，因封闭产生的生活需要，疑似人员的爆料等。两种来源提供的信息均是以问题或任务处置为目的而非将信息视为用于决策的工具，这源于社区在治理层级末端的地位。大联动中心虽是市域防疫结构的核心，但是其任务是统合与分析决策而非信息的收集与处置；社区则具有信息收集与直接处置的双重职能。

  社区中超级网格的信息处置是面向居民的，既需要让居民提供信息也需要回应其需求。对于上级要求的信息搜集任务，超级网格利用"邻礼通"等手持终端让居民自行填报，同时利用其人员的数量优势再次摸排核实。另外，居民在平台上反映防疫问题，提出生活需求等，网格员于后台接收到信息直接传达给相应楼栋或区域的负责人进行处置，做到"小事不出格"。对于新冠肺炎这种陌生传染病，社区及时向居民传递权威信息与科学防范方法尤为必要。如"邻礼通"成立专门模块，每天会向居民推送国、省、市各级疫情数字变化与防疫科学知识以及舆论宣传内容。可见，超级网格面临的信息处理量繁多且任务杂乱。但超级网格的人员数量优势以及与居民的日常互动经验能有效解决这些难题，技术的应用也让问题的解决更为快捷。网络信息技术作为治理工具，增强了社区完成任务的能力，减少了工作数量与任务流程，并且信息技术将以各种形态存在的结构化和非结构化的数据进行科学化的全面分析，帮助社区精准地寻找服务目标。

  从信息传递角度看，社区内部的信息传递循环中信息传递涉及层级少，信息链短，信息只在社区超级网格与居民之间流动。具体来看，信息传递表现为网络信息技术为不能面对面互动的社区成员提供了信息交互平台，以及社区成员间的日常互动经验也为防疫的信息传播提供了支撑。疫情期间的交往与治理空间的网络化构建起新型基层沟通网络，促进超级网格与居民之间的交流。"邻礼通""村情通"等针对疫情开辟的功能便于掌握居民的生活情况并及时回应，这些微信小程序与手机 APP 为政府所开发，是社区治理者与居民之间正式的信息交互平台。微信群等非正式的、生活性的沟通方式，则为疫情防控提供了涵盖社区成员的网络公共空间。防疫的封闭要求让现实治理"缺场",但微信群却让超级网格和社区成员"虚拟在场"[①],使他们针对疫情话题在微信群中开展了活跃的信息交流。

社区中的信息治理并非是常规理解的基于大数据的信息治理,其更多表现为社区内部超级网格与居民之间以网络信息技术为载体的信息互动。基层的信息互动因面向居民并未被规制成特定的或单向的信息通道,而是既有正式的信息反馈平台,同样也包含着非正式、生活性的信息交流空间。作为社区防疫主体的超级网格,在追求防疫效率时也在形塑基于社会性的互动机制。

四 防疫中超级网格效能发挥

信息治理通过技术系统建构实现了治理的高效便捷,但作为一种社会治理趋势,信息治理需要相应的组织结构来支撑运行。作为衢州防疫的基层组织结构,超级网格具有不同于传统网格的结构优势、互动优势与价值优势,与信息治理相结合破解了疫情防控的种种难题。

首先,超级网格的扁平化结构实现信息治理的任务分配与协调运转。科层制的层级设置在应急管理中降低了信息的收集与传递的效率,网格化社会管理模式本质上是行政体制的向下延伸,以缓解政府与社会联结的刚性,但其未涉及科层体制整体结构的改变。另外,网络社会的深度发展使社区共同体逐渐独立于科层体制之外而形成居民为主体的大小社群,总体性社会中对居民的完全管控不复存在。王颖将这种在科层体制之外"大规模自主性聚集而成的小区和社群视为主流社会的基本构成形态,其结构特征是扁平化"[②]。扁平化的社会结构逐渐表现得与科层体制"无关",即两者无法有效地对接协同,这种趋势在疫情防控期间更为明显。超级网格动员并协调社区内的各类主体形成主网与辅网相结合的有核心但也扁平的治理结构,使繁杂的信息治理任务得以有效分配,作为信息治理的最末端,扁平化的超级网格这一社区治理结构承载着信息治理,并在防疫中协

---

① 吴海琳、周重礼:《微信群对乡村公共空间的重构——以 D 村"行政外生型"网络空间为例》,《河北学刊》2020 年第 4 期。

② 王颖:《扁平化社会治理:社区自治组织与社会协同服务》,《河北学刊》2017 年第 5 期。

调各种力量使其有序运转。下面以人员信息摸排为例，具体说明超级网格扁平化结构的运作。

信息摸排的目的，是为在居民信息统计之外排查出是否有中高风险区或境外返乡人员以及家中是否将有从中高风险区或境外返乡人员。其困难一是信息摸排需要覆盖全部居民，居民人数众多且不论小区之间还是小区内居民之间都呈现出较强的异质性；二是疫情不可预测，使中高风险区不断变动，每次变动都需要再详细摸排相关区域的人群。如此体量巨大的任务，若是仅凭社区专职的十余名工作者完成，自是有难度。

重点疫情地区的人员信息摸排前后约进行了四轮，这一直是防疫期间重要且繁重的工作。新冠疫情的全国性防控是突然之间进入紧急状态，社区准备不足以及疫情带来的巨大社会性恐慌，给社区的首次信息摸排带来巨大的压力。在首次信息摸排中，主要针对来自武汉和湖北的人员。这时超级网格还未形成，因而主要是由专职网格员完成。衢州的信息摸排采取"线上＋线下"的模式，各地通过"邻礼通""龙游通"等微信小程序进行广泛收集，在线上收集信息受阻后需要网格员上门当面问询。"邻礼通"等小程序在疫情发生前已经推广到大部分居民，随着"邻礼通"等在疫情中的优势逐渐显现，其推广更为迅速，覆盖了大部分人群；从县区政府到社区工作人员均有"邻礼通"不同范围的后台设置权限，可以针对治理需求发布防疫信息。为应对工作量大且紧迫的信息摸排任务，"邻礼通"专门开发疫情模块进行针对居民的线上防疫工作，发布信息摸排的调查问卷。问卷内容包括家中是否有湖北或者武汉返乡人员，之前从哪个地方返回等等。社区有意扩展问卷范围就需要通过多种方式散播问卷，社区或小区的微信群就成为发布消息的网络空间。

通过这些线上的方式所摸排收集的信息有限，易出现错误信息且有难以覆盖到的人群，如小区的租户、不会使用智能机的老人以及其他未能在"邻礼通"等程序上报的人员，这些问题的解决就需要线下完成。首轮摸排依赖社区专职人员，需要其挨家挨户地敲门询问信息。对于十余名社区工作人员来说，这显然是一件庞大的工程。随着摸排的进行，辅网中的居民志愿者、业委会、社会组织等主动请缨参与协助社区工作人员的信息摸排工作。这部分力量的参与一定程度缓解了社区工作人员的任务压力，使首轮摸排能够及时完成，同时也为信息治理提供了准确全面、及时有效的信息。居民在信息摸排中的作用突出，他们对周边居民的情况更为熟悉，借助微信、电话等便捷的线上联系向社区提供线索，告知哪一家有人在外地，有人可能返回，由网格工作人员再去核实。

首轮摸排为信息治理提供了较为完备的信息基础，在之后的二轮、三轮或者四轮信息摸排中，可以首轮摸排信息为参考针对性地进行摸排。第二轮信息摸排主要针对境外的居民，三轮和四轮则是针对国内重点疫情区返乡人员，在这几轮的信息摸排中超级网格的力量有效地化解了社区信息摸排人员不足的情况。但后期的摸排对信息有序性与准确性的要求使这一任务集中由主网完成，具体执行则相应落在"包区清楼"的干部身上。下沉干部通过包干楼栋担任楼栋长，在新一轮信息摸排时楼栋长承接社区任务，在负责的楼栋内挨家挨户地向居民询问信息，统计之后汇报给网格长或专职网格员。依赖于人员力量的投入，这样的信息摸排更加精准也无须通过"邻礼通"等小程序"撒网式"地进行摸排。另外，主网内部也需要相互配合，居民因对下沉干部陌生而不愿配合时，下沉干部就需要联系网格长或专职网格员来协调工作。

超级网格恰是在社区防疫任务繁多杂乱时产生，从信息摸排的过程可以看到，因为封闭的要求，信息治理立刻被应用到防疫中。未改变的社区结构使主要任务还由社区专职网格人员完成，随后各主体逐渐参与形成超级网格的结构。社区中具备自主性的主体被动员参与到防疫并发挥重要作用，这在一定程度上改变原来的行政层级而转向扁平化。扁平化的超级网格借助这些大小主体的连接，像一个致密大网般覆盖到整个网格，信息收集人员都成为大网的一个结点并在信息收集过程中铺展开来，去精准地收集负责区域的信息最终汇集到顶层，并借用信息技术让其收集更为快捷和精细。而大量人员的投入也能够满足信息防疫对信息的及时性与准确性的要求，避免科层体制的管理方式造成的部分部门力量闲置的局面，并有效减轻社区专职网格人员的负担。扁平化的超级网格中也有核心，即网格中的网格长与社区党委。这些社区的行政主体虽作为核心，但并非如原来起着管控作用，而是发挥统筹协调、传达收集等作用，与社区内其他主体协同抗疫。

其次，超级网格畅通的信息交流推动规范的信息治理并提高防疫信息的丰富性。信息在信息治理中处于核心地位，社区防疫中畅通的信息交流与传递利于反映基层防疫情况并且使信息治理有的放矢。常态治理中，信息往往以指令、任务的形式自上而下单向流动，上级汇总信息范围扩大而处理信息能力有限，因而按照程序化和规范化对信息的简化和抽象化才能保证行政效率。这都容易出现行政体制内部上下信息不对称的情况。随着网络社会的到来，精细化的治理中盲目的"数据崇拜"[①] 现象突出，基层向上级反馈的信息越发集中于与基层有关的抽象数据，而数字很难完全概括真实的社区治理境况。下面以卡点值守为例，说明超级网格是如何让信息传递通畅并且将社区防疫的现实情况向上反映的。

> 封闭管理是遏制疫情社区传播的有效途径，小区变开放为封闭需要将小区出入口封堵仅留存一两个出入口出行并设点排查。卡点值守是对应守衢州"大门"的守"小门"，守住小区小门以防止外来人员进入来避免可能的感染。卡点值守的工作量相对较小，但需要长时间值守且细致做好小区出入情况汇总，这就需要大量人员参与以及将居民区分的方法。
>
> 卡点值守的主体力量是主网中的"包区清楼"的干部，其具体安排由原有单位承接社区卡点值守任务后具体分配给团员；辅网中的居民志愿者、社会组织、业委会等人员以志愿者身份向社区申请后由社区统一安排卡点任务；门卫等归属物业公司力量的人员同样参与其中但并非以志愿者身份；卡点值守的三股力量最终均由社区统筹安排分工。卡点值守每天从 8：30 至 21：00 分为三班，每班 4 小时，多是由"包区清楼"干部值守，在其余的时间会适当安排志愿者参与补充。这种任务安排方式充分发挥超级网格的主网与辅网协动作用，

---

① 唐皇凤：《我国城市治理精细化的困境与迷思》，《探索与争鸣》2017 年第 9 期。

在社区的统筹安排下填补防疫的漏洞。卡点值守是主网与辅网协动的典型任务，但其中也出现两者在防疫工作中的差异。对社区来说，"包区清楼"干部服务意识更强也更有纪律，以任务目标为行为指向；辅网的力量则更随意，呈现出日常交往状态。

卡点值守在早期采用纸质登记，记录名字、联系方式、住址等，同时测量体温。在防疫措施逐渐完备后，登记信息由搭载于支付宝、微信、平安通等客户端程序的线上健康码代替，衢州的"红、黄、绿"三色健康码动态管理作为一种身份识别系统，表明人员健康情况，有效地区分不同人群。扫码核验、亮码通行成为小区的进出程序，这极大地减少了值守人员的工作量。卡点值守是小区对外地返乡人员的第一次"过滤"。除"亮码"外，社区为区分社区内外人员针对性地制作出入证并通过线上线下发放；部分社区对进入人员进行管控，针对具体信息做到"三问"。

在社区信息治理中，卡点值守也是基层信息收集与交流的重要方式，每天的进出入人员需要按照三色码进行分类统计，各班值守人员记录好汇总给社区网格员，由网格员通过整体的联动体系进行上报。另外，负责值守的"包区清楼"干部本班岗结束后也需要在钉钉工作群中汇报值守点进出人员数量，由服务团中的联络员进行统计，上报到市组织部。除了这些正式的信息沟通方式外，日常的互动交流本身也有助于信息的传播。值守过程中，掌握更多防疫信息的值守人员与居民熟悉，则会在交谈中向其宣传防疫措施，传递防疫信息。另外，"包区清楼"的干部下到社区后也是对社区疫情情况的了解，除了日常工作的所见之外，社区还会每天晚上针对主网的主要人员开短会，交流每天的防疫情况，如人员力量的配备、物资供应以及居民情绪感受等等。这些不被纳入到上报信息的信息，也通过"包区清楼"干部私下联系得以向上反映。

在防疫中最重要的是上下的信息畅通，上下信息不对称常会造成防疫措施混乱与防疫效果低下。信息治理需要社区精确及时地收集规范化的信息用于数据处理，这依赖规范的数据格式以及系统性的信息记录与上报流程。这些正式的信息传递虽然传达的多是数字，但是这些信息是信息治理得以有效运行的重要资源。但作为有机系统的社会不仅有其可以数据化、指标化的一面，同时也有系统运行、交往互动、习性文化等难以量化的日常性信息，而这些未被纳入信息治理的数据范畴。超级网格则依靠"包区清楼"干部原有的组织关系向上打通一条非正式的反馈信息的通路，基层的防疫问题与物资短缺以下沉干部的视角被表述并向上传达。由此整体防疫避免了狭小的信息反馈通道以及反馈信息的抽象化、数据化导致的社区向上反馈数据容易、反馈问题困难。不论是社区内部的横向信息交流还是社区与大联动机制的纵向信息传递，超级网格的组织结构通过正式与非正式的信息传递渠道有效整合社区的防疫信息，并在抽象数据之外传递超级网格实际具体的治理感知、动员与协调等更丰富的信息内容。

最后，超级网格多重主体的参与让信息治理有效运转的同时也体现着社会性与人的价值。社区网格是联结行政体制与基层社会的枢纽，因而其工作具有行政性与社会性两个面向。大联动中心的治理对象是信息，其治理理念是运用大数据思维追求信息的精准与处置的效率，其运行的关键在于信息技术系统的配置与相关部门的协同联动。而社区网格的治理对象是居民等社区主体，其目的为服务居民并解决其问题。基于社区工作的两个面向，超级网格既要完成联动体系内的任务，也要积极解决居民面对的生活问题，信息处置的目的要兼顾到社会性。信息技术主导下的防疫要解决的不仅是疫情的防控，因为疫情的群防群控不同于常态治理中的社区动员任务，其对居民的全覆盖与居民生活的深度介入使治理不再局限于任务的完成，更需要尊重居民的多重需要与主体地位。下面以居家隔离任务说明超级网格是如何发挥价值优势协调好防疫任务的行政性和社会性。

居家隔离户的潜在风险相对其他居民更高，但又仅是外地返乡人员而不是重点地区返乡者、确诊者、疑似者或接触人群，故而不需要集中隔离，居家隔离14天后无任何问题隔离者便可正常生活。对居家隔离者的服务是社区防控最严密同时也是最难处理的任务，其困难首先在于居家隔离者是外地返乡不确定是否感染，社区工作者便因与其接触可能有感染风险而担忧；其次居家隔离户较多，且社区负责隔离户的基本生活，这已超出常规社区治理的工作内容；最后隔离措施易导致居民产生抵触情绪不配合隔离防疫。

在衢州整体针对返衢人员的防控措施中，需要被隔离的人员有两条被确认并管控的路径。返衢人员购买机票、车票后在相应交通部门的系统中留下信息，这部分信息数据在省级或者市级统筹整合后发往大数据局或者各区县的大联动中心，由他们筛选、去重、反复研判后发往相应社区网格，由社区工作人员去下车点接回进行居家隔离。另一路径多是居民自驾返衢，数据部门无法获得这部分信息。这部分人员返回所在社区后或自主找社区或被居民举报，最终由社区要求其居家隔离并将信息与情况上报。这两种方式通过信息数据以及人力排查，将全部返衢人员确认并安排其居家隔离。居家隔离后需要每天记录隔离人员的体温等信息，同时也面临两个问题：如何在居家隔离期间保证居民正常生活与如何防止居民外出带来的可能风险。

防止隔离户外出采取软硬兼施的方式，通过将"贴封条"变为"贴福字"的柔性措施化解隔离户的抵触情绪。另外一些信息技术手段也被应用到隔离户的监管上。首先在隔离户门前安装摄像头，画面连到社区；其次在门上安装感应器，若开门后台便会接收到警报；最后与三大通信运营公司合作采用手机定位，超出隔离范围同样后台会有警报。后两者的权限并不在社区而是在街道或县区，当触发警报后街道便会将信息传递到社区，社区调取监控查实后网格员上门与隔离户协商要求其不出门。

以上措施是对不配合隔离的人员，而大部分隔离户不会擅自外出，因而隔离户的管控是其次，重点是如何服务。被隔离后，隔离人员的种种需求基本无法自足，这便需要网格中工作人员的帮助；居民的生活服务需求多样且繁多，单靠网格员难以完全有效对接，超级网格中的各主体均依其特点在这一重大任务中发挥作用。对于基本生活保障，隔离户在微信群中发起生活需求，由主网中的社区人员整理后统一进行安排；具体的问题解决则主要由"包区清楼"干部来做，如购买生活物资、清理垃圾等日常生活服务；物业则是用其原有的车辆将生活垃圾转运出小区。另外突然的隔离导致生活方式与心态转变，隔离人员同样需要心理疏导、矛盾化解，这些问题的处置主要依靠社区工作者或者社区内从事心理咨询的社会组织。这些都是基本的居家隔离对象的服务内容，而在居家隔离的整个过程中问题常会突然发生，这需要网格长或专职网格员专门负责解决。

从居家隔离对象的安置中可以看到，信息技术的应用将隔离对象从发现到管控进行严格精细的控制，这种理性的设计正符合防疫的要求。但信息治理更多关注信息的精准与处置的效率，容易忽视治理中的人的需求。基层治理不仅是行政体制的建构或是治理方式的标准化、技术化，其中还涉及社区与社会多主体的互动关系，以及居民日常行为与互动等社会性的意涵。超级网格在防疫的信息治理中作用显著，但其在防疫实践中并未"只见技术不见人"，多样化的主体参与让满足疫情期间居民的多重需要不再是口号。压力型体制下精细化的科层制追求效率，网络信息技术在治理中的广泛应用更在加速这一倾向。基层治理在追求效率、突出工具理性的同时不能出现价值缺位，善治的社会应当是以人为中心，关注到居民日常生活的社会性。超级网格在要求的治理外，还关注到被隔离居民的生存与心理需求，并且积极承担起居民的生活服务。网络社会信息治理还有许多可以思考的问题，但社会治理本身的价值目的当是如一，如果社会治理不能创造一种使社会公众可以依赖的社会秩序并回归到人的价值，那么对于治理的手段与方式还需再考量。

第四节　后疫情时期社区治理的新样态

新冠肺炎疫情给我国的治理能力与治理体系现代化提出严峻的考验，在后疫情时期，社区治理需要在新冠肺炎疫情危机的应对实践中寻求机遇，探索基层治理的多重方向与丰富内涵。

一　社会形态转换与韧性社区建设

此次新冠疫情的出现也给我们一个警醒，在现代性深入社会方方面面的过程中，不可感知的风险在增多，并且有些风险诱变为灾害后造成的破坏可能是全球性的。现代社会因为风险存在其并不再是一个长期常态运行的社会，而是随时可能向非常态转变。在常态社会与非常态社会之间的转化过程中，治理需要依据转变中造成的社会结构与运行的变化做出相应的组织结构与治理理念的转换，在常态治理与非常态治理中找到平衡。超级网格是非常态下建立起来的具有较强应急性的社区抗击疫情体系，主网与辅网的有效结合实现了疫情防控的目标，并且超级网格的经验在常态的社区治理中同样有可以沿用的方面，因而韧性社区的建设在疫情期间受到重视，也是在回应社会转换之间形成的治理压力。韧性社区既需要内部建设也需与外部协调，来消除治理与社会之间的刚性。韧性社区就像有机能动的主体一般，能够应对外来冲击，并在危机出现时能够主动地稳定、恢复、适应，维持其主要结构与功能运转，在风险社会中更有存在价值。

二 基层治理权力结构变迁与组织重塑

网络社会的演进推动着基层治理主体的生成与发展，垂直型的科层体制也需要向扁平化治理结构转变。这一方面使行政权力整合后下沉到基层，脱离以往悬浮于基层社会的状态，更好地促进政府职能转变，发挥政府的服务型职能。另一方面社会权力通过网络不断发展，既有离散传统中心的趋势，也在表达自己的诉求。社会力量参与到基层治理，其不同于行政权力的运行机制与专属服务，而是对行政权力提供服务的补充。如果说基层治理的权力结构变化是各主体在社会演进过程中的自发，那推动组织重塑则是社区有意整合各种力量形成治理合力的自觉。社区内部组织结构应当是伴随着社会环境与治理目标的变化适时做出调整，尤其在社会的常态与非常态的转换之间，组织结构与实际状况的调适匹配往往决定治理的成效。衢州的基层各主体通过超级网格的构塑与运行形成疫情后的权力秩序与组织形式，这有利于形成良好的政社互动关系，推动共建共治共享格局的形成。

三 后疫情时代社区治理的技术赋能

网络技术渗透到社会的各领域已成趋势，并促使社会再结构化。在此趋势之下，新冠疫情发生更是促使日常生活的网络化，网络公共舆论空间的拓展、便捷高效的线上生活服务的实行、人工智能对线下工作的承接以及大数据分析的广泛应用等等，都在加速塑造日常生活。网络社会带来的社会变化是长期性、整体性的，这些变化已然成为治理与日常生活运行不容忽视的社会背景。信息治理更能适应网络社会这一社会形态，同时信息治理的推进也在促使治理方式与治理体系的变革。通过数字化赋能，政府内部依据大数据思维推进治理精准化、程序化，破除传统决策模糊、低效等弊端。网络信息技术也在塑造面向未来的全新智慧社区，并提供一种智慧式的协商治理模式。随着技术与治理的互动融合，网络技术不再以可替代的工具参与到治理中，在技术广泛和深度地被应用后，信息治理越发成为新社会形态下重要而独特的治理方式。

在新冠疫情导致的非常态社会中，防疫使基层治理呈现出新样态，其外在表征即是网络社会背景下逐渐兴起的信息治理以及伴随着信息治理的治理组织结构重塑。非常态社会中的治理与常态社会的治理相比虽有其独特性但也有延续性，有效的治理体系应该富有弹性，能在社会的常态与非常态的转换中灵活调整，积极适应。当前看来，网络信息技术的发展包括信息技术对社会治理的全新塑造都已然成为不可逆之趋势，而信息治理及其催生的组织变革是否有效，涉及的则是社会整体治理理念的变化。"社会治理的思想观念和追求目标应当与治理对象（网络社会）相一致，否则，采取的手段与措施、选择的途径和模式，都难以收到预期效果。"[①]这一过程则需要治理者主动转变与革新。

[①] 刘少杰：《网络社会的结构变迁与演化趋势》，中国人民大学出版社2019年版，第314页。

第四部分

技术治理展望：未来社区与城乡融合

自 19 世纪下半叶滕尼斯撰写《共同体与社会》，开辟学科意义上的社区研究之日起，社区概念便被打上了深深的怀旧烙印。许多社会学家都是在传统—现代的框架体系下，对工业化、城市化背景下传统共同体的消解表示慨叹和忧虑。因此，社区研究诞生的伊始便被定格在传统感和秩序感消解或延续这一基调之上。在此种意义上，我们很少能看到学界针对未来社区而展开的探讨。但是，在人类社会将进入 21 世纪第三个十年之际，以人类社会步入深度现代化阶段和科技革命为背景，出现了一系列以未来社区为目标的探索实践。其中最具代表性的事件应首推浙江 2019 年发起的未来社区建设的倡议和行动。作为浙江未来社区建设的重要组成部分，"衢州探索"除了启动城市版未来社区建设之外，还规划出以乡村更新为主线的乡村未来社区建设，开启了乡村振兴的新格局。依托于我国基层社会治理的伟大实践和当代科技革命，中国构建出关于未来社区的富有想象力的畅想。在上述背景下，我们应将基层技术治理的结构与行动问题的理解置于未来社区的分析框架之下，展开具有前瞻性的研究和探索。

第九章

"未来社区"视域下社区未来性的展开

20世纪晚期以降,以人类社会步入深度现代化阶段和科技革命为背景,社区研究一改以往的"怀旧模式",出现了一系列以未来社区为目标的观点及实践。其中最具代表性的事件还应首推浙江发起的未来社区建设的倡议和行动。2019年1月,时任浙江省省长的袁家军在政府工作报告中提出,2019年浙江将启动实施未来社区等标志性项目。同年3月31日,浙江省政府印发《浙江省未来社区建设试点工作方案》,标志着浙江省未来社区建设试点工作全面启动。①

在上述背景下,我们应将基层技术治理的结构与行动问题的理解放到未来社区的分析框架之中,展开具有前瞻性的研究和探索。故在本书的第四部分,我们将以技术治理展望为主题,就未来社区与城乡融合等相关问题做一研究探讨。

应该承认,迄今为止,学术界关于未来社区的理论研究尚未获得充分展开,如何从理论上厘清未来社区内涵,并进一步探讨社区未来性与技术性、社会性、传统性、生态性、生活性等方面的复杂互动,运用整体、综合性的观念和行动来超前性地解决城乡社会发展所面临的诸多问题,成为未来社区建设的核心目标诉求。为此,我们应以未来性的彰显来化解现代性所带来的诸多挑战,建立起新的依托于城乡社区的社会基础结构,处理好政府、市场和社会,未来、现代和传统两组互动关系,进而使得城乡社区生活获得长远而持续的改善和提高。

---

① 岳德亮:《浙江全面启动未来社区建设试点》,新华社杭州3月31日电。

第一节　未来社区概念的提出及其演进阶段

如前所述，从20世纪晚期开始，以人类社会进入深度现代化阶段和科技革命为背景，社区研究领域开始出现了一些以未来社区为目标的观点及实践：其一，是依托于当代科技革命而发出的关于未来社区的畅想，如低碳社区、智慧社区等；其二，是以德鲁克、雅各布斯、吉尔·格兰特等为代表的著名学者从学理层面对未来社区所展开的初步研究探讨；其三，一些国家和地区也启动了关于未来社区的实践创新活动，如起源于丹麦影响至美国、澳大利亚等国的"共享社区"和日本的共享住宅等活动。尤其值得关注的是，近年来在中国还出现了由地方政府明确提出的未来社区建设计划及行动。2019年年初，浙江率先提出并展开关于未来社区的试点试验，将未来社区建设问题向前推进了具有实质性意义的关键一步。但我们注意到，迄今为止，学术界尚未从学术理论层面对未来社区建设给予充分的关注和积极的回应，表现出明显的滞后性。故本章拟以前述多种形态的未来社区构想及实践为背景，以浙江未来社区建设的初步实践为重点，就未来社区建设关涉的相关理论问题展开初步的研讨。

一　未来社区概念的提出

所谓未来社区建设，主要是将城乡社区纳入未来发展的视域之下，引入技术、生态、社会、生活等变量，运用整体、综合性的观念和行动来超前性地解决城乡社区所面临的各种各样的问题，以致力于社区的经济、社会、文化、生活环境等各个方面发生具有积极意义的变动，进而使得城乡社区生活获得长远而持续的改善和提高。透过以上对未来社区概念内涵的研究考察，我们会发现，作为一个立体的概念，社区涵括了居住形态、关系形态、组织形态、街区形态、文化形态、生产形态等极其丰富的内涵，成为人类社会最具基础性的社会单元。而未来社区则是在深刻反思社区发展的基础之上形成的新的理解建构机制。人类对未来社区形态的前瞻性在很大程度上体现出文明的批判反思性和建设性。

如果我们将考古学意义上的人类早期聚落遗存作为社区最早形态的话，那么社区堪称是一个最为古老的社会科学概念。而且，随着人类社会的变迁，社区也在不断地改变和转换其存在形态，表现出惊人的生命力。从历史上看，每当人类文明处于重要的历史转折关头，面对社会的复杂剧烈变迁，都会引发出许多关于社区发展和建设的思考、争论和探讨。19世纪中叶后，在欧洲工业化、城市化推进的过程中，以滕尼斯、涂尔干等为代表的古典社会学家通过"社会失范""共同体与社会"等核心概念和命题，阐释出其对社区现实变动的忧虑和批判，也表达出对未来社区的一些认识和种种期待。可见，在人类由农业社会转向工业文明的进程中，鉴于传统的共同体在工业社会背景下的迅速消解，社区概念便被赋予了极其复杂的内涵和角色扮演，进而成为一个充满了怀旧感的词汇，其关于未来社区的观点只是一种间接的、曲折性的表达而已。

二 未来社区实践演进的两个阶段

进入20世纪晚期后，伴随着科技革命和现代社会发展速度的加快，人类关于城乡社区发展的规划能力也大大增强。同时，伴随着城乡社会的剧烈变迁，社会各界逐渐开启了对未来社区的探讨。此时期围绕着未来社区概念的提出及实践发展，大体上经历了一个由"单一"到"综合"的发展转变进程，具体可划分为两个发展阶段：

（1）第一阶段：20世纪晚期以来以低碳社会和"智慧社区"构建为切入点的未来社区建设。在未来社区规划设计的"单一视角"阶段，主要是依托某种先进技术加以展开的，最具代表性的模式主要包括"低碳社区"和"智慧社区"的实践探索。在历史上我们经常会发现，一些新的社会发展思潮勃兴后，往往都会以社区为单元加以实践和展开，如在可持续发展思潮的背景之下，低碳社区的概念成为一种新的发展趋向。从20世纪晚期开始，面对城乡社会所面临的生态能源危机，社会各界围绕着"低碳社区"展开深入的探讨，试图通过生态能源技术的革新应用，克服人类所面临的生态能源困境。在学术界已有的研究中，所谓低碳社区，主要是"基于低碳城市的提出和发展产生的。低碳城市的理念来源于低碳经济。国际科学界已有充分的证据证明，当前气候变暖有90%以上的可能性是由人类活动造成的，而城市作为人类活动的主要场所，其运行过程中消耗了大量的化石能源，排放的温室气体已占到全球总量的75%左右，制造全球80%的污染。随着不断加快的城市化进程，城市扩张速度越来越快，城市也因此变得越来越脆弱"①。此外，还有基于互联网发展和智慧城市建设而生发出的"智慧社区"实践。值得注意的是，智慧社区与一般意义上的社区管理信息化存在着本质性的区别。所谓社区管理信息化，主要是从工具意义上将信息技术应用于社区管理和服务。而智慧社区则是运用信息技术从根本上改变社区居民的社会关系和生活世界，实现新的社会治理和服务模式。1996年，美国圣地亚哥州立大学与加利福尼亚州政府合作推出世界首个智慧社区项目，即强调智慧社区以技术性与社会性高度嵌合的特点，将其定义为"在一个大小可以从邻域到多县的地区内，市民、团体和市政管理机构利用信息技术显著地、甚至彻底地改造他们所生活的地区，政府、工业界、教育工作者和市民之间的合作将代替他们各自的孤立行动"②。可见，在此阶段的时间范围内，关于未来社区的探讨，基本上都局限于一定的专题性领域，而未能从总体上对未来社区做一个相对完整的规划。

（2）第二阶段：21世纪以来关于未来社区的综合设计实践

进入21世纪，社会上首先出现了比较活跃的关于未来社区的倡导和实践探索。与此前专题性、单一性的推进模式不同，此阶段推进模式最为突出的特点在于其综合性、全面性和实践性。2019年3月20日，浙江省政府印发《浙江省未来社区建设试点工作方案》，率先推出中国版的未来社区综合建设模式。其创新之处主要表现在：第一，将未来社区建设的话题置于中国21世纪构建共建共治共享社会治理新格局的背景之下，我们会发现，中国开启未来社区建设有其特殊契机和内涵；其所提出的未来社区建设的政策目标是满足人民群众对美好生活的需要。第二，提出"将聚焦人本化、生态化、数字化三维价值坐标，以和睦共治、绿色集约、智慧共享为内涵特征，突出高品质生活主轴，构建以未来邻里、教育、健康、创业、建筑、交通、低碳、服务和治理九大场景创新为重点的集成系统，打造有归属感、舒适感和未来感的新型城市功能单元，促进人的全面

---

① 张清、贺湘硕、高然：《低碳城市发展研究——基于保定实证分析》，知识产权出版社2016年版，第151页。

② 李春友、谷家均：《国外智慧城市研究综述》，《软件产业与工程》2014年第3期。

发展和社会进步"①。第三，从城市规划、组织体制创新、技术支撑、文化发掘等方面，给出一个较为全面的未来社区的建议和计划。依托于上述政策构建和规划设计，将未来社区的实践推向一个新的发展阶段。

第二节 未来社区建设过程中"未来性"的多方展开

毫无疑问，人类是最擅长规划自己生活和组织模式的高级动物。未来社区概念的提出，便是引入社区规划的综合视角，遵循以人为本的原则，以"未来性"作为其建设的目标导引，以最大限度地满足社区居民美好生活需要作为其发展目标，通过未来性与技术性、生态性、社会性、传统性、生活性等方面的互动，使未来社区的图景获得最为真实的展开。因此，如何理解未来社区建设中"未来性"的多方展开，便成为其建设进程的关键。

一 社区的"未来性"与技术性、生态性

我们既然将当下城乡社区的发展纳入未来社区的理解框架之下，就应该努力赋予社区建设过程以"未来性"。这里所说的未来性，首先是依托于技术性和生态性展开的，在现实中往往表现为针对现代社区建设发展所面临问题而展开的一种批判性、超前规划性和趋向导引性。

所谓批判性，主要是围绕着现代化进程所引发的社会危机和环境危机而展开的。芒福德在审视工业化、城市化进程对生态环境的负面影响时，曾以"机械化与破坏"为标题，认为现代社会正在"发生一种破坏，其速度常常是更快：森林被毁坏，土壤被破坏"，"尤为甚者，我们将看到，这种破坏也在城市环境中进行"②。同时，在工业化后期，城市也面临着过密化、均质化的挑战，城市马赛克将城市社区均匀地切割排列，以均质化的形式呈现在我们面前。而乡村社区则因人口急剧减少而出现人口过疏

---

① 《浙江省未来社区建设试点工作方案》（浙政发〔2019〕8号）。
② ［美］刘易斯·芒福德：《城市发展史：起源、演变与前景》，宋俊岭、倪文彦译，中国建筑工业出版社2005年版，第466页。

化现象，陷入过疏社会何以可能的问题。

所谓"超前性"和"趋向导引性"，就是以"未来性"来抗拒和化解由现代性带来的种种危机。从未来性的研究视角审视社区变迁，一个最具决定性意义的推进变迁的因素便是新技术。迄今为止，最具有代表性的项目是将技术与生态结合在一起的低碳社区建设，该项目主要是依据一系列创新技术建立起来的。如建于1980年、拥有30户居民的丹麦太阳风社区，是由居民自发组织起来建设的公共住宅社区。该社区最大的特点为公共住宅的设计和可再生能源的利用。而位于英国伦敦西南萨顿镇的贝丁顿零碳社区则是一个典型的城市生态居住区，其发展目标是在城市中创造一个可持续的生活环境。社区通过使用节水设备和利用雨水、中水，减少居民的自来水消耗；停车场采用多孔渗水材料，减少地表水流失；社区废水经小规模污水处理系统就地处理，将废水处理成可循环利用的中水。[1] 上述项目所表征的未来社区堪称是将智慧技术与生态技术巧妙结合的代表性作品。此外，近年来颇为流行的智慧社区建设多通过APP、微信群、网上居委会、社区网上议事厅等网络虚拟技术，在打造未来社区、实施社会治理创新领域发挥了不可替代的作用，以至于在评价社区未来性的过程中，均将技术、生态等指标作为最重要的标准依据。曼纽尔·卡斯特在形容科技革命对当代社会影响的问题上曾指出："一些具有历史意义的事件转化了人们生活的社会图景。以信息技术为中心的技术革命，正在加速重造社会的物质基础。"[2] 2000年，由英国政府环境、交通与区域部完成了"千年纪村镇与可持续社区"报告，在这份报告中提出了"创建可持续社区"的8项评价标准，即将"资源消耗低""当地环境资本得到保护和增加""高质量的城市设计"等作为评价的核心指标。[3]

但我们必须注意，在强调未来性与技术性、生态性互动关系时，也应保持足够的警惕性，并将其作用控制在一定的限度内。因为对于人类社会而言，任何意义上的技术实际上都是一把双刃剑，过度地使用有可能导致

---

[1] 戈钟庆、殷化龙：《低碳经济与河北转型研究》，中国经济出版社2013年版，第200页。
[2] ［美］曼纽尔·卡斯特：《网络社会的兴起》，夏铸九等译，社会科学文献出版社2003年版，第38页。
[3] 胡申生：《社区词典》，上海古籍出版社2006年版，第341页。

其严重的负面后果。因为脱离社区居民间真实的互动关系和归属认同，而仅仅依赖于单一的技术应用和社区物质环境的改造，未必能真正带来社区居民生活品质的提高和改善，也不可能实现社区可持续发展。

二 社区的未来性与更新性

作为一个文明的生命体，城市自然有其起源、发展、衰退和再生的阶段性演化过程。一般说来，城市发展中的新陈代谢往往是通过城市更新来加以完成的。1958年8月，在荷兰海牙召开的首届城市更新研究会议上，参与者即在城市更新的内涵界定问题上达成了基本共识，认为"生活在城市中的人，对于自己所居住的建筑物、周围的环境或出行、购物、娱乐及其他生活活动有各种不同期望和不满，对于自己所居住的房屋的修理改造，对于街路、公园、绿地和不良环境的改善要求及早施行。尤其对于土地利用的形态或地域地区制的改善，大规模都市计划事业的实施，以形成舒适的生活环境和美丽的市容抱有很大的希望。包括所有这些内容的城市建设活动就是都市更新"①。在现实中城市更新往往是针对城市某个区位发生的衰退现象而采取的针对性治理行动，其内容非常丰富，所包括的普遍问题有：（1）物质环境：城市更新致力于改善建成环境，关注对象现在包括环境可持续性。（2）生活质量：城市更新旨在努力提高物质生活条件，或者促进地方文化活动或者改善特定社会群体的配套设施。（3）社会福利：城市更新努力提高在特定地区为特定人口所提供的基本社会服务。（4）经济前景：城市更新积极寻求通过创造工作机会或通过教育和培训计划来提高贫困人群和地区的就业率。（5）治理：城市更新过程中，城市管理在向城市治理转变，公共政策也更加开放，这被城市更新过程中越来越重要的合作关系、社区参与和多元利益主体不断强化。②

由此可见，刚刚勃兴的未来社区建设与此前颇为流行的城市更新改造运动自然存在着密切的关联。虽然未来社区建设几乎囊括了城市更新的所有内容，但相比之下，二者之间还是存在着一些重要的不同：

其一，就其发生的背景而言，一般意义上的城市更新、城市再生、城

---

① 张其邦：《城市更新的时间、空间、度理论研究》，厦门大学出版社2015年版，第5页。
② ［英］安德鲁·塔隆：《英国城市更新》，杨帆译，同济大学出版社2017年版，第18页。

市复兴基本上都是在城市面临衰退的背景下作为城市复兴、再生的方略而提出的,而近年来兴起的未来社区建设则是在快速城镇化、技术革命、城乡社会向上发展演进的总体态势下推出的。

其二,长期以来,以城市更新、复兴、再生为标志的城市创新项目基本上都是以城市为单元展开的。当然,即便是以城市为单元的实践创新,也必须要以社区为依托,因为如果失去了社区支撑,城市更新必然走向虚浮化。虽然未来社区建设也涉及城市总体更新规划,但其却没有以城市为基本单元,而是直接选择了社区,这使得其建设规划目标更加聚焦具体的社区,更具有生活化的意境。而未来社区建设一旦选择了"未来"视角作为社区更新的主题词,便自然具有非常丰富的内涵,呈现出的是一个典型的具有较强引领性的发展规划。就其内容而言,主要是将人本、技术、生态等变量纳入总体的社区建设进程之中,强调21世纪以信息技术、生态技术为代表的新技术运用于社区发展的新的理念。

其三,选择社区为单元有助于我们更好地克服经营城市的片面性。从一般意义上讲,未来社区建设与未来城市发展具有较强的同步性和一致性。作为城市最为基础的组织单元,未来社区建设的推进当然会为未来城市建设奠定坚实的基层社会基础。但实际上二者之间也往往存在着明显的背反性,主要表现在:如果城市发展只是单纯地在经营城市的理念之下展开,注定要更多地强调经营城市的开发取向。众所周知,所谓经营城市"就是把城市的资源和延伸资源作为资产,通过市场运作,获取经济、社会、环境效益,促进城市发展"[1]。在经营城市的理念之下,对城市的经营功能有明显的强化,但却有可能淹没了城市和社区的社会性。而未来社区则更强调人本化、技术化、生态化的相互结合,具有较强的综合性。此外,将城市的未来发展植根于社区,还有助于充分体现社区的在地性特点,因为失去了自性的社区所面临的最为危险的问题,便是其丧失了发展力,而走向均质化、划一化的蔓延。

三 社区的未来性与社会性

置身未来社区建设的进程中,人们会发现,与技术性引领和物质性支

---

[1] 付晓东:《经营城市与城市发展》,吉林出版集团有限责任公司2016年版,第2页。

撑的各种指标相比，那些标识着社区归属认同和关系互动的社会性指标的实现总是成为社区建设真正意义上的难点。这主要是因为：第一，伴随着工业化、城市化的演进，人们之间链接密切的社会关系不可避免地走向消解，而呈现出个体化和原子化的态势，导致社会性的严重流失。在此前的研究中，笔者曾将社会原子化的表现概括为：人际关系疏离化，社会纽带松弛，初级社会群体开始走向衰落；个人与公共世界的疏离；规范失灵，社会道德水准下降等。① 初步揭示了城市社区社会性消解的诸多表相。第二，在技术与社会的互动中，虽然新技术也会对社会关系有所激活，生发出新的社会互动模式，但由先进技术进步而引发的技术对社会关系和社会结构的消解，已是毋庸证明的事情。因此，在推进社区治理走向高度技术化的过程中，如何更为妥善地维护其社会性，便成为问题的关键。由此，未来社区建设绝不仅仅是一个物质的、土木的和技术的工程，同时更是一个找回和激活社会性的社会工程。"在对城市社会生活的分析中，社区的概念有着悠久而又多变的历史。作为应对城市扩大和人与人之间可能的疏远方式，社区被认为是个体形成归属感和至少得到部分身份认同的途径。"②

（一）社区"硬体空间"的共享性

长期以来，在城市更新的理论谱系中，均对共享互动空间的建立给予特殊的关注。在此种理论看来，城市社区的公共性构建必须依托有助于社区居民建立起互动关系的硬体空间。而在封闭区隔的空间内，很难建立起真正富有活力的社会互动关系。著名城市研究者雅各布斯曾使用"日常生活行动"概念理解城市的街道空间，她断言街道不是简单的通行空间，而是城市的眼睛、社区居民互动的平台，其观点努力"促进居民和生活地点联系"③，对后来的城市规划研究产生了较大影响。准乎此，我们在未来社区"土木工程"规划建设的过程中，一定要注意赋予社区物理空

---

① 田毅鹏：《转型期中国社会原子化动向及其对社会工作的挑战》，《社会科学》2009 年第 3 期。
② [英] 诺南·帕迪森等：《城市研究手册》，郭爱军等译，格致出版社 2009 年版，第 248 页。
③ [美] 安东尼·奥罗姆、陈向明：《城市的世界：对地点的比较分析和历史分析》，曾茂娟、任远译，上海人民出版社 2005 年版，第 158 页。

间以共享性。从楼道邻里，到街区空间，都要尽量摒弃其封闭性，而体现其畅通性和互动性。

（二）社区的关系性、生活性

在以往的城市更新和社区营造过程中，一个发人深思的问题是，虽然通过缜密科学的规划和大量的资源投入，使得社区的硬件条件获得了明显的改善，但社区居民的满意度却未升反降，有学者引入社会变量加以解释，认为"即使社区物质上得到更新，如果社会环境形态反而恶化——面临着新出现的社会隔离、社会服务设施缩减或者私有化、社区公共交往空间被侵占，社区居民的日常活动也可向着更不健康的方向发展，他们对于社区的满意度评价也会相应下降"[①]。而要想走出城市更新的上述悖论，一个最为直接的对策便是将社区发展的未来性与关系性、生活性结合起来。其具体措施主要包括：

1. 将社区居民良性的关系互动纳入未来社区建设的核心内容。如德国面对社区老龄化背景下代际关系的疏离问题，推出了"多代屋项目"，试图通过代际互动关系的建立来赋予社区以社会活力。在北美，"近年来社区通常促进有组织的活动来加强居民间的共同利益和协作关系。郊区的邻里社区有较高的吸引力，社会凝聚力显然不足。私人业主虽然拥有华丽的庭院，却反而约束了邻里间的相互交往。与此同时，业主委员会促进居民为了共同利益展开共同行动，防止居民利益受到开发商的侵害，并促进了所在地区社区公共意识的发展"[②]。

2. 将社区组织化作为未来社区建设的核心指标。所谓社区的组织化，其内涵非常复杂，但其核心内容无外乎以下两点：其一是作为居民自治组织的社区组织化，包括居民自治组织的建设和以社区为单元的民间草根组织的建设；其二是具有一定覆盖性的枢纽型社会组织的建设。在未来社区建设过程中，社会组织将扮演越来越重要的角色。在日本，1998年政府颁布《特定非营利活动促进法》（NPO法案），"该法使从事增进福利事业、振兴文化艺术体育事业、保护环境、提供灾害救助等12个领域活动

---

① 张纯：《城市社区形态与再生》，东南大学出版社2014年版，第134页。
② ［美］安东尼·奥罗姆、陈向明：《城市的世界：对地点的比较分析和历史分析》，曾茂娟、任远译，上海人民出版社2005年版，第158页。

的团体获得了法人资格,这些为不特定的多数人提供福利的民间团体,将成为日本未来的社区活动的主体力量"[①]。近年来,中国也大力推动所谓"三社联动",强调在社区自治组织与社会组织之间建立起密切的互动关系,以克服由于家庭小型化、社会老龄化、社会个体化所带来的社会关系疏离现象。

3. 通过对社区生活性的激活,赋予未来社区以特有的社会活力。在近来勃兴的未来社区构建活动中,一个非常突出的特点在于,将未来社区建设与美好生活直接联系在一起。从总体上看,如果社区无法满足居民的美好生活需要,必然要走向衰落。近期浙江推进的未来社区建设,其起始便围绕着最大限度地满足人民美好生活需要而展开的。对未来社区建设"生活性"的强调,其重要价值在于:突出了社区发展的综合性。此前社会各界关于未来社区的设计,多是从某一角度切入,或强调低碳社区,或强调生态社区和文化社区等。基本上都是从特定的单一向度展开的。而"生活性"恰恰强调了领域涉及问题的全面性,同时也增强了与社区居民的亲和性。总之,当我们将社区生活纳入分析视域中,其目标和建设思路便会立即清晰起来。以社区生活为依托的社区发展,通过社区内部关系的建立,不仅可以克服社会原子化、个体化的弊端,还可以使社区获得未来性,实现"可持续社区"的建设目标。

(三) 社区的未来性与传统性

如何继承传统,是未来社区建设中面临的难题。作为社会的微观组成部分,社区是社会传统最为直接的具有持续性意义的承载者,地域社会的诸多传统实际上就是通过社区生发并传承下来的。事实上,从滕尼斯开始,人类启动社区研究最为初始的动机便在于留住那些有形的和无形的社区共同体传统。20世纪50年代联合国倡导社区发展,其核心的目标诉求也都具有较强的社会性。在这里应该认真辨析的问题是,未来社区建设中对社区传统性的关注不仅仅是简单地留住传统,而是通过社区传统性的彰显而体现社会发展的连续性、贯通性和积淀性,最终获得的实际上是一种真实厚重的社会性。在这一意义上,我们可以借用布尔迪厄文化资本概念,在未来社区建设过程中大力加强社区文化资本的开掘。"文化遗产项

---

① 张暄:《日本社区》,中国社会出版社2007年版,第63页。

目可以被认为是带有经济资本特征的资产,并可以将经济数学引入其中。在生产和创新过程中它们需要资源投入;它们具有价值贮存和长久持续的资本服务功能。"① 现实中,人们已对那些可以实现经济价值转化的有形社区文化遗产表示高度关注,但对于社区那些"无形的传统"却仍未引起足够的注意,这应是未来社区建设必须克服的建设难题。

四 乡村未来社区建设

（一）走出乡村终结论的误区

无论是从传统—现代理论框架出发,还是从未来的视角展开分析,都无法回避未来意义上的乡村社区发展问题。因为从工业革命初期开始,乡村问题便被纳入传统—现代分析的框架之下,赋之以重建说或解体论的含义。长期以来,"城市问题的解决被当做优先任务,而农村空间和农村景观只是一种必要手段,对农村问题本身的关注是附属性的"②。而乡村复兴论虽然倾其全力维系乡村的存在,但其封闭的乡村发展模式又很难收到期待的效果。在乡村论争相持不下的情况下,关于乡村社区发展的未来分析视角似乎是唯一可行的实践路线。

（二）未来视域下乡村社区发展优势的凸显

与城市社区相比,乡村社区往往具有一些特有的天然优势,这些优势一旦被激活并赋予其特定意义,便可释放出空前的发展能量：

1. 历史上,基于农业时代生产方式和生活方式,依托于熟人社会,村落世界天然具有超强的社会性、生活性和传统性。村落农民生于斯长于斯,日出而作日落而息,形成了具有特色的地域社会及文化传统。在此意义上,如果我们以归属感和认同感作为衡量评价社区的重要标准,便会发现乡村社会成员间天然具有密切的互动关系及社区内聚力,这是城市陌生人社会所无法比拟的。

2. 与过密化发展的都市社区相比,乡村社会在生态性方面本来就占有明显的优势,以城乡一体化和逆城市化的实现为前提,这种优势将进一

---

① [澳]思罗斯比:《文化政策经济学》,易昕译,东北财经大学出版社2013年版,第116页。

② [日]祖田修:《农学原理》,张玉林等译,中国人民大学出版社2003年版,第185页。

步扩大。工业革命初期，英国城市学家霍华德曾提出颇富想象力的"田园城市"概念，但时至今日，在高度密集化的城市水泥森林中，"田园城市"的图景似乎已渐行渐远。而在实现了城乡一体化、公共服务均等化的乡村，其生态优势开始凸显，为乡村未来社区建设提供了生态意义上的支持。

3. 包括信息、交通技术在内的诸多现代技术的应用，使得城乡之间的流动更加便捷，推进了城乡之间由"单向交流"向"双向对流"转变，进而实现乡村振兴。在浙江新近出台的未来社区建设方案中，即将农村置于其中，并注意与乡村振兴相结合，通过率先试点农村未来社区建设，其做法主要是"基于乡村振兴的需求，通过产业导入和治理创新，推动人本化、生态化、融合化，实现农村'新型社群'的重构，切实破解人才、乡贤进村落户难，以及土地要素制约等束缚，把全市建设成一个自然的花园、成长的花园和心灵的花园"[①]。"在乡村未来社区的具体设想上，将以'人口净流入量+三产融合增加值'作为综合指标，以特定乡村人群为核心，重点突出'邻里、风貌、产业、交通、教育、康养、文化、治理'八大场景的系统设计，通过改革、发展和民生之间的高度融合，从而实现进则配套完善创业无忧，出则乡土田园回归自然。"[②]

第三节 未来社区建设推进须处理好的两组关系

在以往的社区研究中，有学者将社区规划的整体内容概括为"三体"：其一是社区的"硬体"，即社区内有形的建设，指社区的地理环境、自然形势、交通、市场、学校、医院、公园及其他各种公共设施与建筑等情况；其二是社区的"软体"，指社区的文化传统、历史渊源、风俗习惯、合作精神、价值、信仰、理想、情操、知识、公约及其他一切的社区

---

① 中国网：《浙江衢州率先试点乡村版未来社区》，2019年8月28日，http：//zjnews.china.com.cn/yuanchuan/2019-08-28/185938.html.

② 中国网：《浙江衢州率先试点乡村版未来社区》，2019年8月28日，http：//zjnews.china.com.cn/yuanchuan/2019-08-28/185938.html.

规范与控制力量；其三是社区的"韧体"：指社区的权力结构与组织关系，包括社区内公私立机构、各行各业正式的与非正式的组织、社区内各层级民众的团体组织，以及以上各社会组织团体之间的维系力量。[①] 应该说，"三体说"关于社区建设的概括和比喻非常全面和形象，值得肯定。既然社区建设是一个长期而复杂性的转换过程，这就要求我们在推进实施过程中要努力处理好以下两组带有全局性的基本关系：其一是政府、市场和社会的关系；其二是未来、现代和传统的关系。只有妥善地处理好上述两组关系，未来社区的建设才能真正落到实处。

一 关于政府、市场和社会的关系

众所周知，政府、市场和社会的关系，是我们理解分析现代社会运行发展最具根本性意义的关系组群。任何意义上的现代社会的运行及调适，都不能回避上述关系的互动与组合。

1. 在未来社区建设的问题上，我们首先必须重视政府的力量。一般说来，政府的作用主要是通过政府的政策性导引和科层体系的行政推动体现出来的。迄今为止，无论是早发现代化国家的城市化还是后发国家的城镇化，在其启动运行的过程中，政府都无一例外地扮演着重要角色。这主要是因为城市更新和社区营造所涉及的各种事务均带有总体性。具体言之，未来社区建设首先是一个政策建构和实施的过程，无论是城市更新的规划设计，还是社区改造工程的实施，整个工程都与政府政策制定过程密切相关。尤其是对那些特色街区和问题街区的改造，更是要政策先行，聚焦社会总体状况，推进社区社会资本的形成和社会融合的发展。因此，作为一个以未来社区建设为核心目标的综合性社会建设工程，政府必须通过其政策建构和行政实施发挥其主导性作用。

2. 所谓政府主导并不是政府包办，起源于欧美的较为流行的经验是所谓"PPP模式"，PPP（Public Private Partnership，公私合作伙伴关系），主要是强调"引进私人资本，建立起公私合作关系，是指政府与私人组织之间，为了建设城市基础设施项目或是为了提供某种公共物品和服务，以特许权协议为基础，形成一种伙伴式的合作关系。通过合作，各参与方

---

① 徐震：《社区发展》，中国文化大学出版部1985年版，第22页。

达到比单方面更有效的结果,在获得最大社会利益的同时,各方也共同承担项目责任和融资风险"①。

3. 既然我们将城市更新落到具体的社区层面,那么,在项目实施过程中,就应该努力将社区居民看作是一种积极主动的社会参与力量,纳入未来社区建设的进程之中,通过各种形式的社会参与,形成"共建共治共享"的合力。未来社区建设进程中的社会参与之所以如此重要,其根本原因在于,一个城市只有在社区层面存在着活跃的具有较强社区归属认同的社会力量,来自政府和市场的种种政策和举措才能踏实落地,并发挥作用,而不至于在社区规划改造的过程中发生对立冲突。

二 关于未来、现代和传统的关系

毫无疑问,未来社区建设是一个带有极强未来性的复杂工程,而且,其未来性要想得到真正意义上的彰显,就必须处理好其与现代和传统的关系。

1. 在对现代性展开反思批判的基础之上规划社区的未来性。几乎所有人都承认,工业化、城市化、现代化背景下城市的发展和扩张,以及乡村社会所面临的严重萎缩的困局,都从根本上改写了现代社会历史,使人类社会在获得巨大进步的同时,也衍生出一系列严重的现代性困境及问题。早在20世纪60年代,刘易斯·芒福德在《城市发展史:起源、演变和前景》中即深刻指出,在过去的30年间,"城市更新只是表面上换上一种新的形式,实际上继续进行着同样无目的的集中并破坏有机机能,结果又需治疗挽救"②,他强调,城市规划不能脱离人的需要,城市更新改造要符合"人的尺度"。因此,在未来社区规划的过程中,我们不能简单地沿袭城市更新模式,而应在反思批判的基础之上,以将技术性、社会性、生态性集于一身的未来性来消解现代性困境。"城市的最为突出的特征是城市使人疏远。"③ 如何通过未来社区规划,建立起充满共享性的社会,

---

① 徐振强:《智慧城市新思维》,中国科学技术出版社2017年版,第81页。
② [美]刘易斯·芒福德:《城市发展史:起源、演变和前景》,倪文彦、宋俊岭译,中国建筑工业出版社1989年版,第411页。
③ [英]诺南·帕迪森等:《城市研究手册》,郭爱军等译,格致出版社2009年版,第250页。

成为未来社区建设的难点和关键。以共享街道系统建设为例,其共享的基本理念是"构造一个统一体,强调共同体和居住使用者。行人、玩耍的儿童、骑自行车的人、停靠的车辆和行驶的汽车都分享着同一个街道空间。通过重新设计街道的物理表面,为行人开创出对社会与物质的支配权。因为步行环境的'解放'只是把汽车交通纳入了一个完全一体化的系统,因此,它并非一项反对只供汽车通行的政策"①。

2. 通过延续传统来彰显其未来性。自人类社会步入现代以来,即面临激烈的传统—现代间的冲突。发展社会学学科体系中占据统治地位的现代化理论即强调,只有告别传统,才能真正地进入现代。但长时间的实践探索和理论反思告诉我们,这种非此即彼的"传统—现代"二分思维方式存在着严重的缺陷。代之而起的新现代化理论则强调传统与现代之间的良性互动,提出对传统的重估,"绝不是说不要现代而要回到传统,不要都市生活而要固守农乡村。恰恰相反,既然是超越,就是要破除'要么这个,要么那个'的非此即彼格式,并试图去寻求别的可能性"②。基于前述对传统—现代关系的理解,在未来社区建设的问题上,我们应努力建立起未来与传统间直接的联结。我们所规划设计的未来社区,不可能脱离传统—现代—未来这一连续性的发展进程,而突兀地建构起所谓的"未来性"。进而言之,只有充分彰显传统性才能体现其未来性,因为未来性的一个最大特性便是将其前瞻性和延续性巧妙地结合在一起的。

总之,将当代中国的城乡社区建设置于20世纪中叶以来社会建设和发展的总体行程之中,我们会发现,20世纪下半期,世界范围内先后出现了两次社区建设的浪潮:第一次是1955年联合国大力提倡"社区发展",提出了推进民众参与,以促进社区经济、社会进步的发展目标。第二次是20世纪八九十年代,无论是发达国家还是发展中国家,面对由社会变迁和转型而引发的基层社会解组现象,均出现了社区建设和发展的热潮。在这一意义上,今天遍及世界的社区研究和建设热潮,应属全球范围

---

① [美]迈克尔·索斯沃斯、伊兰·本－约瑟夫:《街道与城镇的形成(修订版)》,李凌虹译,江苏科学技术出版社2018年版,第163页。

② [多国]雅克·鲍多特等:《与地球重新签约——哥本哈根社会发展论坛文选之一》,吴小英等译,人民文学出版社2003年版,前言第7页。

内"第二次对社区的关注"的一部分,这表明,现代人类社会已经进入了一个新的发展阶段。值得注意的是,20 世纪晚期以来的社区建设和发展,是在人类基本上完成城市化,城乡关系发生巨变的情况下发生的,同时也是在以信息技术革命为直接背景依托而展开的,城市化背景下人类空前的聚集和技术的进步,使得人类可以在新的理解和意义上拓展社区建设的想象空间,此外,在技术深度嵌入到社区建设的条件下,得以对迄今的社区发展展开深度的反思。在此背景之下,包括政府、市场、社会等来自不同方面的力量,开始同时指向了"未来社区"建设。试图努力克服现代城乡社区良性运行和发展所面临的问题。还希望通过对未来性的空前张扬,而建立起新的依托于城乡社区的社会基础结构。与此前的情形相比,当下正在勃兴的围绕着未来社区的探讨表现出人类对于社会发展的高度自信,认为虽然人类社会的快速发展会引发一系列问题,但人类可以通过自身的反思性和规划性,最大限度地消解和克服上述矛盾和问题,从而使得社会发展呈现出新的发展态势。

第 十 章

"未来社区"视域下的城乡融合

将未来社区概念引入到当下乡村总体发展及社会治理的复杂进程中，我们会发现，处于转折关头的乡村世界似乎正面临着一种将现实问题解决与未来持续发展"毕其功于一役"的发展机遇，这便是近年来在浙江勃兴的带有较强超前性的农村版未来社区建设。[①] 作为一个集乡村更新及社区发展为一体的综合项目，乡村未来社区建设以"人口净流入量 + 三产融合增加值"为基础，以乡村更新为主线，兼涉产业、社会、文化、生态等多个方面，开启了乡村振兴的新格局。当然，此进程的推进和实现需要一些重要的前提条件，因此，我们必须从"更新视域"、生态视域、产业技术视域、社会文化视域等方面对其内涵展开界定和探讨。在具体推进过程中还应注意处理好传统、现代与未来的关系，城市与乡村的关系，统一性和多元性的关系。乡村未来社区建设与人类的未来发展直接联系在一起，伴随着城乡一体化的推进，乡村的发展非但不会终结，反而会扮演越来越重要的角色。

第一节 乡村何以会拥有未来？

21世纪第二个十年的中国，在快速城镇化、乡村振兴、扶贫攻坚的总体背景下，乡村社会发生了剧烈变迁，乡村的更新改造、社区化及其未来发展也由此开始成为社会各界关注的焦点话题。在诸多议题的讨论中，

---

① 浙江未来社区建设发端于2019年1月，其整体规划设计基本上以城市社区为中心，但浙江衢州率先启动乡村版未来社区建设，拓展了未来社区建设的范围。

发端于浙江衢州的以乡村未来社区建设为主题的乡村实践创新格外引人注目。这主要是因为此主题涉及乡村总体发展亟待解决的诸多根本性问题，包括在快速城镇化、城市业已居于现代文明中心的背景下，乡村是否拥有未来？何谓乡村版未来社区？未来视域下的城乡未来社区建设有何区别？又存在着何种意义上的关联？如果我们对乡村未来社区建设做出了肯定性的回答，那么，如何从多重视域对此重新加以审视和界定，并在多元的研讨和对话中寻找乡村未来社区建设的实践推进路径。正是基于上述几个方面的思考，本章拟围绕着乡村未来社区建设的多重视域展开初步的研究和分析，并针对其推进过程中所应处理好的几对关系问题略抒己见。

一　乡村发展话语背景下的新挑战及选择

谈及农村未来社区的建设和发展，离不开对当代中国和世界乡村发展的社会背景及其所面临问题的分析。长期以来，在中国乡村发展的问题上，社会各界基本上是在一个"补偿话语"体系下展开的。中华人民共和国成立初期，在极其特殊的社会历史背景条件下，中国采取了重工业优先发展的战略，以城市为中心，城乡分治，导致改革开放前，在城乡二元结构的总体框架制约下，乡村世界的发展受到严重的影响和制约。改革开放后，随着联产承包等改革的实施，城乡区隔的二元体制逐渐被打破，乡村社会获得了快速发展。但受旧的城乡二元结构的制约以及新近衍生出的城乡新二元结构的影响，加之快速城镇化背景下农村劳动力的大量转移，使得中国的乡村发展仍然面临一系列严峻的挑战。进入 21 世纪以来，伴随着国家乡村振兴战略的提出，以快速城镇化为背景，乡村振兴、扶贫攻坚，乡村社区建设全面展开，标志着乡村发展进入了全面振兴的发展阶段。城乡社会剧烈变迁的事实，虽然从根本上改变了中国计划时期乡村封闭落后的状态，将乡村社会纳入城乡社会发展的总体进程之中，但一个不容忽视的现实是，当中国的乡村发展摆脱了旧体制的影响制约后，仍然存在一系列亟待解决的问题。

1. 在农村产业发展的问题上，作为第一产业的农业在国民经济体系中的地位持续下降，农民大量外出兼业打工，农业收入在家庭经济来源中所占比重大幅度下降，在某些地区尤其是经济发达地区，出现了土地荒芜的现象。此外，在快速城镇化的背景下，城乡界限逐渐模糊，通过村落合并、农民上楼、土地增减挂等形式，一些近城村落开始走上终结之路，迅速地融化到城市之中，产生了所谓"村落终结"问题。

2. 在工业化和城市化的进程中，中国城乡社会出现了前所未有的大规模人口流动，乡村中的青壮年劳动力到城市兼业打工，由此产生了乡村老龄化和留守化等问题。包括老人、妇女和儿童在内的留守人口，成为乡村世界留守意义上的居住者，这些留守者实际上也处于准流动的状态，他们已不再植根于乡土世界，随时都存在离开村落的可能。

3. 人口减少并不是简单的统计学意义上的数据变化，而是关涉到乡村社会的关系结构和组织结构的存在，人口数量的减少，直接导致村落的人际互动关系发生了显著的变化，乡土社会呈现出原子化的态势。

二 发达国家乡村发展的新趋向

从世界性的视角审视发达国家乡村发展问题，我们总结概括出一些带有规律性意义的新的发展趋向：

1. 20世纪晚期以来，伴随着发达国家城市化进程的完成，城市扩张速度开始趋缓，因城市环境恶化，一些市民开始热衷于转移到生态宜居的城郊或乡村居住，有些国家还出现了城乡"两地居住"现象，乡村价值开始为世人所重。"今天的德国已经进入了后工业社会，城市规模的扩张势头已经减弱，在前东德地区、鲁尔区等地区甚至出现了城市萎缩的现象。与此相反，村庄这一传统的生活聚落却由于其良好的空气、接近自然的居住环境以及深厚的历史文化底蕴和独特的建筑风格受到人们青睐。"[1]

2. 通过改革，将作为第一产业的农业进行实质性的提升，以解决长期以来困扰农业农村日益衰落的经济产业基础问题。出现了以日本学者今村为代表的"第六产业"等具有积极建设意义的产业融合升级的总体设计，"20世纪80年代以来，乡村产业结构发生深刻变革，其分工、分业取得了重大发展，对乡村的认识也有了新的突破。乡村中除了农业之外，还包括工业、商业、交通运输业、建筑业、服务业等物质生产和非物质生产部门；乡村兼具经济性和社会性，是具有一定社会经济特征和职能的地

---

[1] 常江、朱冬冬、冯姗姗：《德国村庄更新及其对我国新农村建设的借鉴意义》，《建筑学报》2006年第11期。

区综合体"①。此外，网络信息产业及物流业的勃兴，高铁、高速公路的发展，为城乡之间关系的重构提供了可能。

3. 全球化和地方化背景下"全球乡村"的出现，也是值得我们特别关注的现象。从理论上看，全球化背景下的乡村是否依然具有未来性，是一个值得引起特殊关注的话题。提起全球化，人们首先联想到的便是超级城市的出现以及资本、人流、物流跨越国界的传播，如果承认这一发展趋向，便有可能得出乡村走向更加边缘化的判断。但也有学者认为，"全球化非但没有泯灭乡村的个性发展，反而为其展示个性特质拓展出无限的空间，全球化并不意味着乡村地区变得千篇一律，而是给乡村行动者、乡村组织和个体创造了新的机会。从而使乡村地区呈现出不同的转变和形貌"②。"通过对乡村的缠绕、切入和诱惑，全球化改变了乡村地区。但未能抹杀乡村特性。相反，全球化所带来的网络、资源和行动者融入乡村。形成了新的杂合形式，如此形成的'全球乡村'，保持了地方特性。但也与此前有所不同了。"③ 其论述为全球化背景下全球乡村的构建提供了可能。

总之，在新的社会历史条件下出现的上述新问题，其实质是乡村世界可否持续发展，是否拥有未来，乡村将以何种姿态走向未来的问题。在这一意义上，乡村未来社区建设，必须与乡村未来发展这一主题直接联系在一起。因为如果乡村没有未来，未来社区构建自然也就无从谈起，只有在乡村拥有未来的前提下，乡村未来社区的建设才能变成一个真实的、有意义的话题。乡村未来社区的建设，应与乡村的更新及社区化密切地关联在一起。这里所说的乡村的社区化，不仅仅是指居住形态的变化，而且还包括产业发展、村落更新、公共服务均等化、社会治理现代化等一系列内容。只有把城乡纳入同一个制度体系的范围内，城乡才可能实现均等化的交流，才能形成一种全新的对流机制。

---

① 周霄：《乡村旅游发展与规划新论》，华中科技大学出版社2017年版，第2页。
② [英]迈克尔·伍兹：《全球乡村：全球化背景下的乡村能动性与乡村转型》，载叶敬忠《农政与发展当代思潮》第2卷，社会科学文献出版社2016年版，第72—73页。
③ [英]迈克尔·伍兹：《全球乡村：全球化背景下的乡村能动性与乡村转型》，载叶敬忠《农政与发展当代思潮》第2卷，社会科学文献出版社2016年版，第65页。

三 未来社区建设图景的展开

通过以上概括性的分析叙述，我们似乎应该承认，乡村是否拥有未来，已不再是一个坐而论道的议论性话题，而是摆在我们面前的一个真实而复杂的现实问题，而新近在浙江衢州率先兴起的乡村未来社区建设则似乎在此问题上开启了一个具有特殊意义的实践序幕。2019年春，浙江省委省政府在全国率先提出"未来社区"概念，表示浙江将继特色小镇建设之后，启动未来社区建设。浙江省省长袁家军对未来社区的内涵有一个"139"的概括："1"就是以满足人民对美好生活的向往为中心，"3"就是聚焦人本化、生态化、数字化三维价值，"9"就是未来邻里、未来教育、未来健康、未来创业、未来建筑、未来交通、未来低碳、未来服务、未来治理九大场景创新。[①] 毫无疑问，上述对未来社区内涵的界定是以城市更新为对象和目标的。但快速城镇化背景下的社会变迁实际上已经将城乡社会紧密地联系在一起，不可分离。而浙江衢州率先启动乡村版未来社区建设，则开启了乡村未来社区建设的进程。在乡村未来社区的具体设想上，衢州提出以"人口净流入量＋三产融合增加值"作为综合指标，以特定乡村人群为核心，重点突出"邻里、风貌、产业、交通、教育、康养、文化、治理"八大场景的系统设计，通过改革、发展和民生之间的高度融合，从而实现进则配套完善创业无忧，出则乡土田园回归自然。[②] 可见，进入21世纪，以中国快速城镇化进程为背景，城乡社会发生了剧烈的变迁，而具有特定内涵的乡村版未来社区建设也开启了乡村振兴的新格局。

第二节 乡村未来社区建设的多重视域及其展开

如前所述，当我们将未来社区概念引入到当下乡村总体发展及社会治

---

① 袁家军：《袁家军接受〈学习时报〉专访：未来社区是"让老百姓幸福"的新平台》，《学习时报》2019年11月25日。

② 中国网：《浙江衢州率先试点乡村版未来社区》，2019年8月28日，http：//zjnews.china.com.cn/yuanchuan/2019－08－28/185938.html。

理的进程中时，便会发现，由于乡村未来社区尚为一个较为新近的概念，其复杂而丰富的内涵需要我们从多方面展开探讨和论证，并从中获得一些重要的认识。以下本文拟从更新视域、经济产业和技术视域、社会文化视域、生态视域等方面，对乡村未来社区建设过程中的"多重视域"展开探讨，以深化对问题的理解和认识。

一 "更新视域"

毫无疑问，无论是城市社区还是乡村社区，其带有未来性意义的建设基本上都是通过"更新"的形式加以完成的。如果没有各种形式的"更新"，城乡社区的建设和发展便很难获得带有未来性的发展。"更新"的类型虽然繁多，但就其目标而言，一般都是在"拯救衰退"和"面向未来"两种含义加以使用的。当然，在很多情形下这两种更新形式也往往相互结合交融，形成兼容形态。相比之下，城市更新理论已相对系统和成熟，迄今为止，关于城市社区的总体改造和建设基本上都是在各种"更新模式"下实现的。城市更新计划的实践展开对于农村更新具有较为突出的参照性启示：

作为一个重要的政策和学术用语，城市更新往往与"再生""复活""重建"等概念直接联系在一起。多数城市更新研究者都认为，作为一个生命体，无论何种类型的城市，都有一个从产生、发展和繁盛，继而面临危机、走向衰退的过程，并据此形成了颇为丰富的城市更新理论。如在英国学者罗伯茨看来，所谓城市更新，主要是"用一种综合的、整体性的观念和行为来解决各种各样的城市问题；应该致力于在经济、社会、物质环境等各个方面对处于变化中的城市地区做出长远的持续性的改善和提高"①，这一观点表达出明确的问题取向。可见，因城市规模普遍较为庞大，导致其问题取向下的更新实践必然带有一定的渐进性，其单元选择也往往只是城市有机体中的某一部分，多采取有机更新的模式加以推进，即"采用适当规模、合适尺度，依据改造的内容与要求，妥善处理目前与将来的关系，……不断提高规划设计质量，使每一片的发展达到相对的完整性，这样集无数相对完整性之和，即能促进旧城的整体环境得到改善，达

---

① [英]安德鲁·塔隆：《英国城市更新》，同济大学出版社2017年版，第15页。

到有机更新的目的"[1]。

与城市更新相比较，学术界一般将乡村更新定义为"在城乡一体化的规划下，对乡村进行的空间、产业、人口的重新布局和建设，主要包括对农村空宅和废旧建设用地的整治、对农业耕地的调整与整治、对农村劳动力的有序转移，其核心目标是重构区域性人口集中、产业集聚、土地集约的城乡国土空间新格局"[2]。以城市更新的问题取向为参照，我们可以发现乡村更新的一些重要特点：

1. 从更新的目标看，在现代社会体系中，城市已经是作为比较稳定的经济社会发展的组合形态而存在。因此，在某种意义上，城市更新往往是作为一种局部改良修补手段而获得展开的。但乡村则不同，因为乡村存在着通过城市化的扩张和覆盖直接转变为城市的可能，故乡村比城市拥有更为开阔的变动幅度。

2. 虽然城乡都是秉持着问题取向，但其更新所面临的问题也存在着重要的不同。由于村落既是居住空间，又是生产空间和景观意象空间，遂导致乡村更新一般是集生产、生活为一体，其推进实施具有更强的复杂性。

3. 在更新单元选择的问题上，乡村更新的单元选择虽然更加微观化，但其所造成的影响却是整体性的。与城市相比，农村社区更新的单元虽然较小，似乎更容易把握，但实际上乡村社区的更新更为复杂，更难以把握，正如有的学者分析的那样：在古老都市中，都市意象维护与古迹维护性的都市保存这两者之间较易区分，但在乡间地区，古迹维护任务与地方意象维护及地方文物维护的一般性范围则很难界定得泾渭分明，因为一个古老乡村在城市规划及建筑艺术方面的质量，也就是呈现在世人眼前的所有个别部分及整体所形成的"乡村意象"，取决于自然环境（地形、所在位置、聚落区的类型）的程度比都市要大得多，取决于与自然有关的经济功能（高山牧地经济、葡萄种植、畜牧、农耕业）及社会功能（继承

---

[1] 万勇、顾书桂、胡映洁：《基于城市更新的上海城市规划、建设、治理模式》，上海社会科学院出版社2018年版，第168页。

[2] 任保平、何军主编：《当代中国马克思主义政治经济学研究》，中国经济出版社2016年版，第173—174页。

权、独立创业、租佃）的程度亦然。[①] 依此精神，正确的乡村意象维护必须要放弃许多"美化可能性"[②]。

4. 在城市更新演进的历史上，我们似乎很少能看到替代式更新，而在乡村世界，那种以村落合并、整体拆迁上楼等形式展开的乡村更新却是屡见不鲜的。尤其是当我们将乡村未来社区作为我们的更新目标时，可能意味着更为剧烈的大幅度变化。因此，更新意义上的乡村未来社区建设和推进，应该认真把握好尺度，慎之又慎，谨防以"过度更新"的方式，丢失了乡村存在所应有的依据。如果我们将乡村社区的更新，简单地看作是城市的进化版，那么，我们便可以就手中可以掌握的资源打造一个钢筋水泥森林的城市。因此，如何使乡村保有乡土性，成为乡村社区更新最为重要的评价标准。值得注意的是，城市未来社区构建基本上是与未来城市的构建和打造密切地结合在一起的，带有较强的前瞻性。而现代城市的扩张性，使得其更新与保护的界限较容易划清，与城市社区更新不同，乡村世界的更新是替代式更新，其更新和保护之间的矛盾更加复杂。

二 经济产业和技术视域

如前所述，在浙江衢州发布的农村版未来社区建设方案中，将"人口净流入量＋三产融合增加值"作为其重要的目标性综合指标列出，这实际上已触及到当代世界乡村发展普遍面临的最为关键的难题。因为在现代工业社会，农业长期被划归于"弱势产业"，农民也成为当然的"弱势群体"。在农业劳动生产长期低收益的条件下，必然引发乡村人口的大量外流，"农业的低附加值和低收益让农业生产越来越处于当地政府区域发展战略的边缘，而农业和农村的唯一优势就是土地。在有些地方政府以经济建设为中心和缺乏长远的制度规划前提下，公司企业只要是和农业生产有一点的关系都以农业产业化为掩护促进其发展，并在引入时制度和规约并不健全。这种做法不是推动农业的发展，而是变相地以牺牲农业为代价

---

① ［德］米歇尔·佩赛特、［德］歌德·马德尔:《古迹维护原则与实务》，华中科技大学出版社 2015 年版，第 168 页。

② ［德］米歇尔·佩赛特、［德］歌德·马德尔:《古迹维护原则与实务》，华中科技大学出版社 2015 年版，第 170 页。

发展工业。在这个过程中，政府可以从税收中受益，企业可以从政策中受益，而农民并没有从这种形式上的农业产业化中受益"①。因此，农村未来社区建设必须走出一条克服此前障碍的新路，亟待采取应对性措施加以拯救。

1. 从经济产业发展的角度看，农村经济产业的振兴是乡村社会发展最为现实的基础性条件。因为只有以产业发展为前提，才能留住青壮年人口，聚拢起乡村社区持续发展所必需的"人气"。20世纪晚期以来，一些发达国家在乡村产业发展领域进行了一些有益的探索，其中最具代表性的创新成果是日本学者提出的"第六产业"的乡村经济发展模式。20世纪90年代，日本东京大学名誉教授、农业专家今村奈良臣，针对日本农业发展面临的长期严重衰退的窘境，提出"第六产业"概念，"之所以称第六产业，并非是在原来三次产业基础上增加了第四和第五产业，而后将其研究的对象定义为第六产业，而是说将第一、第二、第三产业高度融合的生产方式，从而获得价值的更大化。'1+2+3'等于6，'1×2×3'也等于6，因此称为'第六产业'"②。此说提出后，经过一段时间的实践，对日本的乡村振兴产生了重大影响。此种模式最为突出的学术发现和政策贡献在于，针对乡村衰败的根本原因，试图通过对乡村传统农业的升级改造，使得作为"第六产业"的农业成为带有时代领先性的产业。同时还突破了第一产业固有的局限，超越了经济产业领域，具有全面激活乡村的特殊功能。

当然，所谓"第六产业"的推进实施也并非是通过一蹴而就的简单操作即可实现，也还是需要具备一些特定的运行条件。其中，产业发展推进实施主体的确立至关重要。一般说来，城市更新大体上经历了政府主导、政府与市场相结合等演化阶段。进入21世纪，市场在较大程度上参与了城市更新的进程。但在乡村，因其盈利空间的局限，市场进入的空间比较狭窄。因此，乡村更新过程中所面临的最为复杂的问题便是多元主体间互动关系的建立及其和谐的交互作用。在推进乡村更新的发展过程中，如何让政府、市场、村集体组织以及其他行动者和谐地参与其中，成为问

---

① 杨敏：《鲜活农产品流通协同创新策略》，浙江大学出版社2013年版，第123页。
② 汪涛：《科学经济学原理：看见"看不见的手"》，东方出版社2019年版，第290页。

题的关键。虽然政府在其中应该发挥重要的主导作用，但如何创造出符合实际的合作形式和运作模式，仍然是对未来社区建设推进的真实考验。其中，最为关键的问题在于乡村集体经济组织及农户是否在未来社区建设过程中发挥其主体性作用。"城市更新必须为城市现有社会和社区问题的最终解决或缓解提供必要的条件。"[①] 城乡更新不是制造问题，而是在更新过程中解决或缓解问题。

上述问题的存在，深刻地体现出乡村社区发展过程所面临的问题的复杂性。在快速城镇化及农村劳动力流动的过程中，经常会发生"农民退出"问题。在某些情况下，这种"退出"是指随着户籍制度和农地制度改革的逐渐深入，农民自愿通过置换和补偿等形式告别乡村，进入城镇，完成所谓市民化的过程。此种意义上的退出"是指农民从土地上的职业退出与从农村区域上的身份退出，是中国经济转型过程中的一个重要的发展问题"[②]。另一种"退出"则是农民仍然留在乡土，而村集体长期以来赖以生存的土地和"绿水青山"等自然资源，被资本以某种不合理的合同移走经营，导致依旧在场的农民却无权参与经营，而衍生出"谁的金山银山"之类的问题。

2. 互联网技术与三产的高度融合。值得注意的是，以农村"第六产业"或产业融合为标志的经济发展恰好与新旧世纪交替之际开始崛起的信息技术革命结合在一起，产生了奇妙的化学反应。在乡村发展过程中，引入技术这一重要的变量，不仅可以推进乡村经济的升级，还可以赋予农村未来社区建设以新的内涵。如通过互联网的连接，最为偏僻的山村的农产品可以与现代化的大城市之间建立起直接的联系。在二者的联系中，城市对乡村产品的需求是真实的，而且极为迫切。通过网络信息现代化，以及与其相配套的物流业的发展，使得城乡之间的交流跃进到新的发展阶段。正是在上述交流运行的条件下，乡村的价值被空前地凸显出来。正是在这一意义上，我们看到了从城乡对立的二元结构转为城乡对流的可

[①] 万勇、顾书桂、胡映洁：《基于城市更新的上海城市规划、建设、治理模式》，上海社会科学院出版社2018年版，第165页。

[②] 桂莉、刘红燕、王兴鹏：《城乡一体化进程中的农民工市民化研究》，河北科学技术出版社2013年版，第379页。

能性。

3. 信息技术与三产融合的另一重要成果是乡村民宿业的发展，以及随之兴起的乡村文化复兴。在去农业化背景下很多农村的产业发展已经将其紧密地绑定在乡村旅游、民宿等领域，在网络技术与三产有机组合的背景下，民宿业的发展被赋予了一些重要的内涵。在传统的旅游业发展过程中，最为经典的定义认为"旅游是非定居者的旅行和短暂停留而引起的一切现象和关系的总和。这种旅行和逗留不会导致长期居住或从事任何赚钱活动"。此定义的优点在于指明了旅游最为突出的两个外部特征，即移动性和暂时性。[1] 但在三产融合发展趋势与信息技术相结合的背景下，则对此定义给予了一定意义的改写，除了那些旅游者之外，还出现了长期居住者和往来于城乡之间的两地居住者。作为活化城乡交流的重要力量，发挥了特殊作用。

三 社会文化视域

很多学者在其研究中曾多次强调，在社区建设的问题上，乡村拥有城市所不具备的诸多优势，尤其是在社会关系领域，乡村世界基于熟人社会而拓展出来的社会关系，使得乡村村民往往拥有更为厚重的社会资本。但是，由传统到现代的剧烈的社会转型而带来的一系列挑战使得乡村社区往昔所具有的诸多优势被极大地削弱。因此，如何在未来社区建设中最大限度地把乡土社会所具有的那些天然的社会性及生态禀赋和优势化为一种现实，成为其中最为关键的问题。而从社会、文化视域审视农村未来社区的建设，其核心的关注点已不仅仅是那些有形的"土木工程"和经济指标，而是聚焦于未来社区建设的社会性和文化性等"无形"因素，这也是乡村建设过程中经常容易被忽视或被工具化的问题。因此，我们应对乡村未来社区建设进程中的"社会性"和"文化性"展开必要的探讨和界定。

（一）关于农村未来社区建设中的"社会性"

所谓社会性，在这里主要是指基于乡村社会生产、生活中的关系性、互动性的基础之上而形成的一种"共同体"特性。如前所述，与城市相比，乡村社会性更为丰富，这主要是由农业文明的乡土性和弱流动性所决

---

[1] 周霄：《乡村旅游发展与规划新论》，华中科技大学出版社2017年版，第3页。

定的。村落社会背景下的农民生于斯长于斯，其基于农业生产和村落生活而建立起来的社会关系，是一种典型的熟人社会关系，从而营造出温情脉脉的关系社会氛围，但经历了城市化的冲击后，乡村的社会性不可避免地开始走向褪色，表现在：

1. 随着农民的兼业化和进城打工，出现了大量的人口外流。值得注意的是，这种人口外流并非是数字意义上简单的人口减少，而是具有其特定的内涵，如农村青壮年人口大量外流，直接导致村落人口的老龄化。而那些举家外迁离村的外流现象的发生，则直接导致村落共同体的邻里关系走向解体。此外，在社会流动的背景下，一些外来人口进入村落，使得村落共同体出现了异质性因素，乡村社会关系日趋复杂化。

2. 大型乡村改造活动对乡村社会性的破坏。在迄今颇具影响的大型村落更新过程中，往往会伴随着农业生产、居住方式和村落结构的变化，而导致乡村社会性的剧烈变动。虽然通过改造可以使村落社会的外在景观变得更加现代，其生产效益或许也会有所增加，但却有可能破坏乡村的社会性，这是我们在展开乡村未来社区建设过程中所应特别引起注意的。

3. 乡村社会性存在状态评估的困难。在由城市化引发的乡村变迁过程中，乡村外在"有形"的变动往往显而易见，而社会关系的变化则具有一定的隐蔽性，其发生作用也往往需要经过一定时间后方才显现出来，这或许正是社会性因素为人们所忽视的重要原因。因此，如何在乡村改造的过程中尽可能不出现社会性消退的现象，成为一个难度不小的考验。

（二）乡村未来社区的文化视域

在乡村未来社区建设的总体图景中，社会文化方面处于越来越重要的地位。从文化理论加以审视，所谓文化景观一般是指"附加在自然景观上的人类活动形态"。一般说来，乡村景观从来就不是单向度的，而应包括"乡村范围内相互依赖的人文、社会、经济现象的地域单元"或者是"在一个乡村地域内相互关联的社会、人文、经济现象的总体"[1]，带有明显的总体性。

1. 以乡愁文化为表征的乡村地域文化。如果说乡村的生态禀赋更多

---

[1] 孙炜玮：《乡村景观营建的整体方法研究——以浙江为例》，东南大学出版社2016年版，第16页。

的是基于农业生产的自然性及绿水青山资源的天赋性而生成的，那么，作为乡愁文化符号的乡村，则是基于乡村社会关系及相应的组织形态依托而加以维系的。作为传统乡土文化的表征，乡村社会具有极其丰富的内涵承载，其价值在于最大限度地保留乡村特质，留住乡愁，并建立起传统与现代的历时性关联。长期以来，社会各界往往使用乡愁概念对乡村文化进行理解和界定，认为所谓"'乡愁'是家园文化与离散现实的冲突并人生旅途心灵诉求所触发的带有悲剧意味的情思与感触"，"乡愁情结"不仅指向离乡人（游子），其实还包括在乡之人（个体与群体）因分离牵挂之情或土地人民乃至天地人际关系而产生的种种忧患意识与现实诉求。① 近年来，快速城镇化背景下发生的乡村社会的剧烈变迁，提出了"村落终结"等沉重话题，从而赋予从社会文化视域审视乡村未来社区建设以独特的价值。

2. 乡村自然禀赋和文化资本。在这里值得特别强调的是，那些拥有自然资源禀赋优势的乡村在未来社区建设的过程中，占据着天然的优势地位。凭借这些自然资源禀赋，乡村可以将绿水青山转变为金山银山。同时，通过旅游和民宿项目，与外来的城市的旅行者实现密切的资源交换与互动。而那些历史悠久、具有厚重文化资本的村落，甚至可以成为世界性的村落。在此问题上，浙江德清打造的莫干山民宿旅游度假区，堪称是一个经典的借助文化资本推进乡村振兴的案例。这些以古建筑和乡村民宿为依托的实体性的文化资本，在乡村未来社区建设中占据着重要的地位。此外，那些非物质的文化遗产，如乡风民俗，在未来社区乡村版的打造过程当中，也将扮演不可替代的角色。

3. 乡村城市化的陷阱。从文化研究的视角看，乡村存在的价值，主要在于其拥有一些城市所不具备的重要特质。在乡村更新及社区建设中，如果我们按照城市的规划逻辑将乡村的核心去除而形成城市版的乡村，那么，乡村作为乡土社会所应具有的一些重要特质也将不复存在。很显然，这是一种失败的规划设计。但应该指出的是，我们强调乡村特质的保留，也不是刻意地使乡村脱离于现代文明，而是传统与现代的有机综合体。

4. 要在破解乡村人口大量外流挑战上下功夫。从英国发生工业革命

---

① 张放：《中国乡愁文学研究》，巴蜀书社2011年版，第43页。

开始，便出现乡村人口向城市的大量流动。英国城市学家霍华德曾使用磁铁来比喻城市对乡村农民所具有的巨大吸引力。在他看来，由于城市集中了乡村所不具备的人类生活所必需的各种资源，导致乡村的人口外流似乎已不可逆转。在此种情形下，乡村社会必然要面临其何以可能的真实的问题和挑战，因此，在乡村，尤其是那些地域偏僻、又没有较为丰富的文化资源可凭借的乡村，如何吸引外来人口、保持村落一定数量人口的存在，便成为一个极具挑战意义的话题。现实中如果一个村落没有足够的人口作为支撑，其所依托的社会关系也将不复存在。而失去了互动关系和组织依托，村落的文化当然也就丧失了生命力，所谓未来社区建设也就无从谈起了。

四 生态视域

与城市相比较，生态本来是乡村世界得天独厚的优势领域，农业文明的自然性和乡土性，使得村落社会自其诞生之日起，便拥有天然的生态禀赋，也为乡土世界赋予了颇具诗意的田园色彩。但步入工业社会，伴随着"城市胜利"的步伐，逐渐形成了城市中心和乡村边缘的总体格局。在此背景下，乡村所独有的生态优势开始被压制，一直不能得到充分地释放。而将乡村生态问题置于中国社会的语境下展开分析，我们会看到：乡村未来社区建设所要破解的环境生态难题主要在于，如何最大限度地发挥乡村固有的生态优势，把长期以来被闭锁、压抑和变异了的乡村生态魅力解放出来。

（一）农村社区环境生态问题的发生及解锁

如前所述，在乡村环境生态问题上，似乎存在着一个值得我们认真反思的悖论，即为什么与自然保持更近距离的乡村，在某些情况下其生态反而不如人口密度高的大城市。毫无疑问，长期以来存在的城乡二元结构是城乡之间存在着较大发展落差的重要原因。表现在农村在规划建设投入方面长期落后于城市，使得农村自身的环境设施及服务较为薄弱，导致其生态优势被严重地压抑。此外，在乡村工业化的思路下，农村大办工业，导致土地、河流、大气均遭到严重的污染，而因农村配套设施存在不足，导致这些在生产和生活中生成的垃圾无法消解和排放。近年来"为解决城市污染企业扰民问题，许多城市都提出了经营城市的理念，用转换污染企业现有土地的方式，实行污染企业搬迁。这种污染企业搬迁、产业转移也就意味着城市污染向农村的转嫁，由此造成的无法估价的重大经济损失则自觉或不自觉地摊到了农民的头上，而农民却得不到应有的补偿"①。因此，必须采取一些全面的带有根本性的措施，乡村生态问题方能得到一定程度上的解决。近年来，包括浙江在内的一些省份，针对农村未来社区建设所面临的最难以解决的短板——"水"和"土壤"问题，展开针对性治理，开展所谓"五水共治"行动。这里所说的"五水共治"，主要是指治污水、防洪水、排涝水、保供水、抓节水。在浙江衢州，以绿水青山就是金山银山的理念为指导，"全面落实督察整改，助力'活力新衢州、美丽大花园'建设。围绕治水继续走在前列的目标，深化源头治理、健全长效机制、扩大工作成果，严防反弹回潮。高标准推进'五水共治'，高水平落实'河长制'，以生态文明示范创建行动为抓手，以改善水环境质量为核心，深入推进'污水零直排区'和美丽河湖建设，污水'应截尽截、应处尽处'"②。采取多方面举措来从根本上解决乡村的污水问题，拂去蒙在乡村世界的尘垢。

（二）以城乡对流机制建立起城乡社会的新关联

未来视域下的乡村社区生态文明建设还必须打破城乡分治、不相往来的情形，建立起城乡一体化和对流交往的体系和机制。因为长期以来，城乡双方顺畅的交往互动机制没有建立起来，使得乡村的生态优势在很大程度上被闭锁于乡村空间范围内，未能形成城乡共享的态势。在现实中乡村的生态优势不可能在闭锁的条件下形成，而应该以城乡良性互动为条件加以展开。如对于一般村民来说，其家乡的绿水青山已是熟视无睹，只有通过"外来游览者"的目光，才能获得进一步的升值。笔者在此前的研究中曾发现，对于乡村而言，"这些来自城市的观光者的到来，以及此群体所表现出来的对乡村社会文化的喜好和认同，反作用于村民，使得村落留守者对于村落传统的价值及自身的存续意义产生了新的认识，重新拾起对

---

① 李宾：《城乡二元视角的农村环境政策研究》，中国环境科学出版社2012年版，第92页。
② 衢州市人民政府办公室：《关于印发衢州市"五水共治"（河长制）碧水行动实施方案的通知》（衢政办发〔2018〕63号）。

乡村的自信，其激励作用是不言而喻的"①。鉴于上述背景，生态视域下的乡村未来社区建设所应聚焦的问题在于：通过政府积极的政策支持干预，采取一系列针对性措施，建立起城乡对流机制，将长期以来被种种因素所桎梏的乡村生态优势解放出来。

第三节 乡村未来社区建设应处理好的几对关系

将乡村未来社区建设置于当下中国社会转型与发展的背景之下，结合浙江衢州当下正在展开的带有较强超前性的农村未来社区建设实验，我们可以获得许多有益的启示。

一 传统、现代与未来的关系

谈农村未来社区建设，首先要注意处理好传统、现代与未来之间复杂的互动和转换关系。如前所述，未来取向下的农村社区建设，不是以一些现代或未来的元素来简单地改变、覆盖或替代传统，而是要把村落社会所承载的那种传统共同体的特质置于传统、现代、未来的历史时间隧道之中加以延续和光大，并有机地嵌入到未来社会发展的体系之中。从总体上看，乡村所承载的传统是立体的，既包括天然的自然生态景观及禀赋，也包括村落民居建筑等有形的物质文化实体，更包括传统乡土社会一系列无形的关系联结及风土民俗。在快速城镇化的背景下，乡村向城市的人口流动开始大规模地展开，使得村落共同体发生了严重的消解和松懈。旧有的基于生产、生活和村落关系而建立起来的共同体组织也开始走向消解。面对上述问题，如果我们在乡村未来社区建设具体的进程中，没有及时有效地设法减缓或遏制上述演进态势，而是加速和推进了这一过程，那么我们建立起来的未来社区很有可能会蜕变为一个地地道道的空壳社区，而不具有任何意义上的共同体特质。因为对于承载着农业时代厚重传统的乡村而言，如若失去了传统，便失去了其存在的基本价值，也丧失了与城市互动的基本资质，由此也失去了其建设目标和发展的未来。同样，如果我们的

---

① 田毅鹏：《乡村振兴中的城乡交流类型及其限制》，《社会科学战线》2019年第11期。

建设方案没有未来性，只是制造了一个固守传统的现代对立面，那当然也是没有前途的。因此，如何在未来社区建设的进程中，最大限度地延续和弘扬乡村社区的共同体特性，便成为问题的关键。

二 城乡关系的新定位

从发展的未来性的视角看，乡村和都市均是人类文明迄今积淀起来的文明聚落形态。正如基于现代工业主义建立起来的城市形态没能取代乡村一样，"未来"亦不能吞并都市和乡村而建立起所谓全新的未来社会形态，而只能在其固有的基础之上实现其创造性的传承和转换。因此，未来社区建设要想真正落地，就必须处理好城市与乡村的关系，使其规划植根于城乡社会的现实基础之上。

其一，要对城乡关系给出新的定位。在以往的发展实践中，人们基于城市中心主义，将城市置于优先发展的中心地位，从而自然而然地将乡村排斥到边缘位置。在上述理论分析框架和思维模式的作用之下，城市成为当然的中心，而乡村只能作为一种依附性的边缘化存在，其直接后果主要表现为城乡之间的互动是单向性的。其最大的问题在于没有将城乡之间看作一个平等交互作用的互动体，而是强调城乡之间的主从关系、依附关系，其结果构成了对乡村发展的一种锁定。一般说来，农村未来社区建设要以城乡一体化和城乡对流机制的建立为前提，我们不可能在城乡封闭区隔的条件下展开未来社区建设。历史上，在工业化、城市化背景之下的乡村社区发生了剧烈的变迁，其发展往往呈现出乡村城市化的特点，这实际上是用城市来覆盖乡村，最终导致乡村走向终结。可见，这种以城市化的思路来构建乡村未来社区的做法，也注定是没有前途的。

其二，农村未来社区建设中城市与乡村的融合。早在19世纪末，英国城市学家霍华德在规划其田园城市理想时，便努力追求将城市和乡村的优点结合起来，形成更高层次的综合。应该看到，在今天此种深度融合之所以能够成为必要和可能，主要是因为：在深度现代化和全球化的背景之下，乡村地域和城市都表现出一系列特殊的变动。城市作为现代社会的中心，工业文明、信息文明的承载者，其作为未来社区建设的主要对象目标似乎是毋庸置疑的。相比之下，乡村则是作为一种日渐走向衰败的地域社会而存在的。但反过来看，各种走向过密化的超大都市也并非无懈可击，其所面临的危机和险象也是有目共睹的事情。而值得注意的是，乡村在走向衰退的同时，也开始显现出农业文明的坚韧性及天人合一之境。因此霍华德当年提出的城乡融合的理想被当代人不断地重新提及并付诸试验。"城市化并非简单泛指居住于城镇的人越来越多，而是凸显城市与非城市地区之间的来往和相互关系日益增多的一种过程。"[①] 尤其是进入到了20世纪晚期之后，现代社会表现出城市乡村界限的模糊化的特点。而且这种模糊化主要是指城市和乡村之间的界限，不像以往以一种极其鲜明的甚至是对立的方式呈现出来，而是表现出"你中有我，我中有你"的一种交错式的互动和发展。此外，现代信息交通技术的进步，也使得城乡之间的联系大大加强，这为人们游走于城乡之间提供了空前便利的条件。

三　农村未来社区建设的统一性与多元性

与一般的乡村发展的政策规划不同，农村未来社区建设带有较强的总体性，将"人口净流入量+三产融合增加值"作为综合指标，以特定乡村人群为核心，试图通过八大场景的系统设计，通过改革、发展和民生之间的高度融合的一个总体性的发展规划，带有突出的总体性，在其推进和展开的过程中必须处理好总体和局部的关系。在农村社会学以往的研究中，对乡村村落的类型展开了比较细致的专业划分。在中共中央、国务院新近印发《乡村振兴战略规划（2018—2022年）》中，即将"分类推进"作为乡村发展的重要路径，将村庄分为集聚提升类村庄、城郊融合类村庄、特色保护类村庄、搬迁撤并类村庄等[②]，上述划分对于我们构建乡村未来社区具有重要的类型学意义上的启示。它告诉我们，现实中的农村社区建设事实上不存在统一模式，而是基于乡村社区所处的自然条件、社会条件、历史积淀等条件建立起来的。将乡村未来社区建设的不同类型置于中国社会复杂的转型变迁进程中，我们会发现乡村未来社区的建设，基本上是以村落为单元而展开的。在传统、现代、未来分析模式展开的过程中，我们应当注意，乡村未来社区建设实际上是对于现代性城乡关系表达

[①] 周大鸣、郭正林：《论中国乡村都市化》，《社会科学战线》1996年第5期。

[②] 中共中央、国务院：《乡村振兴战略规划（2018—2022年）》，2018年9月26日，http://www.moa.gov.cn/xw/zwdt/201809/t20180926_6159028.htm。

的偏颇性的一种纠正。众所周知,在现代化的话语体系下,城乡关系的表达,往往呈现出典型的城市中心论。在此种观点看来,所谓现代化和城市化,就是乡村不断扩张膨胀进而对乡村实现征服的过程,城市占据了绝对的中心地位,而乡村则不可避免地处于边缘从属地位。但从城市与乡村各自所承载的功能而言,二者各有其分守,并不存在相互之间的简单替代和覆盖。

总之,在新时代社会发展剧烈变迁的背景下,我们对现代社会的城乡关系这一核心命题必然会产生出一系列前所未见的新的理解认识。"乡村是具有自然、社会、经济特征的地域综合体,兼具生产、生活、生态、文化等多重功能,与城镇互促互进、共生共存,共同构成人类活动的主要空间。"[1] 随着人类文明的进步,乡村的发展非但不会终结,反而会扮演越来越重要的角色,这是我们在研讨乡村未来社区建设问题的过程中所应谨记的。

---

[1] 中共中央、国务院:《乡村振兴战略规划(2018—2022年)》,2018年9月26日,http://www.moa.gov.cn/xw/zwdt/201809/t20180926_6159028.htm.

附　　录

《关于打造中国基层治理最优城市推进基层治理战略任务落地的实施意见》

(2018年5月28日)

为深入贯彻落实党的十九大精神和市委七届四次全会决定部署，全面推进市委"基层治理"战略落地，不断提升我市基层治理体系和治理能力现代化水平，特制定本实施意见。

一　指导思想

以习近平新时代中国特色社会主义思想为指导，总结推广新时代"枫桥经验"，强化系统设计、制度设计、顶层设计，做深做好"互联网+政务服务""党建+基层治理"两大文章，深化推进新时代"三民工程"，通过"制度设计+技术支撑"，构建以"四大五加"（大党建统领、大联动治理、大数据应用、大融合推进，"网络+网格""线上+线下""制度+技术""公转+自转""共性+个性"）为主要内容的体系架构和"主"字型运行架构，加快形成执法管理服务"三位一体"、自治法治德治"三治融合"、人防物防技防"三防齐抓"、共建共治共享"三共并推"的基层治理新格局，为"活力新衢州、美丽大花园"建设打造坚实基层基础、创造良好社会环境。

二　工作目标

——G20峰会维稳安保工作经验、新时代"枫桥经验"得到全面坚持发扬，社会风险预测预警预防能力得到全面加强提升。

——平安衢州、法治衢州建设在全省"争先进位、走在前列","全国治安首善之地"名副其实。

——"三民工程""基层治理四个平台"建设持续深化升级,营商环境成为全国标杆,人民群众幸福感、获得感、安全感保持全省领先水平。

——争取成为国家层面的基层治理创新实践基地,力争通过三年实践,努力打造中国基层治理最优城市,为"中国之治"的基层之治提供衢州标准、衢州方案、衢州样本。

三 基本原则

——大党建统领。坚持"党建统领活的灵魂、一根红线贯穿始终",把党的领导落实到基层治理的各方面、全过程,不断加强基层组织、基层政权、基层基础、基层治理,切实发挥各级党委总揽全局作用、基层党组织战斗堡垒作用和广大党员先锋模范作用,强化系统治理、依法治理、源头治理、综合治理,真正实现党建、治理"一张皮"。

——大联动治理。建立完善"王"字型运行机制,强化市县整体联动、乡镇(街道)部门条块联动、村(社)网格干群联动,推动体制内上下打通、条块打通,体制外干群打通、党群打通,力量统筹、资源整合、联动协同,形成"平时为掌、战时为拳"的治理合力。

——大数据应用。强化信息化、智能化技术手段在基层治理中的支撑应用,打造基层治理信息集成系统、联动指挥系统,构建市、县(市、区)、乡镇(街道)、村(社)互联互通的综合信息平台,通过系统联通、信息支撑、数据驱动、流程再造,推动基层治理"线下"与"线上"联动,以"智慧+"优化基层治理形态,实现治理更加科学高效。

——大融合推进。强化联动融合、开放共治,把"最多跑一次"改革向基层延伸、"雪亮工程"全面提升、智慧城市数据大脑建设、扫黑除恶专项斗争、基层党建工程有机结合起来,五位一体、系统集成、整体推进,推动基层组织全面重构和基层治理全面提升。

四 运行架构

构建从"三"到"王"到"主"的运行架构,"三"加一竖到"王","王"加一点到"主"。大力推进"三个三"基层党建工程,实施落实乡镇（街道）主体责任、发挥村（社）组织主体作用、激发党员群众主体意识"三大主体工程"，推进组团联村全覆盖、网格支部全覆盖、党员联户全覆盖"三个全覆盖"，运用乡镇（街道）党（工）委服务指数、村（社）党组织堡垒指数、党员先锋指数"三大指数"。着力构建县（市、区）为"顶线"、乡镇（街道）为"中线"、村（社）为"底线"、信息集成平台和联动指挥平台为"竖线"的"王"字型运行机制。

努力走好新时期党的群众路线，尊重群众主体地位，激发群众主人翁意识，发挥群众主观能动性，从群众中来、到群众中去，体制内上下打通、条块打通，体制外干群打通、党群打通，让干部深入下去、把群众发动起来，唤醒党员、唤起民众，管理变治理、民主促民生，真正体现人民群众主体地位，真正让人民群众当家作主。

五　主要任务

（一）全面推进"三个三"基层党建工程

1. 实施"三大主体工程"，做实党建责任内容。落实乡镇（街道）主体责任。坚持抓镇促村、镇村联动，党委统揽全局、书记抓人促事。发挥村（社）组织主体作用。坚持"支部建在连上""一切工作到支部"，发挥村（社）组织的"第一道防线"作用，特别是村（社）党组织的战斗堡垒作用。激发党员群众主体意识。深入推进"两学一做"学习教育常态化制度化，高标准抓好"不忘初心、牢记使命"主题教育，建立乡镇（街道）讲习所，落实党员管理"十条红线"，按照有关规定稳妥有序处置不合格党员。

2. 推进"三个全覆盖"，做实党建工作载体。组团联村（社）全覆盖。打通乡镇（街道）和村（社），按照"一村（社）一组团"方式，组建联村组团。网格支部全覆盖。坚持"支部建在网格上"，按照"一网格一支部"原则，在村（社）网格设置党支部（党小组），实现党组织覆盖与全科网格覆盖相融合。党员联户全覆盖。实施党员"1+N"联户服务，按照"就近就亲就熟"原则，每名党员联系服务8至10户群众，做到联系不漏户、户户见党员。建立"五上门"民情联系服务机制。

3. 运用"三大指数"，做实党建考核制度。深化乡镇（街道）党（工）委"服务指数"考评，考核结果与乡镇（街道）分类争先考核、年度综合考核、领导班子和领导干部考核等挂钩。深化村（社）党组织"堡垒指数"考评。深化落实"底线管理"考评机制，重点考核村（社）党组织班子作用发挥、推进中心工作、维护基层稳定等方面情况。深化党员"先锋指数"考评。推广党员"零基积分"考评办法，重点考核党员履行基本义务、发挥先锋模范作用、遵纪守法等情况，激发党员先锋模范作用。

（二）构建"王"字型运行机制

1. 做优市县一体"顶线"。按照"关口前移、重心下移、资源下沉、权力下放"的要求，强化市县统筹协调联动，管理、执法、服务资源整合。推进市县资源挂联下沉。完善市县两级领导基层联系点制度，建立人财物向基层倾斜保障机制。推进市、县大联动中心实体化运行。结合机构改革，明确市、县大联动中心机构设置、职能定位，赋予任务分流指派、力量指挥调度、工作检查督办、年度考核建议等职权，配强人员力量，推进高效运转。纵深推进"最多跑一次"改革。深化基层"一窗受理、集成服务"，建立"最多跑一次"事项标准化清单，全面推行各领域"无差别全科受理"，打造"掌上办事之城"和"无证明办事之城"，争创中国营商环境最优城市。健全大平安工作格局。坚持项目推进、固本强基，深化推进全科网格建设规范提升、"三治融合"基层治理体系建设推广、社会组织参与社会治理规范提升、"互联网＋"社会治理深化提升、社会心理服务体系建设推广、流动人口服务管理提升等基层治理"六大工程"，不断夯实基层基础。

2. 做强乡镇（街道）"中线"。按照"条块联动、块抓条保，属地管理、捆绑考核"要求，提升乡镇（街道）统筹协调能力，形成统一指挥、联合执法、联动治理的新模式。强化基层治理一个大平台运行。完善乡镇（街道）主要负责人牵头抓总的运行体系，推进班子成员分工与综治工作、市场监管、综合执法、便民服务四个功能性平台职责全面融合。强化平台干部一体化属地管理。制定出台加强派驻机构属地管理指导意见，由乡镇（街道）负责日常管理考核，派驻机构负责人的任免未经乡镇（街道）党（工）委同意，不得任免。强化条块联动运行机制。强化"基层治理四个平台"制度建设，规范指挥室操作程序和业务流程，建立完善"信息收集—分流交办—执行处置—日常督办—信息反馈—督查考核"的闭环管理机制。

3. 做实村（社）网格"底线"。按照"深耕网格、做实网格，一长三员、四力共用"要求，配强配好网格力量，明确网格职责，推动党政各项工作资源在网格叠加、力量在网格沉淀、工作在网格联动、任务在网格落实。优化网格划分布局。按照"适当调整、补齐短板、全面覆盖"的原则，推进网格优化调整和全面覆盖，强化村（社）网格，建好开发区等专属网格，形成一份网格划分清单、一张网格地图。明晰落实网格职责。落实网格事务准入制度，制定网格工作职责清单，具体落实好思想引领、信息传递、隐患排查、矛盾调解、民生服务、民主议事协商六项职责，建立"几必查、几必清""几必到、几必访"工作机制。完善"线上＋线下""过程＋结果"的网格工作考评机制和责任倒查制度，发挥网格在基层治理中的"底座"作用。

4. 做畅联动指挥"竖线"。按照"民有所呼、我有所应，上情下达、下情上传"要求，完善线上线下联动指挥机制。全面提升"雪亮工程"应用。将"雪亮工程"纳入城市公共基础设施管理，全面落实高水平安全运维和经费保障机制。推进信息系统集成应用。依托市、县大联动中心加强信息归集，横向打通整合各部门业务系统和信息资源，纵向对接乡镇（街道）综合信息指挥室、村（社）基层治理信息平台，融合打通平安通、村情通、"叮叮钉"智慧联动 APP 等，推动数据和预警信息自上而下、网格信息自下而上推送流转，实现资源集成、信息共享、整体联动。完善联动指挥机制。按照"党委领导、政府负责、统一指挥、部门联动"的要求，建立市县一体、功能集成、综合研判、统一指挥、扁平高效的综合指挥体系。

（三）做好人民当家作"主"文章

1. 深入推进基层民主自治。推进村（社）依法自治，完善基层民主选举、民主决策、民主管理、民主监督制度。着力构建多层广泛的基层民主协商机制，推进乡镇（街道）、村（社）、村（居）民小组等各级民主协商议事体系建设，搭建民情沟通日、乡贤议事会等平台，保障人民群众的知情权、参与权、选择权和监督权。全面修订实施村规民约（居民公约），实现村（居）民自我管理。广泛开展"立家训、树家风"等活动，培育基层文明道德风尚，推进自治法治德治"三治融合"。

2. 发挥基层社会组织作用。加强党对群团组织的领导和工作指导，深化群团改革，构建"大群团"工作格局，发挥群团组织桥梁纽带作用。充分调动基层各类社会组织的积极性，加快培育与基层治理相适应的公益性、互助性社会组织，广泛参与基层治理。充分发挥兰花热线、乡贤理事会、城管老娘舅、志愿者协会等社会组织在基层治理中的积极作用，为广大群众参与基层治理搭建载体，为基层党委、政府分忧。

3. 最大限度发动群众参与治理。乡镇（街道）、村（社）党组织要用好钉钉、微信等信息载体，"头脑风暴"式开展宣传发动。基层党员干部要"走村不漏户"，做好组织群众、宣传群众、教育群众、引导群众的工作。充分发挥基层党员干部先锋示范作用，广泛动员村民小组长、村民代表、回乡乡贤、志愿者等基层精英骨干参与基层治理工作。全面推广"村情通"式智能应用平台，全力打通服务群众最后一米，让"一米阳光"照进千家万户。发挥12345政府服务热线等平台的作用，畅通群众诉求渠道。探索基层治理社会评价标准化体系建设，建立治理绩效群众考评机制，最大限度地动员群众、组织群众参与民主自治，落实共建共治共享"三共并推"。

《衢州市"主"字型基层治理体系建设综述》

2018年，衢州市委、市政府以习近平同志对衢州"三民工程"重要批示为指引，强化系统设计、制度设计、顶层设计，深化"三民工程"建设，深入推进新时代"枫桥经验"衢州实践，系统构建"主"字型基层治理体系，在全市域标准化规范化体系化推进落实落地，致力打造中国基层治理最优城市。这套体系得到中央政法委和省委政法委的高度肯定，也得到学术界的广泛关注，被评为"2018年度中国十大社会治理创新"，列入国家级课题2018"地方改革创新案例研究"和"改革开放40年地方改革创新40案例"。

衢州市"主"字型基层治理体系建设的总体思路是，做深做好"互联网+政务服务""党建+基层治理"两大文章，通过"制度设计+技术支撑"，着力构建以"四大匣加"（大党建统领、大联动治理、大数据应用、大融合推进,"网络+网格""线上+线下""制度+技术""公转+自转""共性+个性")为主要内容的体系架构和"主"字型运行架构,加快形成执法管理服务"三位一体"、自治法治德治"三治融合"、人防物防技防"三防齐抓"、共建共治共享"三共并推"的基层治理新格局,全力打造中国基层治理最优城市,为"中国之治"的基层之治提供标准、方案、样本。具体来讲,就是从"三"到"王"到"主":"三"是"三个三"基层党建工程,主要是深化"三民工程",实施"三大主体工程"[落实乡镇(街道)主体责任、发挥村(社)组织主体作用、激发党员群众主体意识],推进"三个全覆盖"(组团联村全覆盖、网格支部全覆盖、党员联户全覆盖),运用"三大指数"[乡镇(街道)党(工)委的服务指数、村(社)党组织的堡垒指数、党员的先锋指数]。"王"是"王"字型运行机制,"顶线"是市、县资源力量,"中线"是乡镇(街道)资源力量,"底线"是村级资源力量,"竖线"是线上线下联动指挥系统。"主"是最高标准、最高境界,就是让人民群众当家作"主",实现共建共治共享。主要特色和经验做法是:

一 党建统领、贯穿到底

这套体系最核心的是坚持"党建统领活的灵魂、一根红线贯穿始终",以"三个三"基层党建工程为抓手,推进党建统领大联动,把党的领导落实到基层治理的各方面全过程,让党建成为基层治理的基础、核心、灵魂、关键,真正实现党建、治理"一张皮"。制定完善"周二无会日"、组团联村服务、网格支部建设、党员"1+N"联户等一揽子配套制度体系,建立网格联事"六张清单",推动"组团联村""两委联格""党员联户"实现全覆盖,真正联到家、联到心、联到位。全市238名市、县两级四套班子领导、626名部门负责人分别挂联一个乡镇、一个村(社),组建联村(社)服务团1579个,组团联村(社)干部8282名,每个村(社)均有市、县、乡4—6名干部常态联系服务指导,设立网格党支部1042个、党小组3149个,7.2万名党员联户。深化"民情沟通",全面推行"周二无会日"组团联村服务制度,每周二市县乡不安排各类会议和考核检查活动,组团联村(社)干部全部到挂联村(社)开展联系服务工作,形成"固定+需要"相结合的各级干部深入基层抓工作的常态工作机制。截至 2019 年 2 月底,组团联村累计服务群众 8.53 万人次,帮助解决各类问题 3.42 万个,党员"1+N"联户处理各类事务 13 余万件。鼓励社会组织参与社会治理,深入开展志愿者服务,发动社会组织志愿者、法律工作者、乡贤等社会力量 1.2 万人次,整合专家服务团 136 支,志愿者服务团队 789 支,积极投身基层服务。

二 资源整合、力量打通

这套体系最关键的是通过"制度设计+技术支撑",推进智慧应用大联动,构建"王"字型运行机制,实现统筹整合联动、跨界打通融合、扁平一体高效。做优市县一体"顶线"。顶线代表县级资源力量,关口前移、重心下移,资源下沉、权力下放。深化"为民办事",全面推进"最多跑一次"改革向基层延伸,加快乡镇(街道)"无差别全科受理",梳理形成 162 项乡镇(街道)层面受办的事项清单,让数据多跑路、让群众少跑腿。整体推进基层治理"四平台"建设,1000 余名市、县部门派驻人员下沉为乡镇(街道)"平台干部",每个乡镇(街道)平均派驻 10 名。做强乡镇(街道)"中线"。中线代表资源力量,条块联动、块抓条保,属地统领、捆绑考核。对职能部门下沉到乡镇(街道)"四平台"的人员力量实行"双重管理、属地为主",建立完善乡镇(街道)统一指挥、联合执法、联动治理的新模式,有效破解乡镇(街道)"看得见的管不着"、职能部门"管得了的看不见"的问题。做实村社网格"底线"。底线是村级资源力量,深耕网格、做实网格,一长三员、四力共用。扎实推进网格划分、"一长三员"、组团联村、网格支部、党员联户、考核考评"六个规范化"建设,完善网格绩效考核、责任追究和培训保障等制度。建立以"组团联村(社)成员+入格村(社)'两委'成员+网格'一长三员'+联户党员+村(居)民代表+村(居)民小组长+乡贤+N"为主体的"红色网格联队"。探索制定城乡网格化管理条例,以立法形式,推进网格治理规范化、法治化。全市划分网格 4191 个,以村"两委"成员为主体的"一长三员"32423 名,落实"网格+检察""网格+调解""网格+警务""网格+消防"等机制,形成"事在网中办、人在格中走"的工作格局。做畅联动指挥"竖线"。竖线是线上线下联动指挥,民有所呼、我有所应,上情下达、下情上传。借助"城市数据大脑 2.0""雪亮工程"等技术优势，构建形成"市县大联动中心 + 乡镇综合信息指挥室 + 村社综治工作站 + 村社网格 + 群众村情通式移动终端"五级贯通的线上线下联动平台，实现系统联通、信息支撑、数据驱动、流程再造。与阿里公司合作共建中国基层治理数字化研究院，成立东南数字经济发展研究院；建成具有全国标杆意义的"雪亮工程"，被评为全国政法智能化建设"雪亮工程十大创新案例"，初步形成了"雪亮工程" + "城市数据大脑 2.0"的基层智慧治理的关键体系架构。

三 共生共荣、共享共治

这套体系最根本的是坚持以人民为中心，坚持走好新时期群众路线，积极搭建群众参与基层治理平台，充分发挥群众在基层治理中的主体作用，打造共建共治共享的社会治理格局，让人民群众有更多获得感、幸福感和安全感。全面推广"村情通 + 全民网格"的治理模式。深化"民情档案"，全面推广应用"村情通"式智能应用平台，打通基层治理"最后一米"，广泛动员群众参与村级事务管理、享受常办事项服务。柯城"点点通"、衢江"钉格通"、江山"E 家亲"、常山"慢城百事通"、开化"三民工程"E 掌通等"村情通"式智能应用平台全部上线运行，全市共有近 70 万群众关注加入参与其中，家庭覆盖率 80% 以上。目前正在研究制定共性标准，打通整合数据资源，努力把它打造成"衢州通"，形成市县乡村四级贯通、共性 + 个性相结合的管理平台。全面推行"红色物业联盟"社区治理模式。把党员干部在社区党组织和机关党组织双向打通，成立由"网格支部 + 业主委员会 + 物业公司 + 业主 + 各类社会组织"共建共治的"红色物业联盟"，广泛吸纳小区党员业主、热心居民参与小区治理。1500 多个基层党组织与 1100 多个社区（小区）结对，3 万多名机关党员干部到小区网格党支部报到，参与共建共治共享，有效解决老旧小区治理难题。全面推进自治法治德治"三治融合"。探索形成"手机治村"（龙游县东华街道张王村）、文化治村（江山市大陈乡大陈村）、村规民约（柯城区花园街道上洋村）、以孝治村（开化县杨林镇东坑口村）、诚信治村（常山县球川镇黄泥畈村）等一批基层治理样本。

四　大战大考、实战检验

这套体系归根结底要落实到真用上，充分发挥攻坚克难的制度优势，充分彰显党建"三个用来"的重要作用，即：党建是用来统领基层各项工作的；党建是用来为中心工作服务的，特别是用来克难攻坚的；党建是用来充分体现党组织战斗堡垒作用、充分发挥党员干部先锋模范作用的。这套体系在衢州落地落实后，在项目推进、土地征迁、基层维稳、文明创建等工作中得到很好应用，经过了大战大考的实践检验。比如，把党建统领基层治理与扫黑除恶、平安建设、基层稳定、乡村振兴等重点工作融合推进、系统集成，全面夯实基层平安稳定根基。在重点项目征迁、农房整治、全域土地综合整治等重点工作推进中，通过"党建+征迁""网格支部+红手印"，充分发挥组团联村作用、基层党组织堡垒作用、党员先锋模范作用，确保了高铁新城项目征迁、新田铺农业综合体等重点项目高效平稳有序推进。在全国文明城市创建中，通过清单由网格核定、督查由网格开展、责任由网格认领、签字由网格把关，将创建标准精准地覆盖到网格之中，创建责任深化到网格之中。

《关于实施党建统领和智慧治理大联动深化"最多跑一次"改革推进区域治理现代化的指导意见》
（2017年5月24日）

"最多跑一次"改革是政府自身改革的再深化再推进，是新阶段推进供给侧结构性改革、放管服改革的重大举措，是优化发展环境、推进党风廉政建设的重要抓手。我市在"一窗受理、集成服务"上已取得重大突破，为进一步巩固和扩大"最多跑一次"改革成果，充分发挥党建统领大联动、智慧治理大联动的作用，加快推进区域治理体系和治理能力现代化，现提出如下指导意见。

一　总体要求

认真贯彻以人民为中心的发展思想，按照"制度+技术""线上+线下""网络+网格"的思路,把"最多跑一次"改革与"四个平台"建设结合起来、与"雪亮工程""智慧大脑"工程结合起来、与"三民工程"提档升级结合起来,构建党建统领大联动、智慧治理大联动(以下简称"大联动")工作机制,推进区域治理体系和治理能力现代化,着力打造适应现代市场经济、现代民主法治、现代互联网条件下的现代治理体系,以政府转型引领推动经济社会转型升级,不断优化发展环境、激发发展活力。

二　基本原则

(一)坚持党建统领。坚持党在区域治理中的领导核心地位,把"三民工程"作为推进区域治理的重要抓手,发挥基层党组织的战斗堡垒作用和基层党员的先锋模范作用,以"党建+"统筹和推动管理变治理、民主促民生、应急变长效、治标变治本。

(二)坚持智慧治理。顺应互联网条件下社会治理模式转型的新趋势,以"智慧大脑"工程为载体,以数据集中和共享为途径,推进技术融合、业务融合、数据融合,实现跨层级、跨地域、跨系统、跨部门、跨业务的协同管理和服务,推进决策咨询科学化、社会治理精准化、公共服务高效化。

(三)坚持系统集成。进一步厘清市县乡村各级权责,突出市县统筹协调联动,建立系统集成的大联动指挥中心,坚持块抓条保、属地统领、横向打通、纵向下沉,构建基层治理一张网,打造归口收集、分流交办、答复反馈、监督制约、考核奖惩的完整流程,形成大联动、大治理、大服务的格局。

三　整体思路

(一)构建"三层架构"。做优市县一体、部门联动的"顶线"。建立市县一体、系统集成的综合指挥系统,成立市县大联动推进办公室,建设市大联动中心和县(市、区)分中心,中心内部搭建信息集成系统和联动指挥系统平台。做强以块为主、条块联动的"中线"。按照条块联动、块抓条保,属地统领、捆绑考核的要求,结合基层治理"四个平台"建设,推动部门关口前移、重心下移,资源下沉、权力下放,强化乡镇

(街道)治理服务职能。做实多网合一、干群联动的"底线"。按照"属地、整体、适度"原则，分类划定基础网格，实现"多网合一"。建立全科网格，充实网格力量，明确网格职责，实现党政各项工作资源在网格叠加、力量在网格沉淀、工作在网格联动、任务在网格落实。

（二）念好"叮叮钉"三字诀。坚持网格化、信息化、扁平化"多化融合"，打造信息集成、联动指挥两大系统，念好"叮叮钉"三字诀，提升"钉钉"使用的"五度"，即速度、广度、深度、精度、黏度，以"叮叮钉"智慧联动APP为基层网格神经元，构建平台互通、信息共享、全面感知、智能调度、迅捷精准的智慧大脑联网应用体系，形成线上线下联动机制，民有所呼、我有所应、上情下达、下情上传，成为打通"顶线、中线、底线"的"竖线"。

（三）推动"最多跑一次"改革"三延伸"。在全面巩固提升的基础上，加快"最多跑一次"改革向中介机构延伸、向企事业单位延伸、向乡镇基层延伸，同时，推进审批服务向综治工作、综合执法、市场监管等各个领域延伸，为加快推进区域治理体系和治理能力现代化注入动力和活力。

四　主要任务

（一）构建智慧治理系统。以"全市统一的大数据中心"为数据交换共享平台，以"雪亮工程一体化视联网"为超融合多媒体网络，以"叮叮钉"智慧联动APP为基层网格神经元，将浙江政务服务网、平安建设信息系统、12345统一政务咨询投诉举报平台、"三民工程"E掌通APP等系统进行整合，畅通上下联动指挥系统。积极配合省政府办公厅开展基层治理协同平台开发试点，依托浙江政务服务网的基础设施、总体架构和标准规范，构建基层治理信息系统协同平台。按照统筹建设、集中部署的原则，横向打通各部门基层专业信息系统，实现多渠道信息集中共享，突发事件综合指挥，形成上下联动、功能集成的一体化基层治理信息化体系，为实现综合指挥、全科网格、平台运行提供数据共享和技术支撑，并利用大数据构建企业、中介、个人、社会组织等信用体系，推动社会信用建设。

（二）深入推进"最多跑一次"改革。

1. 推进"最多跑一次"改革向基层延伸。推进基层"一窗受理，集成服务",乡村便民服务采取"乡村两级综合受理、县级后台分类审批、乡村两级统一出件"的政务服务和公共服务新模式,实现基层审批服务"最多跑一次"。建立全程代办机制,充分发挥乡村干部和网格员的咨询代办服务作用。因地制宜开展乡村便民服务大厅的升级改造,优化大厅布局,提升大厅功能,提高群众的办事体验。以基层需求为导向,除涉及公共安全、跨行政区域、需要进行县级政府统筹等事项予以保留外,其他事项能放则放,下沉一级,提升乡镇综合服务功能。

2. 推动"最多跑一次"改革向中介组织延伸。对投资项目实施"多审合一,多评合一,多测合一"。"多审合一"指将建设、人防、消防等施工图审查,按照"一窗受理、一套资料、一站审查、一个平台、统一监管"的模式运行,实行统一受理、即时推送、及时审查、全程监管。"多评合一"指将项目涉及的评估、评价中介服务,实行统一组织、同步进行,并积极推行企业投资项目统一区域评估评价,凡符合准入条件的企业,不再另外进行中介评估评价。"多测合一"指将建设工程审批涉及的土地测绘、规划测绘、房产测绘等技术服务,统一委托给一家单位承担,实行统一测绘、成果共享,从而减轻企业负担,节约时间成本,提高测绘成果准确度。

3. 推进"最多跑一次"改革向企事业单位延伸。组织涉及公共服务领域的事业单位及提供水、电、气、公共交通等服务的国有企业,对照前期公共服务事项梳理公开的目录,梳理出"最多跑一次"事项的标准化清单,最大限度精简办事程序,减少办事环节,缩短办事时限,改进服务质量。同时运用政务服务网、移动客户端、自助终端等多种形式,为群众提供方便快捷的网上公共服务。

(三)加快乡镇"四个平台"建设。强化基层治理"一个大平台指挥"。乡镇(街道)设立综合指挥机构,实现"一个乡镇一个平台指挥",并与县级指挥平台互联互通。实行派驻机构"一体化管理"。派驻机构实行"双重管理、属地为主",派驻人员变部门干部为"平台干部",纳入乡镇统一管理。实行全科网格"一张网覆盖"。开展网格整合,取消各部门条线设置的基层网格,村(社区)网格实行"一张网",打造全科网格。按照全域、全员、全程的理念,明确网格定位、网格划分、网格配置、网格职责、网格流程"五统一"。健全"一次办结"工作运行机制。实行扁平化管理，形成社会治理和网格事项的受理、分析、流转、处置、督办、反馈、考核的闭环管理机制。进一步建立健全咨询一次告知、事务一次办理、问题一次解决、服务一次到位的"一次办结"运行机制。

五 工作要求

（一）提高思想认识。实施党建统领和智慧治理大联动，推进"最多跑一次"改革大延伸，加快区域治理体系和治理能力现代化事关全局、意义深远。各级各部门要按照市委、市政府部署，自觉抓好工作推进。各县（市、区）党委、政府要高度重视，主要领导要加强统筹协调，分管领导抓好具体落实。市县两级部门要主动担当，积极落实各项工作措施和要求，真正形成行之有效、常态互补的条块联动新格局。

（二）细化工作任务。各地各有关部门要细化改革举措，按照时间节点制定任务书、作战图。市县两级大联动办公室，要建立集中办公和工作定期研究制度，加强业务指导和问题梳理，及时提出对策建议，强化示范引领，加快工作进度，力争"最多跑一次"改革和基层治理体系建设持续走在全省前列。

（三）坚持稳步推进。按照分类指导、分步实施原则，确定常山县、江山市作为标杆县（市）创建，每个县（市、区）选定若干试点乡镇（街道），并创建两个标杆示范乡镇（街道），确保在2017年9月中旬前完成试点任务。各试点单位须抓紧制定试点方案，并经市大联动领导小组批准后实施，其他单位视情况根据市委、市政府部署全面推广，并将此项工作纳入督查考核。

（四）营造良好氛围。各级各部门要切实做好宣传发动，形成广泛共识，凝聚整体合力。要充分利用报纸、电视、互联网和新媒体等广泛宣传，及时准确发布改革信息和政策法规解读，正确引导社会预期，积极回应社会关切，创新社会参与机制，拓宽公众参与渠道，凝聚各方共识，营造良好氛围。

《关于构筑"红色物业联盟"共建共治共享有礼小区的实施意见》

（2018年）

各县（市、区）委组织部、机关工委，市直各单位党组织、市直机关基层党组织：

为深入贯彻落实习近平新时代中国特色社会主义思想和党的十九大精神，全面落实中央、省委关于加强城市基层党建工作的部署要求和市委七届四次全会决策部署，加强新时代城市基层党建工作，充分发挥机关党建的表率、示范和引领、带动作用，致力打造中国基层治理最优城市，确保如期创成全国文明城市，全面打响"南孔圣地、衢州有礼"城市品牌，现就构筑"红色物业联盟"共建共治共享有礼小区提出如下实施意见。

一 指导思想

围绕加强和改进党对城市工作的领导、提高城市基层党组织的领导力和执行力，推动全面从严治党向纵深发展，推进城市社区治理体系和治理能力现代化。按照"党建是为中心工作服务的，党建是用来克难攻坚的，党建是充分发挥和充分体现党组织战斗堡垒作用和党员先锋模范作用的"要求，紧紧围绕"活力新衢州、美丽大花园"建设，扎实推进市委"1433"战略体系重重落地。坚持大党建统领、大联动治理，立足执法管理服务"三位一体"，人防技防物防"三防齐抓"，自治法治德治"三治融合"，共建共治共享"三共并推"，充分发挥街道社区党组织在社区治理当中的领导核心作用，扩大党组织在小区网格和业主委员会、物业服务企业等领域的覆盖面，构筑"红色物业联盟"，推动机关党建工作走在前、作表率，共建共治共享有礼小区，推进城市基层治理，创建全国文明城市，打造中国基层治理最优城市，为高质量发展、高品质生活提供衢州鲜活样板。

二 工作目标

1. 坚持党建统领基层治理。牢固树立把抓好党建作为最大政绩的理念，做到"党建统领活的灵魂，一根红线贯穿始终"。坚持党建统领基层治理，以"1234"架构推进小区精细化治理，促进城市社区治理体系和治理能力现代化。"1"就是要紧紧抓住小区物业管理这一城市社区治理的"牛鼻子"，而治理乱停乱堆、整治乱搭乱建、做好垃圾分类等则是重中之重；"2"就是要注重发挥机关基层党组织和党员、社区党组织和社区工作者队伍的两个作用，激发小区居民的主体意识和主力军作用；"3"就是要推进党组织、党员干部和小区居民共建共治共享有礼小区；"4"就是要精准定位、精准出击、精准施策、精准落地。

2. 构筑"红色物业联盟"。做深做实街道"大工委"、社区"大党委"和红色物业"大联盟"制，扎实推进区域党建融合共建。在街道、社区党组织的领导下，加快小区网格、业主委员会、物业服务企业等领域中的党组织建设，推进机关党委（总支）组团联系社区、机关党支部结对联系小区网格、党员联户"三个全覆盖"。运用"三大指数"（乡镇街道党组织服务指数、村社党组织堡垒指数、党员先锋指数），健全运行机制，强化服务保障，整合力量资源，提升基层党组织教育、管理、监督党员和组织、宣传、凝聚、服务群众的能力和水平，充分发挥街道"大工委"、社区"大党委"和红色物业"大联盟"的功能与作用。

3. 共建共治共享有礼小区。到2019年，实现小区网格、业主委员会和物业服务企业等领域党组织覆盖面达到90%以上，党的工作覆盖面实现100%；小区网格党支部主导、驻区联区各类组织多方联动服务机制、干群交流互动智能应用平台100%建立，党建引领作用明显，政策法规系统配套，行业监管完善到位，运行机制科学有效，物业管理规范有序，居民主体参与积极，人居环境舒适和谐，人民群众获得感、幸福感显著提升，全国文明城市如期创成，城市基层治理再上新台阶。

三　工作内容

（一）强化"红色引领"，加快构建社区党组织领导小区治理架构

1. 建强社区大党委。坚持属地管理，突出党建统领，充分发挥街道社区党组织在小区治理中的领导核心作用，推动多方协同参与，引导社区居民自治。积极稳妥推行机关基层党组织书记兼任社区第一书记或社区大党委委员、组建社区驻地单位党建联盟、成立社区党建理事会等做法，全

面建强社区大党委，更好地组织动员辖区各类组织、社区居民广泛有序、积极主动参与小区治理。

2. 推进社区治理大联动。紧紧依靠机关、社区、小区网格、业主委员会、物业服务企业、居民等社区治理的资源力量，研究制定联席会议、联动巡查、联动分析、联动处置等工作机制，实现联动闭环，提高工作效率，提升治理水平，助推形成党建统领、政府主导、市场调节、社会参与、居民自治、法治保障的良性互动的城市小区综合治理新格局。

3. 开展机关与社区大结对。市县两级机关党委（党总支）与社区、机关基层党支部与小区网格结对联系（结对具体方案另行下文），结合"周二无会日"、支部主题党日、联动创建日、周末双休日等，分支部、分批次，有序有效组织机关党员干部到结对社区、小区网格，指导加强党的建设，以大党建引领基层治理，构筑"红色物业联盟"，共建共治共享有礼小区，大力创建全国文明城市，积极协助配合政府职能部门进小区治理违规乱象，开展"微心愿"认领等志愿服务活动。

（二）打造"红色引擎"，充分发挥小区网格支部的战斗堡垒作用

1. 加快建立小区网格党支部。采取一网格一支部（党小组）的形式，把党的组织和工作延伸覆盖到每一个网格。推动基层党组织班子成员、党小组长等骨干担任网格长、网格员，使党组织和党员成为引领基层治理创新的中坚力量。小区网格党支部原则上由居住在小区的在册党员组成，利用基层治理已有网格划分，由街道社区负责把党支部建在网格上，经街道党工委或社区党委批准成立，受社区党组织领导，统领小区事务管理。

2. 全面建强小区网格党支部。加强和改进街道、社区党组织对社区各类组织和各项工作的领导，确保党的路线方针政策在社区全面贯彻落实。市县两级机关基层党组织要指导、协助小区网格党支部开展工作，全面提升小区网格党支部的组织力和战斗力，及时传达学习贯彻党的路线方针政策和党委政府的重大决策部署；加强服务型党组织建设，协助教育、管理、监督党员，组织、宣传、凝聚、服务群众；协助研究分析小区治理工作，建立健全制度，充分结合、有分有合、协调配合，同心同德同向、合心合力合拍、共建共治共享有礼小区。

（三）注入"红色元素"，全力推动党组织统领小区治理工作

1. 积极推进业委会党建工作。加大在业主委员会中组建党组织的力

度，做到应建尽建不留空，履职尽责不缺位。街道社区要全面排摸、因地制宜、多种形式抓好在业主委员会中组建党组织，根据业主委员会成员中党员人数、党组织关系等具体情况，可采取成立党支部、设立党小组，组建联合党支部、临时党支部、流动党支部，选派第一书记、下派党建指导员、发展党员业主联络员等方式，延伸党的工作触角，开展党的工作，加强对业主委员会的领导。业主委员会党组织要着力加强对业委会的领导，督促业委会依法依规、积极主动开展工作，研究解决小区物业服务等事务问题，协调上下内外关系。探索推进社区、小区网格、业主委员会、物业服务企业党建共建，督促物业服务企业规范服务、提升品质。

2. 扎实推进物业服务企业党建工作。街道社区和物业行业协会要积极推动物业服务企业或其分支机构建立党支部、党小组，设立联合党支部、临时党支部、流动党支部，选派党建指导员、党员联络员，扩大党的组织覆盖、延伸党的工作；积极协调转接党员组织关系，注重培养发展新党员，不断加强党对物业服务企业的领导，教育引导企业和员工增强责任、提升服务。探索开展将业主满意度评价、街道社区辖区内党组织评议测评纳入行业主管部门对物业服务企业的考核监管内容，以党建引领物业服务企业责任落实、管理创新、服务提升。

3. 有力推进"双向进入、交叉任职"。街道社区在建立小区网格、业主委员会、物业服务企业党组织和业主委员会组建、换届、补选过程中，要做好候选人资格把关，积极推荐符合条件的党员通过法定程序选为业委会成员，鼓励专职社区工作者、小区网格和业主委员会等相互之间双向进入、交叉任职，主职实行"一肩挑"，实现党的组织和工作有效覆盖。

4. 着力推进红色文化进楼入户。在楼道醒目位置设置公开栏，及时公告小区居民关心关注的事项等，展示红色管家、党员楼（道）长和家门口好支部好党员好居民形象，宣传党的路线方针政策，弘扬社会主义核心价值观，解读党委政府的重大决策部署、重要惠民政策。开展"我家有党员、有礼我先行"以及文明家庭创建、家风家规评比等活动，丰富居民生活，凝聚人气人心。

（四）激活"红色细胞"，充分发挥机关党员先锋模范作用

1. 党员履职"先承诺"。机关党员干部要到居住地社区或小区网格党支部报到，通过签订"有礼小区·党员先行"承诺书，带头做到"三个

主动""十二个不",带头遵守法律法规和道德规范,积极响应居住地党委、政府号召,身体力行居住地党委、政府开展的全国文明城市创建系列活动,坚决杜绝各种不文明行为,带头做好亲友工作,在小区治乱过程中自觉做到不打电话、不打招呼、不添压力,为城市文明、衢州有礼当好表率作出示范。

2. 党员服务"全覆盖"。倡导机关党员干部"工作在单位、服务在社区、奉献双岗位",到居住地小区认真履行好兼职网格员职责;符合条件的党员,服从组织安排,担任红色管家、党员楼(道)长等,联楼联户、进网入格。每个党员要带头管好家庭,带动亲朋好友,支持、配合、参与小区治理。

3. 党员作用"全天候"。坚持我是党员我带头,推动"8小时党员"向"全天候党员"转变,在居住小区亮明身份,积极参加96345党员志愿服务,热心参与小区文体公益活动。充分发挥小区居民主体作用,大力宣传、广泛发动、积极组织小区居民,投身小区治理,实现共建共治共享有礼小区目标。

(五)实施"红色预警",促进诚信建设、坚持智慧治理

1. 推行机关党员参与社区治理"红色预警"。机关党员要走在前、作表率,带头做到衢州有礼、党员先行,自觉遵守居民公约,在小区治理中发现党员干部有乱停车辆、乱搭乱建、违规装修、乱倒垃圾、乱堆乱放、乱拉乱挂、乱养畜禽、毁绿占绿、侵占公共资源、损坏公共设施等行为,视情节轻重,采取小区网格党支部提醒谈话、小区红黑榜公示、告知所在单位党组织等措施,予以刚性约束,督促限期整改。发现并经核实党员干部职工有不按期缴纳符合规定的物业费等行为的,按照市党工委〔2018〕19号文件执行。

2. 探索建立社区党员群众信用体系。机关工委要商同有关部门建立完善信用共享平台,及时了解动态信息,做好信息记录工作,把党员干部履行居民公约、参加志愿服务等情况录入个人信用档案,作为考察、教育、管理和评优评先的重要依据。组织人事部门在选拔任用干部工作中要查阅党员个人信用档案,听取社区党组织意见。对小区居民违反上述情况的,探索建立居民信用评价体系,纳入征信系统。

3. 坚持智慧治理善用科技手段。强化系统集成,依托"基层治理四

平台",推进党建网、综治网、服务网等互联互通,充分运用微信、钉钉、社情通等信息技术工具,及时收集、处理、反馈信息,设置三色预警、信用积分、典型宣传等功能,广泛调动党员干部和小区居民共建共治共享有礼小区的积极性主动性。加强网格信息采集客户端整合,构建源头发现、信息上报、分流交办、执行处置、检查督促、结果反馈的闭环联动机制,让小区治理插上科技翅膀,搭上互联网快车。

四 工作要求

1. 提高认识,合力推进。各级党组织和广大党员干部要提高政治站位、统一思想,深刻认识构筑"红色物业联盟"共建共治共享有礼小区的重要性和紧迫性,不忘初心、牢记使命,把思想和行动统一到市委决策部署上来。

2. 健全机制,强化保障。建立完善"红色物业联盟"联席会商工作机制,充分发挥党建统领作用,对涉及小区物业服务、环境卫生、公共设施、邻里矛盾等重大事项,协调街道社区、小区网格、业主委员会、物业服务企业等,认真研究,协调解决,切实保障业主的合法权益。

3. 注重督导,加强考核。市县两级机关部门和街道每半年要开展一次自查自纠,掌握工作开展情况,对照文件要求,找差距,补短板,促提高。市县两级组织部、机关工委要加强日常检查督导,推动工作落实。加强"红色物业联盟"工作考核,将其列入县(市、区)、市级机关部门年度工作目标综合考核。

《"邻礼通"——打造城市治理现代化"示范窗口"》

(衢州市柯城区)

一 产生背景

2020年3月31日,习近平总书记在调研杭州运用城市大脑推进城市治理体系和治理能力现代化中提出"让城市更聪明一些、更智慧一些,是推动城市治理体系和治理能力现代化的必由之路,前景广阔"。

柯城区是衢州市的主城区,辖有 6 个街道、41 个社区、276 个网格,居住人口约 41.2 万。辖区共有小区 195 个,其中有物管小区 97 个,房龄 20 年以上的 129 个。老旧物管小区物业收费难与服务跟不上的问题突出,对标市域治理现代化的要求还存在差距。2019 年 7 月,柯城区坚持"党建统领+基层治理",以破冰"物业病"为切入口,秉持未来社区理念,聚焦未来治理、未来服务、未来邻里三大场景,在信安街道先行先试,自下而上、自主研发了一款微信小程序——"邻礼通",通过"组织+制度+技术"融合创新,形成四种模式("共生"组织模式、"淘宝"缴费模式、"滴滴"评价模式、"口碑"激励模式),让小区信息零距离,需求快对接,隐患早排解,服务透明化,构建小区治理综合平台,让一部手机治理一个小区成为可能,实现了网络联结各人群、掌上解决烦心事、平台增加信任感。

二 功能介绍

1. 联盟赋能,建"共生"组织模式。以街道、社区党组织为核心,依托红色物业联盟,与社会组织开展"红色互动",打造线下"邻礼中心",整合吸纳周边的辖区单位、银行、家政服务、教育培训、人力资源、老娘舅、律师等各类组织和人才入驻,相互导流,提供就近就便服务,形成"共生式"组织。2019 年以来,全区"邻礼中心"组织开展各类志愿服务、便民服务达 22000 余次,老娘舅调解队帮助调解物业"疙瘩事"800 余件,党员律师法律顾问提供物业法律咨询 300 余次。为 120 余户小微企业办理营业执照和开户,发放创业贷款 2000 余万元。

2. 流程重构,走"淘宝"缴费模式。借鉴淘宝第三方支付理念,对物业管理流程进行系统重构。"邻礼中心"与加盟的小区业委会、物业公司签订三方协议,由"邻礼中心"代收代付物业费。通过"邻礼通"小程序,物业公司既可有效破解物业费收费难题,又极大提升服务业主的精准化和实效性,为物业公司减负增效。业主可通过全天候的即时缴费、报事报修等便捷服务功能,让信息零距离、需求快对接,隐患早排解,提高了业主的获得感、满意度。如利用"邻礼通"小程序"巧治"紫荆小区物业病,20 天时间,1081 户业主中 90%进行匹配并主动缴费,线上线下报事报修 33 起，得到即时反馈或处理，业主信任感增强，有半夜 1 点多缴费的，还有 30 多名业主一次性缴纳了两年物业费。

3. 当家作主，融"滴滴"评价模式。通过"线上＋线下"，推出综合评价模式，即业主、联盟成员、物业公司、监管部门分别按照各自权重进行综合评价。其中，业主通过"邻礼通"小程序对"三保两报"（保洁保绿保安、报事报修）的服务质量进行线上星级评价，动动手指即时完成。红色物业联盟召开议事会，按照"两率两度"（物业人员到岗率、事件处理率，网格配合度、重大事项配合度）进行线下打分。分数综合后，按照评星晋级规则，对绩效优秀的物业公司和业委会进行经费或项目奖励，形成监管单位抓大纲、联盟单位抓质量、业主抓细节的三环紧扣的评价管理模式。如翰林苑小区的物业公司在试点前被主管部门评为"黑榜"，试点后，红色物业联盟组织议事会 2 次、测评 1 次，70％户业主主动参与线上评价，第三季度综合得分 85.3 分，通过评价让物业知道问题症结，倒逼服务质量明显提升。

4. 人人参与，推"口碑"激励模式。制定"声望＋贡献"双积分制，如按时缴纳物业费、评价物业、参加问卷、献言献策等，即可在小程序里获得相应的声望积分。参与小区志愿服务，参加社区、小区组织的活动等，即可获得相应的贡献积分。通过在小程序里推行"声望＋贡献"积分制度，让服务"有积分"，积分"有荣誉"，荣誉"有实惠"。街道会定期对热心社区公益性服务的居民进行表彰，同时，所获积分可以通过线上、线下兑换家政服务、居家服务、实体店消费购物、物业费抵扣，进一步激发居民参与社区公益性服务的积极性和获得感，营造人人参与服务，人人获得服务，人人提供服务的新格局。"邻礼通"小程序重构了熟人场景，打开了群众的家门、心门，增强居民与社区良性互动，推动居民之间有效融合，逐步构建立体的四合院，努力打造心灵舒缓、幸福温馨、邻里和睦、有礼和谐的"归心社区"。

三 取得成效

1. 小程序汇聚大党建。"邻礼通"小程序是一次将政治引领融入社会治理，把党建优势转化为治理优势的生动实践。"邻礼通"小程序打破了原有的条块分割、左右分割的局面。让资源下沉重心下移，有力推进了体制上下打通、条块打通，让"党建统领＋基层治理"治理体系真正"联"起来、"动"起来、高效起来。组建了一套平时为掌、战时为拳的社会治理体系。以红色物业联盟为底版，通过党员线上报到、党员亮身份、党员联户等功能，把机关部门党组织、社区网格、业委会、物业公司、社会组织、志愿者等一群红色力量全部串联在一起，实现力量精准投放，有效减轻社区工作负担。如在疫情防控"包区清楼"行动中，市区两级113个部门党支部2500多名党员，运用"邻礼通"小程序在41个社区、195个小区进行线上报到，开展线下服务，通过他们的带动，2000多名党员群众志愿者自愿参与到各类疫情防控、文明劝导、支援社区等工作当中，累计服务达10万余小时。迅速地完成了全区3300幢6.2万户住户基本情况的摸排工作，纠正了3000余户住户信息，进一步壮大了红色物业联盟的"朋友圈"。

2. 小平台撬动大治理。"邻礼通"小程序是一次让"治理"插上智慧翅膀的成功案例。如何以居民自治方式合理解决小区矛盾，是城市体现治理能力的关键。"邻礼通"小程序让小区居民随时能够参与到小区业委会选举、重大事项表决、民意民情调查等小区自治中，如柯城区通过"邻礼通"小程序线上发起快递柜安装、充电棚安装、小区车辆管理等线上议事82次，参与讨论人数达25773余人。让居民随时随地都能成为小区建设的"参与者"，如信安街道世通华庭小区尝试线上选举，小区总共住户2007户，共收集到选票1434票，其中线上选票1005票，占总票数70%左右，最大程度激发居民参与小区自治的热情。自世通华庭小区线上选举成功后，府山世通华府、花园安装小区、学苑新村、亲亲书院4个小区相继发起线上选举，为更多居民参与小区自治打开通道，受到社区、居民一致好评。

3. 小窗口实现大服务。便民为民是"邻礼通"小程序最大的生命力。在疫情防控期间，运用"邻礼通"小程序将"码证合一"（电子出入证＋健康码）作为出入小区的"电子通行证"，居民线上绑定住房信息，线下进出"扫码识别""绿色通行"，通过智慧化管理严控外来人员进出，有效破解小区进出管理问询时间长、人员辨别困难等问题。截至目前，通过"邻礼通"小程序为小区居民发放"健康码"超过22000张，帮助4300余名老人代办"健康码"，实现居民"领码"全覆盖；社区通过"线上"为居家隔离及行动不便居民发起志愿服务76次，"线下"志愿者提供投放垃圾、代取快递、代买用品、代办健康码等服务14000余人次，形成了

"线上+线下""制度+技术"的小区管理服务的闭环，实现小区精细化管理、精准化服务，打通小区治理的"最后一米"。

四　相关启示

在本次疫情防控期间，"邻礼通"小程序通过"线上+线下""信息+服务""智慧+有礼"的战时应用，彰显了"精密智控"的数字化力量，取得了较好的效果。为尽快实现城市治理体系和治理能力现代化的要求，还可以从以下几个方面做好：

一是要转变治理思路。要以"全周期管理"意识，探索城市治理现代化，形成一个前期介入决策、中期应对执行、后期总结学习的管理闭环，以数字治理提升治理的精细化水平，从而推动整体治理的精准化。二是要打破部门之间数据壁垒。打通政府部门内部之间数据壁垒的背后，实质上倒逼职能部门的转型，实现各部门、各层级、各业务系统数据信息互联互通、充分共享，有效提升城市服务效能。三是要加强日常数据运用。针对日常底层数据的积累，要开展日常数据研判和前置分析，通过在不同层级、结点，实现对数据分析的分层化、精准化，及时反映群众诉求建议，推动城市治理的精细化。

《创新"村情通+全民网格"模式打造新时代"枫桥经验"升级版》

（龙游县委政法委）

2017年以来，龙游县按照"党建统领、群众路线、智慧治理"思路，以打造新时代"枫桥经验"升级版为愿景，在全县262个行政村和10个社区、2个工业园区推广"村情通+全民网格"模式，有效破解基层组织作用发挥难、村情民意掌握难、群众办事诉求难、参与治理难、脱贫致富难等难题，走出了一条低成本、可复制的基层共建共治共享治理之路，有效保障了社会充满活力、和谐有序。覆盖全县262个行政村，90%的4G用户、73%的农村人口关注和使用"村情通"，总浏览量突破3000万人次。2018年，"村情通"获"第五届浙江省公共管理创新案例十佳创新奖"，

"村情通+全民网格"实现乡村有效治理项目被"评为浙江省民生获得感示范工程"。龙游县被中央综治委、中央政法委命名为"全国平安县"。

一 党建引领"全过程",一根红线"穿"到底

针对基层党组织管理不到位、服务群众能力意识弱、党员作用发挥不明显等现实问题,把"智慧党建"移植到"村情通"平台,统、比、考三管齐下,发挥基层党组织"神经末梢"的最大战斗力。一是统起来,把1.3万名农村党员全部纳入掌上智慧管理,让"隐形党员"亮身份,流动党员回到"家",整体形成"一盘棋"、工作无盲区。二是比起来,在线实行党员"零基积分法",党员通过手机学习获得学分、参与实事获得积分,并推出"实事排行""积分排行"两张榜单,以积分制度激发党员干事激情。三是考起来,把党员工作实事实绩与党建责任考核相挂钩,接受群众评议和监督。目前日均发布党员干部学习、办实事动态500余条,群众点赞3000余次。

二 民情档案"掌上化",基层数据"实"起来

长期以来,民情档案靠手写脑记,记录不全不实,存在"干部调整、档案消失"等问题。一是提高数据全面性。把最"接地气"的村务公开、户籍、土地、建房、务工等40余项村情信息登记纳入平台,同步建立低保户、留守儿童、空巢老人等特殊群体专项档案库。二是保持数据鲜活性。将全县划分为613个网格,全面推行"每天4小时"的网格巡查行动,网格员通过走访巡查对档案内容实时更新。三是确保数据实用性。每户村民生成一个独立二维码,通过扫码可了解家庭人口、房屋、土地等内容,乡村干部通过手机就能实现民情、户情、村情"三知"及基础信息、问题隐患、矛盾纠纷、从业就业、较大事件、违法犯罪"六掌握",做到"基础信息不漏项、社情民意不滞后、问题隐患全掌控"。同时,统筹执法数据、金融数据、日常管理数据(红黑榜、积分榜)等,与金融部门联合建立信用评价机制,探索信用体系支持基层治理之路。

三 民情沟通平台化,群众主体"活"起来

新时代基层治理和社会服务离不开群众的广泛参与,农村治理面临着

青壮年流动人口参与难、留守人口参与效果不佳、民主决策参与度不高等现实问题。为此，龙游县依托"村情通"实时、公开、留痕等特点，充分发挥群众基层治理的主体作用，让群众不受时间、地点、人员数量限制，全方位、全过程、全覆盖的来参与社会治理。一是干部履职全留痕。"一日值班"全上网，"一周情况"全公开，"一月沟通"大家看；村级网格员每天开展巡查，对有无违建、污水排放、平安消防、食品安全等重要信息及时公开反馈。二是群众监督全方位。实时联通"法律服务""龙游公安"，将微警务、法制宣传、法律援助、法律服务等纳入平台，方便老百姓懂法、守法、用法，引导依法维权；通过"随手拍""村民信箱"等渠道全方位汇集民意，进行正面点赞和督促整改。三是村级事务全参与。开展评选最美典型，曝光"老赖"，让每家每户比一比、看一看、评一评；"村情动态""村规民约""民主协商"亮出来，让广大村民全时空参与村级重要事项、热点问题，落实群众的知情权、参与权、表达权和监督权，广泛动员群众参与决策，源头预防化解矛盾。通过以上举措，构建起个人、单位、村（社区）、政府共建共治共享新格局。目前，"村情通"已办理群众举报、投诉、建议等各类事项2.6万余件，办结率100%，90%以上都在村里得到解决，有效实现了"小事不出村，大事不出乡"。

四 为民服务"零跑腿"，群众办事"顺"起来

面对农村特别是山区存在群众信息获取慢、办事跑路远、诉求传递难等问题，通过"制度+技术""线上+线下"，实现村民办事"最多跑一次，跑也不出村，许多是指尖跑"。一是做到"县内无证明"。通过"砍掉一批、共享一批、替代一批、代跑一批"的方式，梳理政务服务领域各类证明192项，取消161项，保留31项，以干部代跑、群众承诺等方式实现无证明。二是推出"村情通+移动办"。制定"零审批""零跑腿""跑一次""全代跑"清单，户籍、计生、残疾证、合作医疗等879个事项实现"手机办"。三是用干部跑、数据跑、物流跑代替群众跑。开设"网上约办"业务，村村建设网上代办服务点，群众只要在"网上约办"中输入语音或文字，网格员便会上门代办，让群众享受无差别的"掌上服务"。

衢州市"主"字型体系架构、"王"字型运行机制思维导图

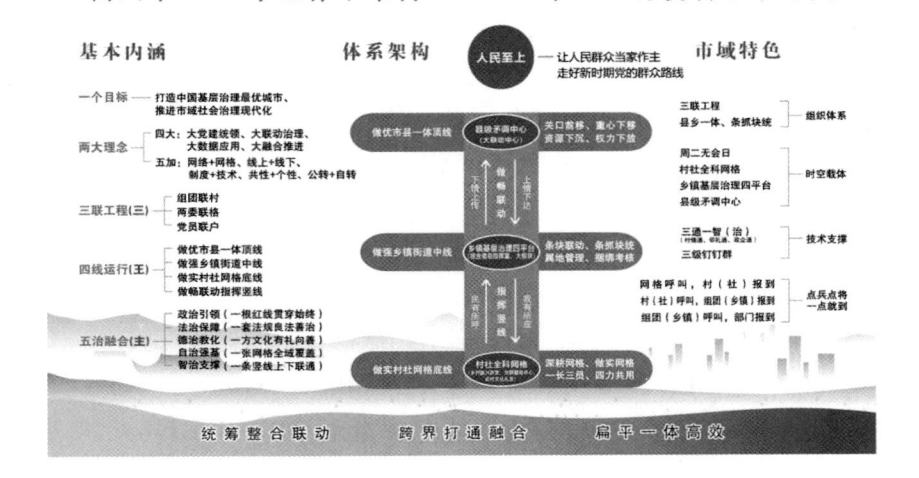

参考文献

一 中国共产党的重要文献及研究论著

《习近平谈治国理政》第一卷，外文出版社 2018 年版。

《习近平谈治国理政》第二卷，外文出版社 2017 年版。

《习近平谈治国理政》第三卷，外文出版社 2020 年版。

《习近平总书记系列重要讲话读本》，学习出版社 2016 年版。

《以习近平同志为核心的党中央治国理政新理念新思想新战略》，人民出版社 2017 年版。

《基层党组织如何提升组织力》，人民出版社 2019 年版。

《改革开放 40 周年中国社会经济发展研究》，人民出版社 2019 年版。

《习近平新时代中国特色社会主义思想基本问题》，人民出版社 2020 年版。

《〈中共中央　国务院关于加强和完善城乡社区治理的意见〉辅导读本》，人民出版社 2017 年版。

《新时代党的群众路线的生动实践：优秀社区工作法 100 例》，人民出版社 2020 年版。

《十九大以来重要文献选编》（上），中央文献出版社 2019 年版。

二 地方史志

衢县志编纂委员会：《衢县志》，浙江人民出版社 1992 年版。

衢州市地方志办公室：《衢州府志集成》，西泠印社出版社 2009 年版。

衢州市地方志编纂委员会：《衢州市志：1985—2005》（上、下），中国文史出版社 2016 年版。

陈才:《朴野清风:衢州民俗风情》,商务印书馆 2016 年版。
陈才:《祈春大典:衢州梧桐祖殿立春祭祀》,商务印书馆 2016 年版。
魏俊杰:《衢州古代著述考》,国家图书馆出版社 2016 年版。
吴宗杰:《坊巷遗韵——衢州水亭门历史文化街区》,商务印书馆 2017 年版。
占剑:《千古风华——衢州古代史》,商务印书馆 2016 年版。

三 中文著作

付晓东:《经营城市与城市发展》,吉林出版集团有限责任公司 2016 年版。
桂莉、刘红燕、王兴鹏:《城乡一体化进程中的农民工市民化研究》,河北科学技术出版社 2013 年版。
黄晓春:《技术治理的运作机制研究——关于中国城市治理信息化的制度分析》,上海大学出版社 2018 年版。
胡申生:《社区词典》,上海古籍出版社 2006 年版。
李宾:《城乡二元视角的农村环境政策研究》,中国环境科学出版社 2012 年版。
罗昌智,林际军主编:《中国智慧社区发展报告(2015)》,厦门大学出版社 2015 年版。
芦恒:《东亚公共性重建与社会发展:以中韩社会转型为中心》,社会科学文献出版社 2016 年版。
刘少杰:《网络社会的结构变迁与演化趋势》,中国人民大学出版社 2019 年版。
秦晖:《传统十论》,东方出版社 2014 年版。
任保平、何军主编:《当代中国马克思主义政治经济学研究》,中国经济出版社 2016 年版。
世界银行:《中国的信息革命:推动经济和社会转型》,经济科学出版社 2007 年版。
孙炜玮:《乡村景观营建的整体方法研究——以浙江为例》,东南大学出版社 2016 年版。
田毅鹏:《东亚"新发展主义"研究》,中国社会科学出版社 2009

年版。

汪碧刚：《智慧社区与城市治理》，中国城市出版社 2020 年版。

王浦劬、[美] 萨拉蒙等：《政府向社会组织购买公共服务研究》，北京大学出版社 2010 年版。

汪涛：《科学经济学原理：看见"看不见的手"》，东方出版社 2019 年版。

万勇、顾书桂、胡映洁：《基于城市更新的上海城市规划、建设、治理模式》，上海社会科学院出版社 2018 年版。

肖唐镖：《技术型治理的基层实践——中国城乡基层治理研究》，天津人民出版社 2020 年版。

王印红：《数字治理与政府改革创新》，新华出版社 2019 年版。

徐震：《社区发展——方法与研究》，中国文化大学出版部 1985 年版。

徐振强：《智慧城市新思维》，中国科学技术出版社 2017 年版。

郁建兴等：《"最多跑一次"浙江经验中国方案》，中国人民大学出版社 2019 年版。

叶敬忠：《农政与发展当代思潮》，社会科学文献出版社 2016 年版。

俞可平：《治理与善治》，社会科学文献出版社 2000 年版。

杨敏：《鲜活农产品流通协同创新策略》，浙江大学出版社 2013 年版。

张纯：《城市社区形态与再生》，东南大学出版社 2014 年版。

张放：《中国乡愁文学研究》，巴蜀书社 2011 年版。

曾凡军：《基于整体性治理的政府组织协调机制研究》，武汉大学出版社 2013 年版。

张其邦：《城市更新的时间、空间、度理论研究》，厦门大学出版社 2015 年版。

张清、贺湘硕、高然：《低碳城市发展研究——基于保定实证分析》，知识产权出版社 2016 年版。

张暄：《日本社区》，中国社会出版社 2007 年版。

周雪光：《中国国家治理的制度逻辑：一个组织学研究》，生活·读书·新知三联书店 2017 年版。

周霄：《乡村旅游发展与规划新论》，华中科技大学出版社 2017 年版。

四 中文译著

［美］汉娜·阿伦特：《人的境况》，王寅丽译，上海人民出版社2017年版。

［美］安东尼·奥罗姆、陈向明：《城市的世界：对地点的比较分析和历史分析》，曾茂娟、任远译，上海人民出版社2005年版。

［多国］雅克·鲍多特等：《与地球重新签约——哥本哈根社会发展论坛文选之一》，吴小英等译，人民文学出版社2003年版。

［美］杜赞奇：《文化、权力与国家：1900—1942年的华北农村》，王福明译，江苏人民出版社2003年版。

［美］戴维·哈维：《叛逆的城市：从城市权力到城市革命》，叶齐茂译，商务印书馆2014年版。

［美］戴维·哈维：《正义、自然和差异地理学》，胡大平译，上海人民出版社2015年版。

［美］曼纽尔·卡斯特：《认同的力量》，夏铸九等译，社会科学文献出版社2006年版。

［美］詹姆斯·罗西瑙：《没有政府的治理——世界政治中的秩序与变革》，张胜军等译，江西人民出版社2001年版。

［美］刘易斯·芒福德：《城市发展史：起源、演变与前景》，宋俊岭、倪文彦译，中国建筑工业出版社2005年版。

［美］刘易斯·芒福德：《城市文化》，宋俊岭等译，中国建筑工业出版社2009年版。

［英］诺南·帕迪森等：《城市研究手册》，郭爱军等译，格致出版社2009年版。

［德］米歇尔·佩赛特、歌德·马德尔：《古迹维护原则与实务》，张全文等译，华中科技大学出版社2015年版。

［日］青井和夫：《社会学原理》，刘振英译，华夏出版社2002年版。

［澳］思罗斯比：《文化政策经济学》，易昕译，东北财经大学出版社2013年版。

［美］理查德·桑内特：《公共人的衰落》，李继宏译，上海译文出版社2008年版。

［美］迈克尔·索斯沃斯、伊兰·本-约瑟夫：《街道与城镇的形成（修订版）》，李凌虹译，江苏凤凰科学技术出版社 2018 年版。

［德］滕尼斯：《共同体与社会》，张巍卓译，商务印书馆 2019 年版。

［英］安德鲁·塔隆：《英国城市更新》，杨帆译，同济大学出版社 2017 年版。

［日］祖田修：《农学原理》，张玉林等译，中国人民大学出版社 2003 年版。

［美］简·芳汀：《构建虚拟政府——信息技术制度创新》，邵国松译，中国人民大学出版社 2010 年版。

五　中文期刊

艾琳、王刚、张卫清：《由集中审批到集成服务——行政审批制度改革的路径选择与政务服务中心的发展趋势》，《中国行政管理》2014 年第 4 期。

陈锋：《连带式制衡：基层组织权力的运作机制》，《社会》2012 年第 1 期。

陈锋：《分利秩序与基层治理内卷化资源输入背景下的乡村治理逻辑》，《社会》2015 年第 3 期。

陈成文、张江龙、陈宇舟：《视域社会治理：一个概念的社会学意义》，《江西社会科学》2020 年第 1 期。

陈高华：《行动、自由与公共领域——论阿伦特的政治观》，《学术研究》2008 年第 11 期。

陈国权、皇甫鑫：《在线协作、数据共享与整体性政府——基于浙江省"最多跑一次改革"的分析》，《国家行政学院学报》2018 年第 3 期。

曹海军：《党建引领下的社区治理和服务创新》，《政治学研究》2018 年第 1 期。

陈鹏：《国家—市场—社会三维视野下的业委会研究——以 B 市商品房社区为例》，《公共管理学报》2013 年第 3 期。

陈荣卓、肖丹丹：《从网格化管理到网络化治理——城市社区网格化管理的实践、发展与走向》，《社会主义研究》2015 年第 4 期。

陈时兴：《行政服务中心对行政审批制度改革的机理分析》，《中国行政管理》2006 年第 4 期。

陈剩勇、卢志朋：《信息技术革命、公共治理转型与治道变革》，《公共管理与政策评论》2019 年第 1 期。

曹现强、王超：《公共性视角下的城市公共空间发展路径探究》，《城市发展研究》2018 年第 3 期。

陈友华、夏梦凡：《社区治理现代化：概念、问题与路径选择》，《学习与探索》2020 年第 6 期。

陈一新：《推进市域社会治理现代化》，《人民日报》2018 年 7 月 17 日第 7 版。

曹正汉：《中国上下分治的治理体制及其稳定机制》，《社会学研究》2011 年第 1 期。

曹正汉、张晓鸣：《郡县国家的社会治理逻辑——清代基层社会的"控制与自治相结合模式"研究》，《学术界》2017 年第 10 期。

曹正汉、王宁：《一统体制的内在矛盾与条块关系》，《社会》2020 年第 4 期。

戴长征、鲍静：《数字政府治理——基于社会形态演变进程的考察》，《中国行政管理》2017 年第 3 期。

狄金华：《乡域政治：何以可能？何以可为？》，《开放时代》2008 年第 4 期。

邓颖迪、孙以栋：《历史文化街区活力营造研究——以衢州水亭门历史文化街区为例》，《建筑与文化》2020 年第 6 期。

董幼鸿、叶岚：《技术治理与城市疫情防控：实践逻辑及理论反思——以上海市 X 区"一网统管"运行体系为例》，《东南学术》2020 年第 3 期。

冯卫国、苟震：《基层社会治理的信息治理：以枫桥经验为视角》，《河北法学》2019 年第 11 期。

韩福国、胡春华：《"主动式"街区共治：城市治理新路径》，《国家治理》2020 年第 29 期。

黄晓春：《技术治理的运作机制研究——以上海市 L 街道一门式电子政务中心为案例》，《社会》2010 年第 4 期。

贺雪峰、仝志辉：《论村庄社会关联：兼论村庄秩序的社会基础》，

《中国社会科学》2002 年第 3 期。

贺雪峰：《农民组织化与再造村庄集体》，《开放时代》2019 年第 3 期。

贺雪峰：《规则下乡与治理内卷化：农村基层治理的辩证法》，《社会科学》2019 年第 4 期。

胡象明、唐波勇：《整体性治理：公共管理新范式》，《华中师范大学学报》（人文社会科学版）2010 年第 1 期。

何雪松、李佳薇：《数据化时代信息治理体系的重构——基于新冠肺炎疫情社区防控的反思》，《湖北大学学报》（哲学社会科学版）2020 年第 3 期。

韩志明：《技术治理的四重幻象》，《探索与争鸣》2019 年第 6 期。

韩志明、雷叶飞：《技术治理的"变"与"常"——以南京市栖霞区"掌上云社区"为例》，《广西师范大学学报》2020 年第 2 期。

黄宗智：《集权的简约治理：中国以准官员和纠纷解决为主的半正式基层行政》，《开放时代》2008 年第 2 期。

姜晓萍、张璇：《智慧社区的关键问题：内涵、维度与质量标准》，《上海行政学院学报》2017 年第 6 期。

李昊：《公共性的旁落与唤醒——基于空间正义的内城街道社区更新治理价值范式》，《规划师》2018 年第 2 期。

刘红旭：《灾害社会学的研究脉络与主要议题》，《重庆大学学报》（社会科学版）2018 年第 4 期。

陆军等：《智慧网格创新与城市公共服务深化》，《南开学报》（哲学社会科学版）2020 年第 2 期。

刘建军：《联动式治理：社区治理和社会治理的中国模式》，《北京日报》2018 年 10 月 15 日第 18 版。

林丽玲：《整体性治理：跨界公共事务治理的方向和路径》，《中国集体经济》2020 年第 22 期。

李明伍：《公共性的一般类型及其若干传统模型》，《社会学研究》1997 年第 4 期。

刘淑春：《数字政府战略意蕴、技术构架与路径设计》，《中国行政管理》2018 年第 9 期。

刘少杰:《中国网络社会的集体表象与空间区隔》,《社会学研究》2018年第1期。

刘少杰:《网络社会的缺场交往与在场治理——评〈社区传播论〉》,《新闻与写作》2018年第11期。

李雪萍:《城市社区公共产品供给机制论析》,《社会科学研究》2009年第3期。

李友梅:《城市基层社会的深层权力秩序》,《江苏社会科学》2003年第6期。

李友梅、肖瑛、黄晓春:《当代中国社会建设的公共性困境及其超越》,《中国社会科学》2012年第4期。

刘永谋:《技术治理的逻辑》,《中国人民大学学报》2016年第6期。

刘永谋:《技术治理的哲学反思》,《江海学刊》2018年第4期。

蓝煜昕、张雪:《社区韧性及其实现路径:基于治理体系现代化的视角》,《行政管理改革》2020年第7期。

李增元:《信息化治理:农村社区治理技术创新及其实现途径》,《社会主义研究》2017年第6期。

闵学勤:《市域社会治理:从新公众参与到全能力建设——以2020抗击新冠肺炎疫情为例》,《探索与争鸣》2020年第4期。

彭亚平:《治理和技术如何结合?》,《社会主义研究》2019年第4期。

渠敬东等:《从总体支配到技术治理——基于中国30年改革经验的社会学分析》,《中国社会科学》2009年第6期。

渠敬东:《项目制:一种新的国家治理体制》,《中国社会科学》2012年第5期。

邱泽奇:《技术与组织互构:以信息技术在制造企业的应用为例》,《社会学研究》2005年第2期。

邱泽奇:《技术化社会治理的异步困境》,《社会发展研究》2018年第4期。

孙柏瑛、于扬铭:《网格化管理模式再审视》,《南京社会科学》2015年第4期。

宋辰熙、刘铮:《从"治理技术"到"技术治理":社会治理的范式转换与路径选择》,《宁夏社会科学》2019年第6期。

沈费伟、诸靖文：《乡村"技术治理"的运行逻辑与绩效提升研究》，《电子政务》2020年第5期。

邵娜、张宇：《政府治理中的"大数据"嵌入：理论、结构与能力》，《电子政务》2018年第11期。

申悦、柴彦威、马修军：《人本导向的智慧社区的概念、模式与架构》，《现代城市研究》2014年第10期。

唐皇凤：《我国城市治理精细化的困境与迷思》，《探索与争鸣》2017年第9期。

唐兴盛：《政府"碎片化"：问题、根源与治理路径》，《北京行政学院学报》2014年第5期。

田毅鹏：《转型期中国社会原子化动向及其对社会工作的挑战》，《社会科学》2009年第3期。

田毅鹏、吕方：《社会原子化：理论谱系及其问题表达》，《社会学理论与方法研究》2010年第5期。

田毅鹏：《老年群体与都市公共性建构》，《福建论坛》（人文社会科学版）2011年第10期。

田毅鹏：《地域社会学：何以可能？何以可为？——以战后日本城乡"过密—过疏"问题研究为中心》，《社会学研究》2012年第5期。

田毅鹏：《原子化下的中国城市社会管理之痛》，《探索与争鸣》2012年第12期。

田毅鹏、张帆：《转型期社区组织的科层化及其走向——以C市J社区为例》，《吉林大学社会科学学报》2014年第3期。

田毅鹏、薛文龙：《"后单位社会"基层社会治理及运行机制研究》，《学术研究》2015年第2期。

田毅鹏：《乡村过疏化背景下村落社会原子化及其对策——以日本为例》，《新视野》2016年第6期。

田毅鹏：《乡村振兴中的城乡交流的类型及其限制》，《社会科学战线》2019年第11期。

田毅鹏、苗延义：《吸纳与生产：基层多元共治的实践逻辑》，《南通大学学报》（社会科学版）2020年第1期。

田毅鹏：《治理视域下城市社区抗击疫情体系构建》，《社会科学辑刊》2020 年第 1 期。

王佃利、吕俊平：《整体性政府与大部门体制：行政改革的理念辨析》，《中国行政管理》2010 年第 1 期。

吴海琳：《找回"社会"赋能的智慧社区建设》，《社会科学战线》2020 年第 8 期。

王浦劬：《论转变政府职能的若干理论问题》，《国家行政学院学报》2015 年第 1 期。

王汉生：《目标管理责任制：农村基层政权的实践逻辑》，《社会学研究》2009 年第 21 期。

汪锦军：《"最多跑一次"改革与地方治理现代化的新发展》，《中共浙江省委党校学报》2017 年第 6 期。

吴晓凯、文军：《整体性治理：中国城市治理形态的逻辑转型及其实践反思》，《江苏行政学院学报》2020 年第 4 期。

王雪竹：《基层社会治理：从网格化管理到网络化治理》，《理论探索》2020 年第 2 期。

王颖：《扁平化社会治理：社区自治组织与社会协同服务》，《河北学刊》2017 年第 5 期。

肖峰：《论技术的社会形成》，《中国社会科学》2002 年第 6 期。

徐苏宁、刘羿伯、李国杰、刘妍：《城市社会变迁条件下的中国街区模式演进及变革动因探析》，《城市发展研究》2019 年第 10 期。

颜昌武、杨郑媛：《什么是技术治理?》，《广西师范大学学报》2020 年第 2 期。

郁建兴、高翔：《浙江省"最多跑一次"改革的基本经验与未来》，《浙江社会科学》2018 年第 4 期。

杨磊、许晓东：《市域社会治理的问题导向、结构功能与路径选择》，《改革》2020 年第 6 期。

燕连福：《新技术变革给社会治理带来的机遇和挑战》，《国家治理》2020 年第 2 期。

叶南客、陈金城：《我国"三社联动"模式选择与策略研究》，《南京社会科学》2010 年第 12 期。

周大鸣、郭正林：《论中国乡村都市化》，《社会科学战线》1996 年第

5 期。

张帆：《共同体重建：新世纪中国乡村自治政策的演进与升级》，《社会科学战线》2019 年第 11 期。

张福磊、曹现强：《城市基层社会"技术治理"的运作逻辑及其限度》，《当代世界社会主义问题》2019 年第 3 期。

周飞舟：《分税制十年：制度及其影响》，《中国社会科学》2006 年第 6 期。

周飞舟：《从汲取型政权到"悬浮型"政权——税费改革对国家与农民关系之影响》，《社会学研究》2006 年第 3 期。

竺乾威：《从新公共管理到整体性治理》，《中国行政管理》2008 年第 10 期。

竺乾威：《公共服务的流程再造：从"无缝隙政府"到"网格化管理"》，《公共行政评论》2012 年第 2 期。

周文彰：《数字政府和国家治理现代化》，《行政管理改革》2020 年第 2 期。

周雪光、艾云：《多重逻辑下的制度变迁：一个分析框架》，《中国社会科学》2010 年第 4 期。

折晓叶：《县域政府治理模式的新变化》，《中国社会科学》2014 年第 1 期。

后　　记

　　深入到祖国的长三角，在田野调查的基础上撰写一部实证性的学术研究专著，是我向往已久的学术志向。2018年，当我受衢州市民政局和柯城区之邀，踏上素有"四省通衢"的浙西古城衢州的那一刻开始，此前的学术梦想方才有可能变为现实。

　　本书的调研与写作从2018年深秋开始，到2020年冬岁完成，历时两年多。作为合作实践的智慧产出，本书既是衢州市第四批全国基层社区治理与服务创新实验区建设的经验结晶，同时也是国家社会科学基金重大项目"东亚乡村振兴的社会政策比较研究"（18ZDA119）的阶段性研究成果，我们期望通过对浙西城乡社区技术治理的实践创新成果的近距离观察和体悟，为这一以东亚乡村振兴比较研究为主题的国家社会科学基金重大项目研究添上最具现代性意义的精彩一笔。

　　在近三年的深度介入和参与调研过程中，我们不仅得以窥见当前我国基层社会丰富的治理实践与复杂的运作逻辑，亦深刻体悟到学术论理与实践推动相得益彰关系之重要意蕴。在本书即将付梓之际，我们有太多需要感谢。衢州市民政局历任主要领导直接推动了实验区项目的落地与展开，并在调研的深入推进、实践的经验提炼和本书的构划谋策等关键性问题解决方面提供了诸多重要帮助与宝贵建议；分管领导和业务处室直接参与了从项目立项到后期书稿成果校磨的全过程，尤其值得提出的是，在疫情防控的关键时期，他们不辞辛劳地为我们争取到宝贵的调研机会，不仅促进了我们对非常时期社会样态下衢州基层治理体制机制的理解，还为我们进一步凝练其创新性经验做法拓展了思路，从而使本书增色不少。同时，衢州市委政法委、市委组织部也给予了大力支持。为此，我们对他们的辛勤付出表示衷心的感谢。

还应该指出，本书的圆满完成离不开杭州师范大学赵定东教授和吉林大学相关校友的付出与支持，他们的大力引荐与积极推动为吉大团队扎根衢州提供了极大的帮助。不仅如此，当我们团队进行大规模、长时段的持续调研之时，衢州市柯城区区委区政府和柯城区府山街道为我们提供了优渥的住宿与办公条件，从而使得驻点的田野调研得以顺利展开。当然，来自不同领域的调研访谈对象更是为我们提供了关于本书各章节鲜活而又丰富的经验材料，进一步加深了本书的实证性与科学性。在此对他（她）们一并表示感谢。

本书的调研与撰写主要由本人率领吉林大学哲学社会学院社会学专业教师和博士生、硕士生进行。在前期调研中，本人多次前往衢州，主持城乡社区调研和专题研讨，并为衢州市民政局和柯城区做过多场社区建设的专题报告。参与驻点调研的团队成员主要有张帆讲师，博士生苗延义、都俊竹、康雯嘉、金蓝青、夏可恒、寇凯亮，硕士生张红阳、胡曜川、钟祥纬、郝子仪等。在2020年疫情期间，研究团队还借助网络技术与衢州连线，开展广泛的线上联通访谈，为书稿撰写累积丰富素材。应该特殊说明的是，参加此次学术田野调查和书稿撰写的青年教师和在读博士生、硕士生，都是初入社会学茅庐的优秀青年学子，他（她）们思想活跃，善于发现问题，在调研和书稿撰写中表现出认真治学的严谨态度和独特的社会学研究视角，值得特别肯定，因此，本书也将作为这些初入学术门径学子们富有纪念意义的、深深的学术留痕而被长久记忆。本书后期撰写的具体分工如下：张帆第一、二章，夏可恒第三章，苗延义第四章，都俊竹第五章，郝子仪第六章，康雯嘉第七章，钟祥纬第八章，田毅鹏导言和第九、十章。张帆老师、苗延义博士和夏可恒博士参与了本书的统稿修改过程，并对书稿进行了深度修改。全书最后由田毅鹏定稿。最后，中国社会科学出版社朱华彬编辑为本书的出版劳费了不少心血并提供了高层次的出版平台，在此表示真挚的感谢。

田毅鹏

2020年岁末于吉林大学东荣大厦